查济民传

中共海宁市委统一战线工作部
海宁市政协教科卫体与文化文史学习委员会 编

刘培良 ◎ 著

中国文史出版社

图书在版编目（CIP）数据

查济民传／刘培良著；中共海宁市委统一战线工作部，海宁市政协教科卫体与文化文史学习委员会编．—北京：中国文史出版社，2021.11

ISBN 978-7-5205-3195-5

Ⅰ.①查… Ⅱ.①刘… ②中… ③海… Ⅲ.①查济民—传记 Ⅳ.①K826.16

中国版本图书馆 CIP 数据核字（2021）第 190759 号

责任编辑：方云虎
封面设计：三味书屋
书名题字：陈　浩

出版发行：**中国文史出版社**

社　　址：北京市海淀区西八里庄路 69 号　　邮编：100142
电　　话：010-81136630
传　　真：010-81136666
印　　装：廊坊市海涛印刷有限公司
经　　销：全国新华书店
开　　本：787 毫米×1092 毫米　　1/16
印　　张：19.75
字　　数：245 千字
版　　次：2021 年 11 月北京第 1 版
印　　次：2021 年 11 月第 1 次印刷
定　　价：78.00 元

查济民 50 岁时

查济民夫妇摄于 1992 年

1941 年，查济民（第一排右五）与家人、员工摄于大明染织厂门前

1987 年，在故居植玉兰树

1996 年，查济民夫妇视察海宁市高级中学

2002 年 3 月，查济民（左四）视察海宁新海新纺织有限公司

　　1994 年，与求是科技基金会顾问合影。前排左起：查济民、陈省身、杨振宁，后排左起：李远哲、周光召、简悦威

2004 年，中国航天基金会颁授查氏纺织集团有限公司荣誉称号（前排左三为查济民）

1997 年，查济民荣获 "大紫荆勋章"

1994 年，查济民与家人合影

《查济民传》编辑委员会

序一

潮乡多名贤，济世而裕民。在久负"江南有数人家"盛名的海宁查氏望族中，他们秉承字辈族魂而薪火相传，满怀家国豪情而自强不息，造就贤才辈出而享誉四海。其中，从这个书香门第中走出了一位德义有闻、才业卓著、有口皆碑的工商界传奇人物，他叫查济民。

查济民先生是中国香港著名的爱国实业家、社会活动家，曾荣获香港特区首批"大紫荆勋章"和浙江"爱乡楷模"。"秉志允大，继嗣克昌，奕世有人，济美忠良，传家孝友，华国文章，宗英绍起，祖德载光……"这是海宁查氏家族的字辈，蕴含着博大而精深的追求与族道，也是查先生一生继承奉行的价值观念与行为准则。他心宽志远格局大、有智有勇涵养厚，践行实业报国之愿、身树谦勤笃实之风，用70多年的心血谱写了一个个创业经典，用毕生精力创造了一次次事业辉煌，用家国情怀演绎了一场场人间大爱。他爱国爱港爱家乡，为抗日救国不顾自身安危挺身而出，为香港回归贡献"双查方案"建立功勋，为家乡发展大力投资兴业首开纪录，可谓"沧海横流，方显英雄本色"！他重业重技重人才，结缘纺织业及非洲，终日乾乾与时偕行，乃至耄耋初心不改；崇尚技能追求卓越，频出巨资奖学旌研，助力科教兴国。可谓"耕耘'桑麻'铸楷模，致力'求是'振中华"！他有情有义有文化，难忘母校之恩乡亲之情，热心捐资助学改善乡里办学条件，关怀老人幸福，每年敬送祝福"红包"，可谓"花开院外，福泽桑梓"；恒念夫妻之道、家庭之爱，惠唱联随，同甘共苦，相敬如宾，厮守终身，美辈孝悌、事业有成，家园和睦、情意融融，让世人赞叹不已！情也悠悠，文也悠悠。先生晚年钟情于诗歌美学，成了一位澄怀观道、境高旨远的诗人。他历经 93 年人生旅途，可谓"风仪与秋月齐明，音徽与春云等润"。壮哉，惠时！贤哉，济民！

云山苍苍，江水泱泱。先生之风，山高水长。

《查济民传》的撰写出版，不唯寄托对查济民先生的追思，缅怀先生之煊赫成就及非凡人格，并借此激励新时代的潮城海商，在世界百年未有之大变局中，在中华民族伟大复兴的关键时期，在汹涌澎湃的新时代大潮中，以先生为学习榜样，胸怀高远志向，弘扬创业精神，大气谦和、开明睿智，不辱使命、敢为人先，展现当代弄潮儿刚健无畏、勇立潮头之雄姿！

是为序。

中共海宁市委常委
中共海宁市委统战部长　陆春浩

2021 年 9 月

序二

欣闻《查济民传》即将付梓，心潮起伏，感慨系之。

广为人知的是，先父查济民先生是一位实业家。他，艰苦创业，求真务实，倾其一生，钟情于纺织事业。还没到 20 岁时，他就追随我外公刘国钧先生投身纺织业，奋发图强，坚韧不拔，几十年如一日，孜孜不倦地为民族纺织业发展进步而努力奋斗。特别是在抗日战争极其艰难的岁月中，努力践行实业救国之理想，积极参与民族救亡斗争。

奋斗铸就人生。查济民先生的创业史值得纪念与借鉴。更令我们查家引以为傲并应传承弘扬的是，先父查济民先生是一位爱国者。他，坚定理想，不忘初心。在不同的历史阶段，为民族自由富强和国家建设发展，为香港繁荣稳定等方面作出重要贡献。赤子之心，日月可鉴。正如著名科学家周光召先生在悼词中所言："令查先生梦寐以求并终生奋斗的，是中国人民的福祉和祖国的强盛，是怎样可以在神州大地的复兴和崛起中贡献自己的一份力量。"为促成香港顺利回归、平稳过渡，先父查济民先生担任了基本法起草委员会委员、特区筹备委员会委员、港事顾问等，呕心沥血，献计献策。为此，他荣获首批"大紫荆勋章"。

殷殷家国情怀，拳拳赤子之心。

刘培良先生经过实地走访考察，认真查阅资料，通过比较、分析与考证，于沉寂的史料中，充分挖掘先父创业事迹与家国情怀，精心撰写成《查济民传》，比较全面且深刻地展示了查济民先生不平凡的一生，以及家中后辈需予熟读的传统价值。刘先生之心血和诚意，令我们家族不胜感激。

在本传记出版之际，我衷心感谢海宁市政协和海宁市委统战部领导的精心谋划和鼎力相助，衷心感谢为本书编辑出版而付出辛劳与努力的诸君。谢谢大家！

海宁，是先父查济民先生的故乡，也是他的精神家园。先父心系桑梓，对这片土地怀有深厚情谊，"得失无求"地在故里投资兴业，资助文化教育事业，从而赢得家乡人民对其尊重、怀念与口碑。

饮水思源家乡情，薪火相传续华章。我们将以查济民先生为表率，继承他爱国爱乡之遗志，尽我们最大努力，一如既往地关心报效故乡建设，创业创新，携手并进，与家乡人民一起创造美好生活，共享美好明天。

是为序。

查美龙

2021 年 7 月

目　　录

小 引

他，"是我国染整技术专家、企业家，我国印花生产工艺奠基人之一，蜡染印花法的革新与发展者。"①

他，"是一位坚定的爱国者，在事关国家和民族利益、事关香港繁荣稳定的重大原则问题上，他一向是非分明，敢说敢为。"②

他，"爱国爱港，在参与香港特别行政区基本法起草工作和预委会、筹委会、推委会工作及出任港事顾问期间，提出了许多真知灼见，为香港顺利回归和平稳过渡作出了重大贡献。香港回归后，他大力支持行政长官和特区政府依法施政，为'一国两制'方针和基本法的贯彻落实，保持香港的长期繁荣稳定和发展发挥了重要作用。他积极参与国家的现代化建设，曾捐巨资支持内地发展科技事业……是一位有影响的香港工商界人士，曾获颁特区大紫荆勋章。"③

他，就是"香港著名社会活动家、实业家查济民先生。"④

---

① 中国科学技术协会编：《中国科学技术专家传略-工程技术编-纺织卷2》，中国纺织出版社2004年版，第37页。

② 张晓明：《了不起的查老》，《人民日报》，2004年4月12日，第10版。

③ 《香港著名实业家查济民病逝》，《人民日报》，2007年3月29日，第10版。

④ 《香港著名实业家查济民病逝》，《人民日报》，2007年3月29日，第10版。

一、出身名门　好学少年

海宁，历来是钟灵毓秀之地，世家名人辈出。查家在海宁可谓名门望族，遐迩闻名。在当地流传着一支民谣，概述了诸多世家显赫名声背后的影响力，"查祝许董周，陈杨在后头。"查氏在海宁望族排行榜中一度位居榜首，举足轻重。

当然，民间还有一句俗语：富不过三代。如何保持一个家族旺盛的生机和崇高的声望，如何立于不败之地，可持续发展呢？历朝历代的大家族均进行了不同方式方法的实践与探索，最终得出一个比较集中的结论：最有效且最持久的办法就是培养人。人才，不仅是一个家族兴旺发达的动力和源泉，更是核心竞争力之所在。

"唐宋由来旧族，东南有数人家。"

这是清康熙帝专门为海宁查家题写的一个对子。它一直铭刻在海宁查氏宗祠门楹上，熠熠生辉，赫赫有名。这既是至高荣耀，也是自勉与自律。

查姓是我国著名姓氏之一，原为姬姓。周朝分封八百诸侯于各地，有一个名延的，在周惠王时以子爵始封于查，后代即以分封土地为姓，其后代子孙分布全国各地。迁居江南一支人丁兴旺，尤以安徽、浙江境内为最，到明嘉靖年间大概有 120 个分支。

据《海宁查氏》族谱记载，查氏传至十二世查何（字文杰），于西汉武帝时从征塞外，后徙治西河，居济阳（今河南兰考县东北），被封济阳伯。魏晋时期，由于中原战乱，其后裔辗转迁徙至江南一带，先后迁居至丹阳、九江、济宁、高邮、歙县、泾县等地。时光如白驹过隙，沧海而桑田。查氏四十九世查昌（字宗儒，号兴嗣）出任唐吉王府长史，为避兵乱而迁居休宁城北。其次子查文徵（字希音），曾任南唐宣歙观察使，晚年隐居婺源城西凤山冈，后称查公山。岁月悠悠，但在没有明确史料记载的历史长河中，数十年乃至上百年的时光，也只是一晃而过的间隙。

查氏传至六十五世，查伯圭（字璋叔，行千五）任元代校书郎。他被海宁查氏尊为家族始祖。查氏与海宁之间有案可稽的关系和历史由此开启，故事与传说也由此粉墨登场。

查伯圭之孙查均宝（又名瑜，小字詹记，号仁斋），于元至正十七年（1357）自安徽婺源县（今属江西）率领族人翻越北浙岭，顺新安江、富春江、钱塘江水路而下，寻找落脚安顿之地。经过跋山涉水，一路艰辛，他们来到了浙江嘉兴檇李，查均宝要求族人在此暂时安身栖息，然后再作决断。经过四处察看分析，以及与族人协商，最终决定在海宁袁花龙山东南之古朴桥（后人称龙山查家桥）定居。所以，查均宝被奉为海宁龙山查氏之祖。或许是慧眼识珠，又或许是上苍恩泽，袁花龙山与查氏祖籍凤山冈连在一起，正巧有"龙凤呈祥"之意。如此说来，此地乃吉兆之地。

海宁袁花龙山、崇教寺

关于查氏迁居，寻找合适之地，还有一个传说。查均宝父母早亡，家境贫苦，兄嫂刻薄，所以查均宝的童年很是灰暗与苦难。其母亲去世后，无意中葬在一个"鲤鱼靠傍"形的坟地上。母舅是个风水先生，他告诫查均宝说："鲤鱼靠傍得不到水，子孙无法生存。只有迁到海边，靠近水源，子孙才能兴旺。"对此，查均宝一直铭记在心。海宁袁花毗邻钱塘江,是个山清水秀之宝地,完全符合当初母舅的说法。

安居乐业是有前提的。查均宝是个读书人,而本地人对读书比较看重,所以,查均宝有了用武之地,不久谋得教书职业,以此养家糊口。不懈的努力与辛勤的付出终于换来阶段性成果。几年之后,查均宝因学识和人品等而赢得认可,赢得口碑,便在当地开设私塾,招募学子,教书育人。这也标志着查家在此站稳了脚跟。海宁查家从此繁衍生息,渐入佳境。

名师出高徒。由于查均宝教得好,管得严,学生中后来有几个科举成功,封官加爵,飞黄腾达。师以生贵,于是,查均宝不仅名声大振,物质回报也有所体现,日子变得有滋有味,犹如芝麻开花。

有了一定的经济条件后,查均宝决心将祖坟从查公山迁徙到海宁来。一个偶然的机会,他发现在海宁袁花有一个形似"乌龟望日"之地貌,甚是满意。于是买下这块风水宝地,并将在婺源的先人骸骨迁葬于此。尊重先人,是尊重历史最直观的体现。此事最终大功告成,这是尽孝心,尽孝道,也是心安所在。有道是,好人有好报。当然,这也是做人的品质与本分。自此,查氏在海宁逐渐走上发家致富之路,以至荣华尊贵,成为一方之望族。

袁花,旧时写作园花,又称花园。别名花溪、百花溪等。其地名最早见于唐贞元元年(785)《张希超墓志铭》中,铭文中有"袁花里"之名。唐大中六年(852)《戚氏沈夫人墓志铭》中作"袁花市"(市镇)。追根究底,袁花之得名,与南朝梁江州长史戚兖夫人有关。据《海昌备志》等记载"袁花旧有崇教寺",戚夫人利用龙山"莳花"(栽种花卉)。戚夫人的花园在当时颇有规模,并植有灵花异草,有"花园"之名。但不知后来于何时何故称这个地方为"园花",再逐渐演化而称之为"袁花"的。

袁花,是一方灵秀之地。有山有水,小溪淙淙,物华天宝,地灵人杰。查家在此之所以能兴旺发达,或许是来自上苍及祖宗的护佑以及自然界的灵气,但内在及重要的是查家治家理念在引领在规范。一个家族有明确的治家理念并坚持不懈,持之以恒,就会形成家风门风,形成家族传统,那就是"传家宝"。查家恪守"以儒为业,耕读为务"之宗旨。尊重儒术，晴耕雨读，既重读书，又重创业，统筹兼顾。如此，查氏在海宁翻开了家族辉煌的历史长卷，生生不息，精彩迭出。

水乡袁花风景

查均宝有三个孙子，查浩（字宗瀚，号耕隐）、查澄（字宗汉，号贫乐）、查渊（字宗海），他们分别开启南支、北支和小支。后来的历史表明，南支为最盛。

查家讲究以文化人，这在家族取名时得以充分体现。其"字"彰显胸怀与品德，也使查氏后人之辈分等一目了然。海宁查氏从第七世开始，按字行排辈，分别为：秉志允大，继嗣克昌，奕世有人，济美忠良，传家孝友，华国文章，宗英绍起，祖德载光……

据史料记载，查均宝除了有满腹才学之外，还有一技之长，他精通医术。悬壶济世，治病救人，这历来是积德积善之事，自然会受到民众的尊敬。一个人乃至一个家族的声望或威信，都是克己复礼、造福一方、日积月累的结果。

不为良相，则为良医。子承父业。查均宝之子查恕，继承父辈衣钵，勤奋刻苦，医术也是远近闻名。名声在外，机会就多了，会被举荐或被召见而谋得职位。明洪武十一年，查恕被明太祖朱元璋征召入宫廷，为太祖治疗"疽"疾。给至高无上的太祖治病，犹如一次高风险的投资，其结果只有到最后才会揭晓。疽，在当时也算重症之一了。因为，若是疽毒内陷，属危象，会产生意想不到的危机，包括脓毒败血症等危险。医术，大概是仅次于魔术外，最讲究以治疗效果与时间关系为成功标志的技艺。所谓药到病除，妙手回春，才是王道。查恕胆大而心细，对症下药，治疗效果极为显著。被解除危险和痛苦后的太祖理所当然对其能力和人品大为赞赏，欲授他郡守之职。对此，查恕却没有答应，在苦苦推辞不得后，才勉强接受太医院正使一职。顷刻之间，查恕由一介平民而成为"得主隆恩"的朝廷命官，官阶为正三品。有言道，福兮祸所伏，功高遭人忌。大约一年后，查恕因遭谗言与排挤，结果是"被陷而暴卒"。如此，一个家族的顶梁柱说垮掉就垮掉了，查家的荣华富贵犹如昙花一现。

"艰难困苦，玉汝于成。"

查家具有读书人的风骨，不卑不亢，刚直不阿。他们崇尚善良、刻苦，并一以贯之，其血脉中流淌着坚毅、隐忍的基因。面对突如其来的变故，查家没有陷入群龙无首与自暴自弃之中。因为，混沌与消沉，是最危险的次生灾害，其结果无疑是万劫不复。危机之中，查恕的弟弟查慧（字叔智），挺身而出，力挽狂澜。他召集族人，要求大家齐心合力，并提出极有主见的意见，力所能及地做好善后工作。查氏谱传上说查慧是"性谨慎，有先见。当兄刚显荣时，公深自韬晦。及扶兄柩归，闭户高隐，颇拓先业"。居庙堂之高时，懂得进退自如、韬光养晦，处江湖之远时，更懂得处变不惊、不忘初心。这就是高手，这才是高人。就此，一个家族命运密码显现出惊奇的迹象。查恕一支在数传后，再无后裔。而查慧一脉，方兴未艾，绵延不绝。

"闭户高隐，颇拓先业"，这是查慧面对不幸之后定下的决策，或者说是基调，既是处世的准则，更为家族赢得了生存的时间和空间。遵循韬光养晦原则，期待东山再起。其中"颇拓先业"四字，极具内涵，耐人寻味。就这样，海宁查氏隐居于袁花乡间，耕读不息，潜心力学，真正进入"衣带渐宽终不悔，为伊消得人憔悴"的境界，查家是真正懂得"能屈能伸"之含义。

著名史学家陈寅恪曾有过如此论断：

> 夫士族之特点既在其门风之优美，不同于凡庶，而优美之门风实基于学业之因袭。故士族家世相传之学业乃与当时之政治社会有极重要之影响……①

时间会作出最坚韧的锻炼，最精致的打磨。

在封建时代，做官不仅是最大的成功，更是最大的政治，最大的影响力。

数十年的勤奋与执着，沉住气、铆足劲，终于换来柳暗花明。这也是符合天道，符合人性与伦理的。明成化十六年（1480），查家又迎来辉煌的日子。查焕（五世），首开龙山查氏科第史，一举乡试中榜。弘治三年又高中进士。这异军突起犹如吹响了家族奋进的集结号。查约（六世），于弘治八年中举人，弘治十五年成进士。随之，查焕和查约等先后入朝为官，袁花查氏又开始登堂入室，进入兴旺发达的高速公路。其后，薪火相传，不遗余力，海宁查氏因科考而入仕者剧增。明嘉靖至万历年间，七世查秉彝，八世查志立，九世查允元，这祖父孙三代共四人（嘉靖三十八年查秉彝侄子查志隆中榜）先后考中进士，传为佳话，为查家光宗耀祖。水涨船高，查氏的好学与兴旺，也影响并带动了乡里读书的氛围。文化，是个慢活，需要积淀，需要传承。飞黄腾达后的查家不忘乡里乡亲，他们尽力做善事，修桥铺路，捐资助学，泽被桑梓。于是，海宁查氏真正成为地方望族，名利双收。不久，查家建筑统宗祠及南祠，铭记家族先贤与传统，启发教育下一代。查家的影响力走进历史，从海宁走向中国。《中国人名大辞典》（商务版）中收录全国查姓著名人物 37 人，其中属于海宁查氏的 15 人。

万山磅礴，必有主峰。

清康熙年间，海宁查氏进入鼎盛期，烜赫一时。十二世查嗣韩与十三世查昇，双双中进士，名震朝野。其间，海宁查氏更是涌现出一个领

---

① 陈寅恪：《唐代政治史述论稿》，上海古籍出版社 1997 年版，第 72 页。

军人物，这就是清代著名诗人查慎行。查慎行诗学苏东坡、陆放翁。他不仅创作，还对苏诗作注，影响颇大。

据文学史记载，秀水（今浙江嘉兴市）人朱彝尊去世后，查慎行被誉为东南诗坛领袖。查慎行著有《他山诗钞》等。代表作有《舟夜书所见》等，由于此诗入选语文教材，其影响力与知晓率最高。这首小诗隽永雅致，充满画面感，妙趣横生。

> 月黑见渔灯，孤光一点萤。
> 微微风簇浪，散作满河星。

查慎行小像

查慎行（1650—1727），初名嗣琏，字夏重，号查田，后改名慎行。查慎行的诗名虽极高，但仕途可谓坎坷。据载，他五做幕僚，20岁补诸生，44岁时中举人。康熙四十二年（1703），53岁会试时中二甲第二名，赐进士出身，特授翰林院编修，入直内廷。

查慎行的人生经历比较丰富，曾三次随驾巡游塞外，使其大开眼界，丰富阅历。康熙五十二年（1713），63岁的查慎行称疾归故里。家居10余年，潜心著述。因居于初白庵，故时人称其为"初白先生"。

照理说，安全着陆的查慎行告老还乡，诗书做伴，乡情氤氲，过着闲云野鹤般的晚年生活，应该是充满安逸、情趣与乐趣。

但天有不测风云。雍正四年（1726），查慎行之弟查嗣庭因讪谤案而下狱，并株连家族。风烛残年的查慎行也不能幸免，以"家长失教"而获罪，查慎行父子两人同时被逮入京，身陷囹圄。

古稀之年遭此变故，不再是简单的坎坷或不幸，而是灭顶之灾了。至次年，因清雍正帝浏览查慎行诗文集而称善，继而同意放松对查氏的看管，最终将查慎行父子释放，让其回归故里。也许是受到过度惊吓与刺激等，回家不到两个月，查慎行便与世长辞。

一个标志性人物的在劫难逃，预示着一个家族走向没落的必然。

因遭遇文字狱的打击，世族簪缨之海宁查氏跌入低谷。苦难，不仅考验个体，也考验整个家族。也许，历史有着惊人的相似之处。面对文字狱造成的一系列变故，折戟沉沙，查家血液里坚毅、执着的因子再次焕发出强劲的生命力。野火烧不尽，春风吹又生。信奉读书为立足之本的查家，付出一代人的代价，忍辱负重，心无旁骛。20 年后，查家又蓄势待发，出人头地。其标志是清乾隆九年（1744）查其昌，乾隆十二年（1747）查虞昌等相继中举。若是单个高中举人，也许带有偶然性，而接二连三地出现，则明显是实力支撑、信念依靠的结果。查家再次显山露水，渐入佳境。乾隆十九年（1754），查虞昌在查家遭遇文字狱残存的阴霾里，第一个拨云见日，会试中荣登金榜，考取进士。其意义当然非同一般，这是继往，更是开来。不久，查懋祖孙三代入仕为官。查家家声重振，荣耀重现。至此，一个严肃的命题摆在查氏所有人面前：如何避免这一治一乱的怪圈，保持家族长足的进步与繁荣，是不得不思考的命题了。重整旗鼓后的查家善于从灾祸、苦难与辉煌中总结教训和经验。有比较才知晓彼此的差别。显得高见与远见的是，自清乾隆十三年（1748）到清嘉庆七年（1802）这 50 多年中，查家经过几代人的谋划和努力，在海宁及周边陆续捐资创设了占地面积近三千亩的海宁查氏义庄。这为海宁查氏家族的持续中兴，奠定了坚实的物质基础和保障，也为查家赢得了侠义或积善的口碑，更为践行"修身、治家、齐国、平天下"的处世理念提供了实验基地。

查氏义庄一直延续到抗战初期，历时一个多世纪。

家族在繁衍，进展之中，唯有其内在文化传统，不管是内涵还是形式，都能得到进一步的充实和光大，如此，这个家族才会保持兴旺发达的惯性。查家的成功，是有依据，也是有实证的。其中，安身立命、崇文重教、乐善好施、立己达人的门风更在查家传承、弘扬并不断丰富。

这在海宁查氏家训中可以得到明确的答案及高度的概括。这其中，对下一代的教育，有专门的训条：

凡在童稚，读书为本。勤俭为先，兼知礼仪。

及其成人，五常莫废。出则有方，入则孝悌。

有规有矩，并持之以恒，方可成人成才直至成功成就。西人有谚语，曰："三百年造就一个贵族。"东西方都是极为强调教育塑造的重要性，教养修养的重要性。个人如此，家族亦如此。所谓"脱颖而出"，乃至无数的努力在你我看不见的地方凝聚或集聚而成的结果。

但凡过往，皆为序曲。精彩的永远是当下，而期待的一定是未来，是美好。

仿佛是一部戏剧充分前奏的背景下，主人公就此登台亮相。其血脉中流淌着查家的传统，并将其发扬光大，成为一块高地。而构筑高地的，一定是高人所为。

1914 年 4 月 10 日，即农历甲寅年三月十五日，查家老屋传出一个婴孩的啼哭声，这个孩子就是查济民，字惠时。他出生在海宁袁花镇大坟头（今袁花镇新袁村），在家排行第六。

所谓大坟头，是当地俗名。这里原是查家庄园的组成部分，因查家祖先祖坟占地比较大、土堆比较高，有别于附近其他坟墓之规格，故名。

据查阅《海宁县志》《海宁州志稿》《明清海宁望族》等史籍后得知，查济民祖宅始建于清乾隆年间。为朝南石库墙门，前后两埭房屋，两个天井，典型的明清江南建筑风格。前埭三间平房，后埭原三间楼房，三楼三底，两厢房。

到查济民祖父时，经济比较宽裕，所以对老屋进行了比较大的整修，随之焕然一新。查济民的祖父叫查有兰，于清末民初时在袁花镇小桥头与本镇徐翰林家合开了一家典当行，名为"同润堂"，即同润当行。

查济民的幼年和童年时光都在这个老宅度过，具体而真实，细致且温馨。

随着岁月流逝，世事变迁，查济民老宅几经破损，又几经修复，但基本保持原先格局。

查济民故居

自查济民离开故乡海宁之后，这个老宅由查济民二哥遗孀朱珍宝看护并居住。查济民二哥叫查济贞，字流清。所以，当地人称朱珍宝老人为"流太"。由于寡居，加之岁数逐渐增长，朱珍宝的生活能力不免出现一些问题。查济民一直坚守查氏"孝悌"之家训，即便远在香港，心里一直惦念无依无靠的嫂子。据新袁村老书记查银发回忆，大概从 20 世纪五六十年代起，查济民每月从香港给嫂子汇来 24 元港币的生活费。

房子是用来住的。因为有人居住及日常维护，才使得查济民老屋基本保持居住条件。故居，不仅是一个"根"，让过往的岁月保存，更是一个实实在在的念想。遥怜故人思故乡。故乡，不是一个抽象的概念，它是由故居、故人、故土等构成。因为故居，查济民对嫂子当然多了一份敬重。他曾专门赋诗一首，表达心意。

　　独守家园七十年，苍松金石薄云天。

　　弟兄承素他乡去，归雁连连双归前。

据朱珍宝老人回忆，查济民于 1980 年 4 月，清明节前后回乡探亲时，主动提出要修理及新建几间房子，以改善嫂嫂的居住条件。但遭到嫂嫂婉言谢绝。其理由是她自己年纪大了，而查济民一家又不可能经常回家，所以没有这个必要了。嫂子对小叔查济民说："过得去就算了。"查济民非常尊重嫂嫂的意见，也就没有一时急于修建。后又过了几年，老屋更是破败，经当地政府和查家等一起努力，终于做通查济民嫂嫂的思想工作，使其同意对老房子进行整修及扩建。1986 年秋至 1987 年 3 月间，查济民出资对老宅进行翻建修复。具体是，前埭三间平房原样翻建，后埭宅基地连接前埭建造三楼三底楼房。

修复后的故居依旧为两进，粉墙黛瓦，极具水乡情调。

进了石墙大门，便是前天井，左右两侧种植金银桂花树，枝繁叶茂，相互扶持。这两棵桂花树，已有 150 年历史，见证沧海桑田。西侧（左）为金桂，东侧（右）为银桂。

关于这两棵桂花树的来由，还有一个故事。据说，当年，祖父查有兰喜得儿子查人骏（查济民之父，号子琴），为了喜庆祝福，决定在天井种植两棵桂花树。正当种好一棵金桂时，其弟查有芝前来道贺，见此状，便帮助兄长一起种树。于是，兄弟两人共同在天井东侧种植了一棵银桂。然后，在天井石墙门的天盘上镌刻"兰芝植树"四字，以记录兄弟两人齐心植树之事，兼有教育勉励后人弘扬和睦团结之义。

2019 年末，由查氏集团出面，对故居再一次进行更新设计及翻建。

前为平屋，共五开间。整个建筑保留传统中式木结构特点，木窗木门，通气透光。其中西侧四间保留查济民生活起居格局而成为展示区。最西侧是厨房，保留传统厨房布局和灶头年画等特色，弥漫着浓郁的生活气息。中间两间是厅堂及书房，东侧为查济民卧室。查济民当年就出生在这个房间，如今还保留了那张大床。通过老式家具陈设等，还原生活场景。最东侧一间为查济民纪念堂，供人祭拜追思。

通过"承素堂"进入第二进。在一进与二进之间，也有一个天井。这里有查济民亲手种植的两棵玉兰树。靠近东围墙，有两口水井，为查家饮用及生活之用。

二进为楼房，为二层钢筋混凝土结构建筑。一楼为查济民生平展览室。主题分别为查济民出身名门、青春奋发、志存高远、历经险阻、织造辉煌、情牵桑梓、滋润故里、爱国爱港。展示其创业的一生，求是的一生，爱国的一生。二楼以接待为主，设有会客、书房及卧室等。故居于 2020 年 12 月全面修复完成并对外开放，成为优秀文化传统教育基地。

查济民故居现为海宁市级文物保护单位。

开轩面场圃。故居场地开阔，明堂前临大坟头河，河水清澈，河岸蜿蜒，两岸水杉等树木挺拔参天，郁郁葱葱。宅后也有一个大池塘，一前一后，均有水体，气韵流动。老宅左右两侧栽有枇杷树等。如此，让这座小院充满典型且浓郁的江南风韵。

从传统堪舆学而言，玉带水环抱就是好环境。宅前有路或河水弧形包围，俗称玉带环腰，或称抱身水，主财运大顺及易储蓄积聚。古人云："九曲入明堂，当朝出宰相。"环境，历来是人居及育人的有机组成部分。

查济民，是海宁查氏之第十九世，为"济"字辈。同时，为华夏查氏第八十一代传人。

无论古今还是中外，考察或是预示一个男孩的成长轨迹，所作所为，一定先要读懂其父亲或其父辈的为人处世。因为，父亲是儿子第一个，也是最重要的引路人与教导者。

查济民的父亲叫查人骏，字文华，号子琴。为海宁查氏之第十八世，属"人"字辈。民国时期著名社会活动家、大律师查人伟，是同辈"人"字辈的杰出代表。

据朱珍宝回忆，查人骏一共生养了七个孩子，依次是：济坤（字念耕）、济贞（字流清）、济萍（字芷芳）、济贤（字瑞生）、济复（字菊生）、济民（字惠时）、婉生。

作为读书人，查人骏继承查家好学勤奋的传统，头脑灵活，有少年才子之称。曾参加乡试，高中而得秀才之功名。秀才，既是读书人的标记，更是进一步科举的资格。本可一路高歌，再接再厉。但是人算不如天算，两个背景导致查人骏在通过科举而得的仕途上偃旗息鼓，折戟沉沙。一是家庭内部问题。由于其父染病而家道中落。因病致贫，似乎历来就是一个严峻的问题。贫穷不仅限制想象力，更是一切阻碍的原动力。贫穷使人心灰意冷，举步维艰。原本心怀鸿鹄之志的查人骏只得放下圣贤之书，为生机而谋划，而奔波，而忧虑。但一介书生又能干点什么呢？好在他有比较扎实的学问基础。扬长避短，因地制宜，查人骏终于认清形势，在村里开设私塾，招收族人及乡人的弟子，以此养家糊口，打发日子。其二是社会外在因素。其时，清王朝内忧外患，已是岌岌可危，各种改革或改良的呼声一浪高过一浪，这其中包括废除科举制度，兴办新学等。所以，再幻想通过科举考试而平步青云，实现人生价值，此路肯定走不通了。面临如此内外交困，他只能放手作罢而"认命"。

私塾塑像

虽有万般的不甘或是无奈，但查人骏还是比较理性与现实。清贫而平淡的日子中，因为有了孩子，特别是有了传宗接代的儿子，做父亲的不得不强打起精神，想方设法，担负其家庭主心骨的重任。一个家庭内，父亲的思想立场、处世准则、精神状态以及待人接物品行等，都会直接决定一个家庭内部的气氛和状态。做父亲若有担当与格局，言谈举止若是得体平和，如此言传身教，久而久之，就会变成家风，就会直接塑造子女的性格和品行。

作为"父亲"与"教师"兼有身份和职责所致，查人骏对儿子的教育和期望更是用心，如履薄冰，患得又患失。面对子女，"教什么"和"怎么教"，是为父母者所必须明白的两大核心问题。由于对这两者理解把握以及实施方法的千差万别，最终导致普天之下孩子走了迥然不同的道路。

"千里之行，始于足下。"

等到查济民四五岁时，父亲就耐心地训练他生活技巧，培养他人生规矩。譬如，按时起床，折叠被子等。再譬如按时吃饭，在饭桌讲究进食的规矩等等。养成良好的起居习惯，培养独立的生活能力，这不仅有利于身体发育，更有利于品质的提高。懂规矩，有礼貌的孩子，哪个不喜欢？纵观查济民的一生，特别是其前半生，虽历经艰难险阻的挑战，但他有条不紊，泰然处之，最终取得一个又一个进步或成功，这与他从小打下的健康体魄有直接的关系。身心健康是人生最大的资本。

私塾教学情形

待查济民启蒙后，查人骏更是亲口教授，传道授业，耐心讲解，不叫一日虚度。按照今天时髦的说法，就是要赢在起跑线上。查人骏向儿子讲述家族的历史，讲述查家先人刻苦读书的故事，以此勉励他的进取心。"我从哪里来"和"我能干什么"，是启发孩子心智发育的要点。父亲告诫儿子，每个人都是有担当的，都是负有使命的。

当然，查人骏不是简单灌输或是说教，而是讲究方法，讲究情景，因势利导。譬如，查济民第一次看见农人在水车上劳作，感觉很好奇，久久不肯离去：那水车是由一个又一个格子组成，每个格子都盛满了水，在四位农民齐心踩踏下，一步，一步，于是，每个水格一点一点往上移动，最终把水输送到了田里。父亲便在现场向儿子讲述其中的道理。"第一是要齐心，四个人的劲要往一处使。第二是要管好自己，每个格子里的水，不能半途而废。第三是要坚持，单独的一格子水，起不到大作用。只有坚持不懈，有无数个格子的水，才能灌溉整个农田。"对此，儿子虽然还是似懂非懂，但部分话语的意思是明白的，听懂了。

而给儿子讲述《三字经》《弟子规》等传统篇目，更是查人骏的"拿手好戏"。父亲通过故事，诸如"孟母三迁""孔融让梨""孟母断机""卧冰求鲤"等，以充满画面感的故事情节，形象化地进行传授和教育。还不时进行提问，来检测儿子理解掌握情况，并以此建立"对话""交流"机制。与此同时，查济民开始学习描红习字。一个孩童学业生涯的帷幕，渐次拉开。

如此，查济民潜在的聪明才智得到淋漓尽致的开发和释放。也许是家族基因的延续与作用，查济民从小就展示出好学勤奋、踏实善良的本真，聪明伶俐、过目不忘的天赋。同时，查济民也是十分勤快，每天早起，打扫庭院，给院子里的花草浇水等。因为父亲教诲他"一屋不扫，何以扫天下"的古训。其个人卫生也是弄得干干净净。接着，便是早读，大声朗读圣贤之书。

父子相伴，朝夕相处，日复一日，在父亲看来也许是机械单调，但在年幼的儿子眼里，父亲虽然有时有点严厉或急于求成，但是，更多的时候却是温良敦厚，循循善诱，笑容可掬。父亲经常会给儿子讲述"出山"这个词。期望儿子个人成才，并光宗耀祖。如此，为查济民好学与心智健康成长，提供合适的环境。为父者所有的追求、举动、情绪、兴趣、爱好等，包括待人接物、言谈举止，都会在子女的身上得到印证与体现。待到查济民日后自己成为父亲后，也是将这种美德发扬光大，以身作则，营造积极向上，勤俭持家的家风。

待到 7 岁那年，查济民进入袁花南石小学（又称海宁第十七小学），开始正式的求学生涯。由于父亲面授教育给他打下的学业基础，特别是培育了好学的习惯和能力等，所以，查济民的学业成绩一直名列前茅，得到老师的赞誉，同学的羡慕。随着年龄增长，查济民越来越开窍，越来越懂事，完全符合一个"好孩子"的所有标准。激励，是最好的教育，激发内心的动力，才会产生不竭的进步。

但是，可怜及可叹的是，如此平静而温馨的光景，没有持续到"永远"。因为，在孩子眼里，日复一日，便以为是永远。

1923 年，查济民 10 虚岁，初小即将毕业时，家里发生了一件大事：父亲查人骏病故。在男权时代，失去父亲，意味着失去主心骨，失去顶梁柱。这个打击，对查济民一家人而言，就是倾覆之灾。而对开始懂事但尚未成熟的查济民而言，更是有撕心裂肺之痛，刻骨铭心。懵懂中的清醒，清醒中的懵懂，促使或是逼迫查济民早熟。而任何一种早熟都是需要付出极大代价的。仿佛一夜之间，查济民的童年提前结束，戛然而止。在父亲灵前，他和妹妹婉生一起，手拉手，一直呜咽流泪，仿佛天塌了。但他看到妹妹惊慌失措的眼神，他强打起精神，以"兄长"的姿态，给妹妹以依靠，以踏实之感。

"我爸爸小的时候家里很穷的，只有三分田，还有一头牛。"查懋成曾如此回忆说。查懋成和兄妹们从小就听父亲回忆往事，了解祖父辈的生活与历史。所谓传统教育重要的内容之一，就是要让过往及历史保留厚重的质感，更充满亲情的细节和温度。

失去父亲这一家庭支柱之后，母亲勇敢地挑起家庭的重担，不仅表现出坚强的意志，更体现出坚韧的品行与自主的精神。试想，一个有七个孩子的大家庭，每天的衣食就是非常辛苦、非常沉重的家务负担了，更何况，最小的孩子还只有几岁，需要照料。面对如此困境，母亲沉着应对，多管齐下，各有侧重地对孩子们进行教育与分工。譬如，要求长子早日学会独立，勤奋刻苦，给兄妹们树立榜样。而最小的兄妹查济民和查婉生，其主要责任就是相互照料依靠，不要单独外出等等。查济民连连点头答应，铭记在心。

母亲的品行、辛劳及不易，让查济民从小就对母亲怀有特别敬重的情感。

同时，好在查氏家族是一个有情有义的大家族，特别是查氏义庄犹如一个基金，在其间发挥了积极的作用。让年幼的查济民刻骨铭心的是，为难之时，族人伸出援助之手，解囊相助，帮助查济民一家人维持基本生活。而这个过程，也为查济民开启新的视角，促使其思考一个崭新的命题：日后怎样做一个能为他人提供帮助的人？为家人出力，为族人出力，直至为他人出力，为社会出力。

有心，滋生一份积极向上的心思，就是人生进步的台阶和标志。

而眼下却是今非昔比。

从表面看，作为还在求学阶段的查济民，依靠微薄的家产以及族人的帮助，不仅可以吃饱穿暖，甚至依旧可以按部就班地上学。贫寒的孩子早当家，转眼之间，查济民还是察觉生活发生了看似细小但本质化之变故，所以他暗暗告诫自己，快快长大，早日为母亲解忧，为兄妹们排难。窘迫之下，查济民没有染上因贫穷而滋生的灰暗与懈怠等负面情绪，这是难能可贵的。因为，一般而言，一个家庭因变故而导致贫困的境地，日后经过努力可能会改变，乃至彻底地被颠覆。但若一旦染上那些负面的"病毒"，即便日后有机会而"发家致富"，也难以真正实现"满足感"及"成功感"。在艰难岁月中，查济民勇敢抗争，绝不退缩，逐渐养成人性中那些美好向上的品行，诸如立志、勤奋、善良、助人等。这些品行犹如一棵迎着阳光的小树，随着岁月，苗壮成长，枝繁叶茂。

初小毕业后，查济民进入位于袁花的海宁县立第三高等小学。海宁县立第三高等小学，旧称龙山学堂，它是袁花地区规模最大，也是办学历史最久，师资力量和影响力最大的学校。既是近水楼台，又是天时地利，查济民在接受传统教育的同时，开始接触新学，接受现代学科和新思想的教育和洗礼。

时代，会决定一个国家与民族的走势，更会直接或间接影响一个人的命运轨迹。

令年幼的查济民有所不知的是，"外面的世界"在这几十年里，先后发生了洋务运动，甲午海战，康梁变法，直至民国肇始，五四运动等等大事变或大事件。新思想，新变革，犹如汹涌澎湃的钱塘江大潮，席卷神州大地，波及各地城乡。

查济民恰逢其时。偏于一隅的一位少年，意想不到地将卷入时代大潮之上，成为一名"弄潮儿"。他的学业，他的成长，他的作为，甚至他的命运，都会随着时代的洪流而跌宕起伏。

这里，有几个是极为"关键"的步子。多歧路，今安在。人生，往往是因为"关键"一步的选择不同而使结果大相径庭，分道扬镳。

大约是进入第三高等小学学习一年后，由于父辈查人伟与堂兄查猛济等的推荐，查济民由老家转至位于长安镇的海宁县立第四高等小学继续学习。这是查济民人生"关键"的第一步。县立第四高等小学的前身即为著名的仰山书院。因为不管是学业渊源还是师资配备、教学水平等，仰山书院的名气远比家乡学堂来得大。再则，因沪杭铁路开通，现代文明之风，给长安带来前所未有的新气象。所以，两位尊长的用意非常明白，希望查济民在更好的环境中，拓展眼界，更上层楼。

仰山书院

这是查济民首次离开家庭，出"远门"去外地求学。在长安，查济民第一次看到了火车，看到了大运河，看到了外面"神奇"的世界。而这里的老师更给查济民高质量的启发教育。这给查济民以深刻的印象，使其视野进一步扩展，经历进一步丰富。

小学毕业后，查济民考入位于海宁县城盐官的海宁商业学校。据《盐官镇志》记载：海宁商业学校的前身是海宁县立乙种商业学校，是乡贤朱宝瑨于民国元年（1912）在海宁州学堂旧址全力筹措而成的一所中学。民国十一年（1922），学校改名为海宁县立初级商科职业学校。朱宝瑨主持校务，学校经费大都来源于盐官大东门外过塘行捐资。

过塘行，对于大多数人而言，是一个遥远而陌生的名称。在此稍做说明。顾名思义，过塘，就是经过海塘，具体指钱塘江航运与内河航运间之连接。行，既是货仓，也是交易之所在。旧时，通过钱塘江运输，把浙南产的木炭、笋干等山货运到钱塘江北岸重镇盐官之海塘，然后通过内河系统运到浙北及苏南等地。反之，是把浙北及苏南产的大米、丝绸等运到盐官，再通过钱塘江运到浙南。交通就是财富，大交通带来大财富。如此，各取所需，流通互补，这是海宁州城盐官历史上发达繁荣，特别是清末至民国年间辉煌之根源所在。随着钱塘江大桥建设完成及顺利通车后，盐官过塘的使命自然而然萎缩以至结束。由此，千年古城盐官也仿佛落寞失宠，其社会经济文化等地位大打折扣，一落千丈。——这是后话。

经济的繁荣，势必会推动或带动社会文化的繁荣。作为公共事业的学校，自然也是水涨船高，有求必应。

学校除开设普通文化课外，还增设簿记、会计、珠算、统计等商业课程。在课程改革的同时，学制也从三年改为两年高小，两年初中。更值得称道的是，商业学校主动与上海中华职业学校建立合作模式，借梯登高。于是大量海宁籍优秀毕业生输送到上海继续深造。回顾历史，我们骄傲地发现，近代史上影响中国的海宁人，大多与这所学校有或直接或间接的关系。查济民就是其中的一位杰出代表。学校培养出大批人才，为海宁地方经济文化等诸多方面的发展作出了重大的贡献。

1928年初，查济民从中学毕业。同年7月，查济民赴杭州赶考。这是查济民面临人生第一次非常正规且严峻之考验。这从录取比例等方面就可以知晓。据《浙江大学工学院月刊》"十七年秋季招考新生状况"记载："……七月二十六二十七两日，在本院举行附设高中工科入学试验。考生二百八十名，录取六十三名。其比例为百分之二十二。"①
另据《国立浙江大学工学院月刊》记载，"附设高级工科中学本周录取
新生""染织科一年级七名"，查济民为7人之一。②

成功地成为七分之一，查济民为自己的未来开了一个非常漂亮的
"凤头"。命运，在关键时刻，会设置很多有形无形的门槛。而查济民
靠实力顺利地获得了一张门票，一张通往成功的通行证。

当时，担任高中染织科主任的是江苏无锡人陶秦基。教师中则有平
阳人陈载阳、富阳人陈庆堂等。③

以优异成绩考入杭州求是书院（浙江大学前身）工学院附设高等
工科中学染坊（含纺）科，这可视为其投身纺织印染行业之肇始。这
是查济民人生"关键"的第二步。

求是书院

①　《浙江大学工学院月刊》，1928年第6期，第15页。
②　《浙江大学工学院月刊》，1928年第6期，第15页。
③　《浙江大学工学院月刊》，1928年第6期，第19页。

锁定目标，把握机遇。这大概是走向成功的必要前提。

当初报考染坊（含纺）科，大概基于两个方面原因。其一，报考职业类专业，目标明确而集中，为的是学成后能迅速找到工作。能迅速就业，就意味着能迅速挣到工钱。挣钱，不仅能养活自己，还能适当贴补家用。男孩的责任感就此可化为实际之行动。因为家里实在无法提供更多的求学开支，让其就读侧重于理论性的学业，或上大学。其二，这是查济民自己的打算及喜好。当时，纺织业在上海、无锡、苏州等长三角一带交通比较便利的城市兴起。西方先进的纺织机械大量输入中国，其生产能力和产品质量，与民族传统纺织相比，不可同日而语。纺织业的突飞猛进，势必需要大量的染坊企业和染坊人才。学成以后，能进入上述这些城市工作，这大概是很多年轻人的梦想和追求。

自此，查济民来到人间天堂杭州求学。

一切都是新鲜而好奇的。新的学校，新的老师，新的同学。查济民很快转换及调整心态，全身心投入学业中。

在学校，查济民不仅努力学习文化课与专业课程，还积极参加体育活动，以及其他社团活动。品学兼优的查济民深得老师和同学的喜爱和褒奖。这是有案可稽的。浙大档案馆精心保存的一张学籍卡上，清楚地记载着查济民在求是书院求学期时的学业情况。

在此，我们做部分摘录。虽是碎片化，但是真实可信。这些数据或分数，可以真实而生动地还原部分历史，并努力勾勒出查济民昔日的勤奋与刻苦。客观数字的背后，是一个活生生青年学习生活的缩影。那里蕴含着追求和奋发，蕴含着汗水和感情。通过一张成绩单，让那些洋溢着青春激情的岁月，那些充满着书卷气息的日子，释放出来，展示出来。若是从更大的背景及层面去看，这个成绩单还蕴含着时代的气息，因为课程设置不仅仅是教育或办学理念的集中呈现，也是时代进步、科技人文等的综合反映。浙大之所以成为知名大学，从这些历史与细节中就能得到答案。

一年级，1928 年至 1929 年。

第一学期：

国文，学分 3 分，总平均 86.66。

英文，学分 4 分，总平均 86.00。

数学，学分 4 分，总平均 90.70。

物理，学分 2 分，总平均 93.00。

图案，学分 1.5 分，总平均 82.00。

解剖，学分 2 分，总平均 77.00。

原料，学分 2 分，总平均 87.20。

纺织，学分 3 分，总平均 86.00。

手织实习，学分 3 分，总平均 79.00。

军事训练，学分 1.5 分，总平均 80.00。

第二学期：

国文，学分 3 分，总平均 84.00。

英文，学分 4 分，总平均 89.00。

数学，学分 5 分，总平均 96.00。

物理，学分 3 分，总平均 85.30。

化学，学分 3 分，总平均 96.60。

机械学，学分 1.5 分，总平均 82.00。

原料，学分 2 分，总平均 91.00。

物理实验，学分 1 分，总平均 83.00。

化学实验，学分 1.5 分，总平均 95.00。

军事训练，学分 1.5 分，总平均 85.00。

出于中文专业毕业生的本能，我对这张成绩单，最感兴趣的是，作为一个工科学校的工科专业，正儿八经地开设国文课，这是何等的远见与魄力呀。我们不难想象，这些"理工男"是怎样朗读"关关雎鸠"的，又是怎样解读"先天下之忧而忧"的。这些学习经历、熏陶及感染，都将成为一代人的综合竞争力，也是一代人的精神标签。当我们对这一代人成长及成功经历的回顾和总结时，我们很容易发现，人文精神的培养、熏陶、滋润对他们的影响和作用是巨大且深刻的。而作为成功的个案，若是结合查济民一直喜爱古典诗赋，崇尚中华优秀传统文化，直到晚年还尝试古典诗词写作的经历，就可以得到充分的印证与理解。

只要有一颗种子，在内心，在血脉，即便是酝酿数十年、沉睡数十年，有朝一日也会苏醒、发芽直至开花、结果。

令母校"浙大"欣慰的是，就读于印染专业的工科生查济民，日后会成为一位著名的实业家，这也许是"情理之中"的收获。与此同时，因为开设国文等人文课程的启发引导下，还"出乎意料"地培养出一位诗人，这就是"惊喜"了。

读万卷书，行万里路。在课余，查济民也会去杭州著名景点走走看看。青春活力与自然风光，都是奇妙的音符，一旦有机组合，那就是一个激昂的进行曲。仿佛是作为对自己平日辛劳的犒赏，查济民规定自己每月去一次西湖。"水光潋滟晴方好，山色空蒙雨亦奇。"春夏秋冬四季，西湖皆有魅力，令人流连忘返。而令查济民深刻印象的，莫过于第一次去岳庙。

那是近年底的日子，杭州的气温已是冰点。原先在西湖里亭亭玉立的荷花早已成为枯枝败叶，毫无生机，一片萧瑟。查济民和几个同学一起去岳庙，祭拜爱国忠臣岳飞。快到岳坟，有一个器宇轩昂的古老石牌坊矗立在不远处，靠近上端横贯四个大字："碧血丹心。"稍微走近一点，便可见牌坊中部的雕刻细节，那是由"二龙戏珠"和"二凤麒麟"等组成，惟妙惟肖。早在孩童时代，查济民就从父亲那里听到过"精忠报国"的故事，对岳飞怀有敬仰之心。所谓"碧血丹心"就是对家国的忠诚之心。而当下，查济民已是一位热血沸腾的青年，心智更加成熟。面对岳飞塑像，查济民陷入思考与遐想之中，他暗暗询问一个问题：自己的命运怎样与家国联系在一起？如今，攻读印染专业就是在实践"实业救国"抱负，就是在实践通过现代化让中国走上富强之路的抱负。从立志到励志，其基准点十分重要。因为它将直接决定一个人前进的方向、动力和意志。

家国情怀，民族气节，成为查济民一生中最光彩夺目的亮点。

到二年级，1929 年至 1930 年。

除保留一年级开设国文、英文等基础学科，以及图案等专业课程外，结合专业要求，学校增设了染坊专业课程，以加强专业技能的培养和训练。课程，近而言之，就是磨砺与操练，就是积累与经验。远而言之，就是本领与权威，就是市场与价值。所以，课程如何设置，标志着一所学校的追求、质量与品位。遇见"浙大"，是查济民的幸运。名校，是造就"名人"最好的载体。

学习，贵在坚持。心中有梦，眼中有光，手中有书，脚下有劲，这是成功学子的标配。

查济民的学业成绩继续保持优异，名列前茅。

第一学期主要专业成绩摘要如下：

机织，学分 3 分，总平均 93.00。

棉纺，学分 2 分，总平均 90.00。

染色，学分 2 分，总平均 85.00。

第二学期主要专业成绩：

力织，学分 3 分，总平均 79.00。

机织，学分 3 分，总平均 89.00。

染色，学分 2 分，总平均 92.00。

图案，学分 1.5 分，总平均 89.00。

染色实习，学分 1.5 分，总平均 80.00。

力织实习，学分 1.5 分，总平均 79.00。

到三年级，1930 年至 1931 年。学校进一步加大专业课程，特别是增设专业实习课程，并加强了相当的课时量。动手做、做中学，以此训练学生理论与实践的结合能力。同时，在开设英文等外文的基础上，还专门开设了日文课程。这是具有战略眼光的举措。千万不要小觑这个课程或是举动。为何要，以及怎样学习近邻日本，是几代人经过痛苦思考后作出的痛苦选择。望洋兴叹没有用，怨天尤人没有用，垂头丧气更没有用。忍辱负重，急起直追，才是缩短差距的唯一路径，别无选择。而知己知彼，学会开放和包容的胸怀，才会迎来机遇的春风和阳光。学习日语，这为查济民这一代人扩大眼界，特别是了解并掌握日本染坊业高速发展现状、先进技术等，打开了一扇窗户，拿到了一把钥匙。任何努力、付出或累积，总会在合适的时机显现它的答案，犹如一位不期而遇的故人。这大概就是"回报"吧。查济民的这些学习经历、储备和能力在后来大成公司的发展过程中得到充分的展示与印证。最为直观的显现是，查济民曾先后三次随同刘国钧赴日本，考察学习日本的染坊业。在日本，他们深入纺织车间，向日本技术人员咨询讨教，与一线操作工人面对面交流。如鱼得水，对于查济民，既是纺织专业的内行，日语（语言）交流又不是障碍，其收获及启发当然特别巨大。这在日后为刘国钧作出引进技术设备、布置生产流程等决策时，查济民结合在日本的所见、所闻、所思等，提出合理化建议提供了科学的依据和保障。当然，这都是后话。

查济民在三年级第一学期的相关学科成绩如下：

力织，学分3分，总平均85.00。

棉纺，学分3分，总平均91.68。

丝织，学分3分，总平均94.00。

染色，学分3分，总平均86.00。

经济学，学分2分，总平均92.00。

电机实习，学分1分，总平均85.00。

分解实习，学分1.5分，总平均95.00。

力织实习，学分1.5分，总平均85.00。

染色实习，学分1.5分，总平均84.00。

日文，学分3分，总平均96.00。

三年级第二学期相关学科成绩如下：

日文，学分3分，总平均86.00。

染色，学分3分，总平均98.00。

力织，学分3分，总平均87.00。

意匠，学分1分，总平均96.00。

整理，学分1分，总平均96.60。

棉纺，学分3分，总平均90.00。

工厂管理，学分3分，总平均96.00。

染色实习，学分1.5分，总平均86.00。

意匠实习，学分1.5分，总平均86.00。

力织实习，学分1.5分，总平均87.00。

闻鸡起舞，练好内功，这是开创事业的基础与本钱。在学业进步的同时，查济民的身体肯定也长高不少，健壮不少。可惜的是，我没有相关的图片为证。我曾多次想象查济民在体育课上投篮的姿势，想象他参加运动会跑步的情景。我坚定地相信，在有关浙大卷帙浩繁的照片档案中，一定留有查济民矫健的身影。

勤奋，日后终会换来回报与辉煌。浙江大学，千万学子，因拥有查济民这样出色的学生（校友）而骄傲。而事业有成的查济民因拥有浙江大学这样的母校而自豪。一所名牌大学的历史，就是一部鲜活且鲜明的马太效应史。

三年后，查济民面临毕业。此时的他，犹如一位枕戈待旦的战士，渴望早日投身纺织行业，走进车间，走进实验室，一显身手，大展宏图。

有幸了，中国近代印染业。后来的历史与成就充分佐证了这一点。

二、初到上海　崭露头角

1931 年夏，18 虚岁的查济民以本专业毕业试第一名的身份从求是书院工学院附设高等工科中学染坊（含纺）科毕业。毫无疑问，取得第一名，既是聪明才智的体现，也是勤奋刻苦的结果。

实力，是打开未来大门的密码。

取得如此佳绩，查济民自己也颇感欣慰。他连夜给母亲修书一封，报告学业及就业准备等情况。查济民是个孝子，他知道母亲这些年的不易和期望。一个一个孩子长大而走出家门，去外面闯荡、打拼到成才，无不凝聚着母亲的心血。所谓孝，就是积极上进，做出成绩，让父母亲长脸，同时尽量少让父母长辈操心。

顺利毕业，就业之事摆上议事日程，刻不容缓。

而未雨绸缪，运筹帷幄，这是抢得先机之所在。

查家从来就是有打算、有准备的人家。还是在查济民毕业之前，查家已在动用相关社会关系与人脉资源，为查济民谋得一份合适的工作而托人、铺路。

幸运，从来是有理由的。

一来，是查济民学业成绩优异。优秀，是最好的标签，一目了然。俗语道，打铁还需自身硬。具备过人的本领，自然会有过人幸运的资格。二来，是关键时刻，查家请到了一位名人作为引荐的介绍人。旧时，谋职主要是通过引荐或举荐来实现的。如此，介绍人至关重要，他不仅是彼此建立联系的中间人，也是相关职责的担保人。对于介绍人与雇主双方而言，一个要有"面子"，另一个要有"保障"。"让人放心"，是用人的最重大原则。查济民的介绍人来头不小，他就是著名军事理论家蒋百里。这其中的缘由非常明晰，也非常自然。因为，蒋百里的原配夫人叫查品珍，与查济民是同宗关系，血浓于水。所以，这个忙非但一定得帮，而且一定要帮成功。在蒋百里的举荐下，查济民顺利地进入上海达丰染织厂，成为一名练习生。

有一个稳定的工作岗位，这是人生起步和发展最为基础的一步。各种可能的想象，或想象的可能，在年轻人的脑海缤纷绽放。未来已来，指日可待。查氏家族为查济民举行一个欢送仪式，殷切寄语，细心关照。查济民一一作揖答谢。那晚，查济民与妹妹两人陪着母亲坐到半夜，仿佛有说不完的话。查济民非常明白自己肩负的重任。他对母亲说"我会努力挣钱好好报答母亲大人的"，其实，查济民内心还有一句话没说，"我一定会好好工作，作出成就来报答你"。查济民知道，行动才是最好的回报。同时，他告诫妹妹要照看好母亲，不能让母亲生气或担忧。

离别的日子终于到了。查济民告别母亲兄妹，离开家乡袁花，在家人的陪伴下，坐船来到硖石，然后，坐火车去上海。

"千里之行，始于足下。"虽然有专业学习和培训的经历与成绩，但在具体的实践中，还需练就另一身真功夫。唯有一线的摸爬滚打，才会告诉你只有实际中才出现的问题和矛盾，才会学到看家的功夫与本领。年轻人，自然有很长的路要走，而这路，没有捷径可走，没有秘诀可寻，老实勤恳，才是最大要诀。

查济民牢记家族的教诲和传统。老实，踏实、务实，从练习生做起，从最基础的工作做起。于另外一层意思而言，也要为推荐人蒋百里争面子，绝不辜负蒋先生的嘱托。查济民所在的达丰染织厂，为他的成长铺就坚实的跑道。如此，内外诸多因素激发或是规范了查济民的一言一行，使其成才成器。万事，开头很重要。

在近代染坊业发展史上，上海达丰染织厂既是行业的一个代表，更是一个标杆。在较长的一个时间段里，它代表了中国近代染坊业的最高水准，独领风骚。

上海，是中国最大的工业城市。达丰染织厂是行业的最高代表。如此"双最"为查济民发展提供了"最佳"的机遇和平台。

上海达丰染织厂，是由王启宇在 1913 年创办。"达丰染织厂创设于民国二年，为吾国染织厂最早成立之一，创办人甬绅王启宇。"① 王老板是浙江（定海）人。经过几年的艰苦奋斗，从最初只有两只染缸的小作坊发展为当时中国规模最大的集自纺、自织、自染、自漂、自印花、自整理于一体的纺织联合企业，一举成为行业老大。不管是生产规模还是技术水准，王启宇都创造了一个业界传奇。

传奇，就是故事，非同一般的故事。而故事，终归有来龙去脉，有起承转合。

1911 年，王启宇从上海圣约翰大学肄业，进入和兴洋行，成了一名会计。对于芸芸众生而言，这应该是一个高质量的人生起步，从此衣食无忧。而故事的主人公似乎不太满足眼前的角色，寻寻觅觅。一次偶然的机会，改变了他命运的轨迹，同时也翻开了近代染坊业的新篇章。"该出手时就出手"，敏锐地捕捉机遇是成功人士必备的素质。任职不是很久的王启宇"意外"地发现一个商机：涉足染坊业。说干就干，他先与在邓乐普洋行任总会计、有相当实力的蒋仲山及陈星记棉布号店主余葆三等人集资 4000 银圆，在杨树浦美兴街开设一家染坊，开始尝试染纱线。4000 银圆，在当时不是一笔小数目。会计出身的王启宇等人，自然知晓企业运作与资本运用法则。投资是为了利润、为了收益，但投资却存在风险。是福不是祸，是祸躲不过。事实证明王启宇等人是吉星高照。初战告捷后，王启宇再接再厉，又和崔福庄、陆慎甫、叶培培、杨杏堤等人集资 20000 银圆。不仅把原先作坊的规模扩大，购买了相应的机器设备，实质性地提升企业竞争力，同时，招聘工人，培训上岗。一段时间后，捷报频传，染坊生意不管是数量还是质量都得到极大提升，而这情况的潜台词就是高收益，财源滚滚。抢占市场，扩大再生产，就像滚雪球一般。1913 年，王启宇将染场迁到虹口唐山路，并升级换代，由原先的作坊，升格为一家丝光线漂练染色工厂，取名为达丰染织厂。

---

① 达丰染织公司：《染织纺周刊》，1936 年，第 672 页。

适逢其时，染坊业发展的大背景一路向好。第一次世界大战爆发，欧洲工业受到重创，机械制造和工业品出口大为减少，其中包括丝光线。而对于中国新兴的民族染坊工业来说，国际进口骤减，竞争压力减轻，就是一个重大利好。达丰染织厂抓住这一难得机会，发展生产，积极作为，因此积累了大笔资金，为扩展业务打下经济基础及竞争实力。随着时间推移，王启宇心目中的染坊帝国蓝图越来越清晰，越来越宏大。1919

上海达丰染织厂广告

年，王启宇在曹家渡浜北光复西路 1161 号购地 40 亩，建造达丰染织新厂。

王启宇是一位有着浓厚民族资产阶级情结的工厂主，懂得经营也懂得对外宣传。所以，王启宇指示，在工厂大门外墙上张贴"中国首创漂染工场"几个大字。除将老厂主要设备迁入外，又增设丝光机等各式机器 18 台，职工增至 129 人。新厂一面扩大纱线漂练染色，一面向外购坯布，开始棉布染色等业务。同时添置人力布机 200 台，创设织造部。新厂投产后，日均生产布匹 2000 余匹，尤以黄卡其布销路最广也最好。在当时，客商只要提及卡其布，第一个回答必是"达丰卡其"。从此，贴有"中国首创机器印染"标签及"日晒雨淋，永不褪色"之商标的印染布风靡市场。市场份额就是话语权，就是净利润。其时，政府也是积极助推，给予政策优惠与支持，准予免税五至十年。如此多管齐下，利好企业，于是，达丰厂成为中国机器染色的领军而驰名全国，就是顺理成章的事了。

1925 年，"五卅惨案"发生后，上海各界抵制外货，国货生产迎来黄金时代。为集中力量，王启宇计划将唐山路染坊工场逐步收缩，集中发展达丰厂的棉纱染织。所以，于 1929 年开始添置印花设备，生产"一品"花布、"双童"羽绸、哔叽、"三星"细布、"四善"直贡、"五子"卡其和"孔雀"蓝布等。这些产品销路极畅，影响很大，不久都成为闻名上海滩的名牌产品，还远销东南亚等地。

高品质的企业，需要并造就高品质的员工。

作为练习生，查济民可以说是如鱼得水，渐入佳境。一方面，他虚心好学，积极主动地向熟练工人学习、求教，遇到问题刨根问底，以求弄清楚、弄明白。另一方面，他刻苦钻研，掌握原料配比等关键和要领，并从理论上彻底理解其化学变化之原理，知其然，知其所以然。同时，还认真思考、发散思维，分析其工艺之长处和不足。

"今天遇到了什么问题，哪个师傅和技工采取什么方法解决了问题？我是怎么设想的，我的建议可行吗？"查济民裤袋里放一个小本子，每天都会有所记录。回到寝室，简单洗漱后，查济民要做的第一件事，就是把上班时看到、听到的有价值的东西记录下来，特别是机械故障、工艺流程等问题的解决答案。日积月累，查济民的本子越来越厚了，他的心得也越来越多了。

学无止境。经过一段时间后，查济民关心和思考的问题有所变化和转移。染织行业背后之根本原理就是化学，其次是工艺。化学，决定原料的配比反应等，工艺，决定产品质量的优劣高下等。

"要是哪个环节或原料配比等改变一下，会是什么结果？"

"怎样才能使产品达到更理想的状态？"

这些实际问题，或是假想问题，一直萦绕在查济民的脑海。探索、创新，精益求精、永不满足，这是工匠精神中最为宝贵的元素与特质。

经过一年多的努力，查济民不仅几乎全面掌握了染坊业的原理和实际操作，还积累了大量的实际案例，以及解决问题的方法。更珍贵的是，查济民基本具备了一个技术人员的核心素养：动手会做，动脑会想，手脑结合，学以致用。

但凡从初出茅庐到崭露头角，这中间势必会有一些小故事发生，最后累积成一个飞跃，或引人注目，或脱颖而出，不一而足。查济民也不例外。

由于当初是名人蒋百里先生引荐，达丰厂老板王启宇对查济民这个年轻人自然也是另眼相看，颇为关注。而几次经意或不经意的接触后，老板对这个年轻人则有新的发现，新的期待。

一是，有一天，王启宇在车间巡视时意外地发现了查济民口袋中的笔记本。王老板好奇，拿来一看，只见里面记录着密密麻麻的文字和数据，还有大量的示意图等。勤奋敬业，是老板看重员工最吸引眼球的特征之一。因为，勤奋敬业，是创业的基石，更是创造利润的前提。另外，一个勤奋敬业的员工，还会无形中带动或鼓励其他员工的积极性，从而营造一个团队或集体的核心价值观。于是，王老板当场表扬查济民勤奋好学的品行，许诺给予一定的物质奖励，并破格提拔查济民为助理技师，因为此时查济民基本具备独当一面的能力。而按照惯例，助理技师取得的年限一般是三年。

二是，查济民在实际操控和解决问题中，逐渐展示出不可多得的技术才干和专业敏感。当时，卡其布的染色，是一门崭新且复杂的工艺。既要讲究科学配方，又要讲究工艺流程。前者是基础，后者是关键。只有完全掌握配比并熟练掌控整个工艺流程，才能达到稳定的产量和质量。查济民，一直以来钻研的就是其中的奥秘。熟能生巧，经过近两年的积累和摸索，查济民俨然成为这方面的行家里手。唯一可惜或是遗憾的是，由于达丰厂唐山路染坊工场规模的收缩，查济民施展才华的空间受到较大制约。而这，也许就是冥冥中埋下的一个伏笔，或是柳暗花明的先导。所谓"因果"，就是有前因，才有后果。

而让查济民有所不知的是，一只幸运之手，即将在不远处向他挥动招手。伯乐识千里马的现代版即将上演。一个来自海宁乡间的小伙子将以主角出场，精彩演绎。这故事并非一般的小插曲，而是一个有情节，有起伏，有高潮，有血有肉，有情有义的鸿篇巨制。造化，是一个奇妙的因缘。

花开两朵，再表一枝。

就在达丰染织厂高歌猛进，查济民崭露头角之时，离上海100多公里的江苏常州，当地有一家染坊厂的发展也是突飞猛进，如日中天。

这家染坊厂的大名叫常州大成纺织染公司，其当家人叫刘国钧。

刘国钧于20世纪30年代

刘国钧（1887—1978），乳名金生，学名丽川，又名金巽。清光绪十三年（1887）出生于常州府靖江县生祠镇。

与王启宇相似，刘国钧也是近代纺织业界的一个传奇和行业领袖。刘国钧的成长史和创业史，不仅像是一部"穷小子"逆袭成"白马王子"的奋斗史，更是一部立志发愤，艰苦创业的励志剧。刘国钧出身贫寒，没有遗产，没有靠山，白手起家，抢抓机遇，以小搏大，直至掌管现代化大型纺织公司，分厂遍及全国，创造同行业多个"第一"。刘国钧的成功，为一代青年奋斗有为树立了一个鲜活的典范。这是对个人不懈努力的肯定，更是对其道德品行的褒奖。人，活在世上，就是来做事的，做有益于时代发展和进步的大事或小事。

历史，铭记着进取者的名字。他们的奋斗与业绩照亮人心，鼓舞来者。

刘国钧早年生平、事业起步及前期创业史可谓跌宕起伏，其中有挫折，有失利，更有成功，非常精彩，在此不再赘述。我们叙述的起点，就从刘国钧与查济民形成交集之前后开始。以此作为主人公查济民正式"入戏"的前奏或铺垫。就像一幕长剧由序幕而转入正剧。

自1927年到1930年，为适应市场需要，刘国钧一直在谋划、在准备将麾下的广益厂、广益二厂合并，就此产生规模效应。前期的种种努力和积累，终于等到破茧化蝶的时机。蝶变，往往是最痛苦也是最完美的一瞬。一旦拥有翅膀，便可翱翔蓝天。

1930 年，就染坊业而言，是属于刘国钧年。

是年，刘国钧创业真正走向辉煌的大平台。其中，最大的亮点是成功收购大纶久记纱厂。其大致的经过是，是年 2 月，经营不善的常州大纶久记纱厂有意出盘。这是一个大买卖，但也是一个烫手山芋。经过前期调查、谋划与评估之后，刘国钧诚请同乡刘靖基共同接盘并得到认可。于是，他俩集合 50 万元，接办了这个有上千名职工的大型工厂，改名为常州大成纺织染公司（简称大成公司）。同时，在上海设立办事处。刘国钧被推举为公司总经理。无数成功的历史证明，任何大手笔或大机遇，都是由眼界、能力和魄力等汇聚而成的。当然，好运，也是因素之一。

由此，"刘国钧"和"大成"成为业界如雷贯耳的名字。

取名"大成"，是有讲究有出处的，更是有寓意有追求的。"大成"两字，出于《孟子·万章下》："孔子，圣之时者也，孔子之谓集大成。集大成也者，金声而玉振之也。"这是孟子以音乐的之理来盛赞孔子才德兼备，学识渊博，正如奏乐，以钟发声，以磬收乐，集众音之大成。而刘国钧用此词，言近旨远，借此勉励及激发自己争做中国纺织业的"集大成者"。后来的历史和事实充分证明，刘国钧就是中国近代纺织业的大功臣、大英雄。

公司成立伊始，刘国钧正谋划着大刀阔斧地对企业进行整改与整顿。但是新的问题产生了，若想正常开工，急需 40 万元作为启动资金。刘国钧急中生智，以厂房作抵押，向陈光甫主持的上海储蓄银行成功贷款 40 万元作为流动资金。有了资金，就像将军有了坚强的士兵，怎样作战布阵，怎样冲锋陷阵，就看将军怎样指挥，怎样运用战术战略了。刘国钧思路明晰，高瞻远瞩，他将 20 多万元用于购买原材料，余下近 20 万元用于整修厂房与机器、扩建车间、更新设备、培训员工等。随之，于当年夏天正式投产。至此，大成公司不再是"旧瓶装新酒"，而是脱胎换骨，枯木逢春。整修与新设备投产后，生产诸环节均顺利高效，其产量和质量得到保证。销售也紧紧跟上，可以说是全线告捷，蒸蒸日上。这些成绩的取得，让刘国钧一直紧锁的眉头渐渐舒展开来。到年底盘结，盈利达 50 多万元。在公司举行的辞旧迎新大会上，刘国钧首先向全体员工深深一个鞠躬，感谢大家的齐心协力，并将一个又一个红包亲手交给每一位员工，勉励大家再接再厉。随后，刘国钧虚心地听取大家对公司发展的意见建议。

干实业的人，大多喜欢扩大再生产。不是买土地造厂房，就是买设备招员工，或者兼而有之。不久，公司旗下的大成纱厂添置丝光车、烘燥车、轧光机等印染设备，逐步向专业化公司过渡发展。

企业愿景，是企业发展的方向与前进的动力，是凝聚全体员工精神与共识的抓手。而所谓现代化企业，其标志之一就是以文化为基础，为支撑，为境界。在此，可以用一个细节来证明。大成公司产品统一取名为"蝶球"牌，图案为一只大蝴蝶飞舞在地球仪之上，其寓意就是"无敌于全球"。上海话"蝴蝶"与"无敌"发音相近。无敌，是目标也是自信。因为，这其中也包含着坚决抵制日货，积极倡导国货的时代大背景。从公司新建之始，刘国钧就鲜明地表明自己的爱国立场。这，构建起刘国钧思想品德的基石，并贯穿始终，历久弥笃。在以后大是大非的选择与考验中，他更是旗帜鲜明，可歌可泣。

在生产与利润节节攀高的同时，刘国钧大胆改革，实行"工管工自治化、工教工互助化、工资等级化"，提倡"土纱救国"，引领"机器革命"。他是一位有头脑、有眼光且有情怀的企业家。其办厂理念在由刘国钧亲自填词的大成厂歌中得到充分的体现："提倡国货，对外竞争，出品力求精，成本力求轻，挽回权利，富国裕民。"以人为本，刘国钧认为，工厂，工厂，工人之厂也。开厂，不是为了少数人安富尊荣之享受，而是为了多数人，为了国家利益。这就是事业境界，这就是做人标高。家国情怀，是成功企业家必须具备的核心素质。

同时，刘国钧在大成公司举办夜习班，开设纺织知识、机械、绘图、数额、外语、美术等课程。摆脱原先工头制管理模式，建立新型职业队伍，提高员工技术水平。建造职工宿舍、食堂、商店等，提高员工福利待遇。

1932 年，大成公司扩建染部。

其时，大成公司的发展，真如万物在阳春三月中蓬勃生长的速度和节奏呀。

大成一厂旧址

　　1932 年底开始到 1933 年春，刘国钧将独资经办的广益布厂并入大成公司，新建大成二厂，这成为大成公司的核心，规模最大，产值最高。至此，大成一厂与二厂共拥有纱锭 2 万枚，占全国华商纱厂纱锭 2%，纱锭纺机 640 台，占全国 7%。其中，大成的印染能力，跃居全国之最。职工达 2500 人，年产值 450 万元。到 1933 年底，公司净资产 220 万元，四年时间，资产增加到原来的 4 倍多。

　　大成公司奇迹般地发展壮大，引起当时经济学界高度关注，纷纷派出专家学者前来考察研究，总结经验。而刘国钧则被誉为"财神爷""民族工业骄子""中国纺织大王"。这些桂冠，也是实至名归。

　　刘国钧有句口头语："日日行，不怕千万里。常常做，不怕千万事。"他是这么说的，更是这么做的。

　　行者常至，思者常达。

　　大成公司得以飞速发展，日新月异，充分证明刘国钧办厂理念、决策能力和管理水平的可行与高超。对于新技术、新设备，刘国钧不惜血本投入。刘国钧分别于 1931 年、1934 年赴日考察纺织技术，学习日本工厂先进的生产技术和引进生产设备。其中，对于专业人才的支撑、支持和引领作用，刘国钧自然明了于心，洞若观火。于是，他礼贤下士，不惜重金，将一些知名专家纳入麾下。譬如，大成厂成立之后，纺纱质量一直存在问题，次品率居高不下。刘国钧虽亲自深入车间，实地研究，但也没有根本性地解决问题。于是，他从山东鲁丰纱厂高薪聘请国内著名纺织专家陆绍云，让其任工务长，即如今的总工程师一职。专家就是专家，很快查找出问题，进行设备改造，"药到病除"。减少次品率，其实就是增加了利润。第一年公司增加盈利 10 万元。以此为契机，刘国钧广招有一技之长的技术骨干加盟。一时间，大成公司在业内刮起一股招募人才的龙卷风。同时，大量招聘纺织学院的毕业生，以及资助少量人员出国深造等。强将带精兵，强强联合，才是最佳"育人"模式，才能达到超强实力。

因为，人才就是创新力，就是生产力。对老板而言，人才就是货真价实的银子，就是喜笑颜开的利润。

如此，在染坊界已露尖尖角的查济民，自然有可能进入刘国钧求贤若渴的视线。不管鹤立鸡群也好，还是脱颖而出也罢，"你"要有本事，让别人在茫茫人群中"看见"你，"发现"你。

当然，相遇本身就会是一个故事。这"可能"与"事实"间，多的是失之交臂，少的是梦想成真。

幸运也罢，机遇也罢，作为故事另一方的查济民，此时却浑然不知，毫无察觉。因为，此时的主角不是他，而是刘国钧。是刘国钧主宰着剧情的发展和结果，只有当刘国钧主动抛出橄榄枝，查济民这位年轻人的人生轨迹才得以和"成功人士"刘国钧散发的光环交汇，以此照亮前程。

起因是刘国钧从常州去上海出差。

一则是随大成纺织染股份有限公司快速发展，采购所需染坊机械以及整修配件等，成为公司最重要的工作部分。当时先进的染坊机械等主要是从欧美或日本进口到上海的。所以，上海是全国最大的染坊机械和配件的供应地和集散地。到 20 世纪 30 年代初，上海一些机器制造厂开始仿制国外印染机械和配件。譬如上海兴鸿昌机器厂仿制英国阿尼林染色机，专门提供给达丰公司和大成公司。1934 年 4 月，上海地区机器染坊业同业公会成立。

再则，上海是当时全国最大的信息中心，甚至是远东地区的中心。政治、社会、经济、外交等方面的信息，林林总总，不一而足。这其中自然包括各行业或行情信息等。譬如染坊市场行情，它是品种、价格、技术等信息最集中、最及时的发布地。用上海一带的方言说，那是"灵市面"。

所以，刘国钧要去上海，而且是经常去。或采购染坊机械，或了解染坊市场行情，或走亲访友等。当然，及时发现专业人才或是捕捉苗子，为我所用，也是重要工作之一。因为，上海是个充满活力的大城市，藏龙卧虎，到处是机会，到处有高手。慧眼识人，若是能招募到或是"挖到"有用之才，直接考验做老板者是否具有猎人般的眼光、智慧与运气。如今，有个外来词很是流行，也很是形象传神，叫作猎头（headhunting）。

据说，有一次，刘国钧去上海采购机器。当时，查济民的一位同事和他人合作开办了一家纺织机器厂，制造漂染机器。于是，刘国钧从查济民的同事那里采购了几台漂染方面的机器。在采购与调试过程中，刘国钧向对方提出两个要求：一是要保证机器的质量和性能；二是希望介绍一位技术人员去大成公司主持染部工作。为谋求到技术骨干，刘国钧开出高于达丰染织厂 4 倍的工资。那位同事听了刘国钧话后的第一反应，就认为最合适的人选非查济民莫属。于是，同事极力推荐在染坊技术方面崭露头角的查济民。

智者明法，慧者通道。聪明的老板，自然会有一双过人的慧眼。就像在股市，发现一匹黑马，买入一个潜力股，远比买入一个正值高位走势的所谓"绩优股"来得划算，来得智慧。

一个是财大气粗且志在必得，一个是崭露头角又踌躇满志。经同事介绍，两人一拍即合，相见恨晚。有道是，"人往高处走"。随即，查济民离开达丰染织厂，跟着刘国钧从上海来到常州，从此加盟大成公司。

见龙在田，利见大人。

此时的时间是 1933 年秋，查济民 20 虚岁。

在他手中，掌握着三张"好牌"，这是他最值钱的家当。第一张，是他的毕业文凭，标志着他的学业水平和专业成绩。第二张，是染坊界两年多的工作经历与口碑。第三张，才是他安身立命之本，独到"价值"之所在：对于染坊业相关染料的配比关系等，查济民不仅掌握了一技之长，甚至是"法门"，是"绝活"。

"绝活？"

对，绝活！

对成功的含义和界定，世间有很多很多种。其中一种说法直截了当，不可替代，便是成功。

一位"叱咤风云"成功中年男人的手与一位"初出茅庐"年轻人的手紧紧地握在一起。历史，铭记了这感人的一幕。因为，这第一次握手，便注定两个有理想、有情怀男人之友情亲情在以后长达几十年中，不管时代的风风雨雨，而牢不可破，而事业有成。不管提携之情也好，还是感恩之心也好，都是温暖的，芬芳的。

一到常州，刘国钧便任命查济民为常州大成二厂染部技师。

"好好干，我不会亏待你的。"刘国钧对查济民充满期待和希望。

"嗯。"年轻人略带腼腆地笑笑，点头。无须多言，这一声"嗯"里包含着无穷的潜台词。查济民自然明白自己的职责和前途之所在。

姿态，是心声的直接展示。查济民将以实际行动作为报答。

多看，少说。查济民深知，实力，或者说，他人对你的认可，是靠你自己的表现及行动来体现的来证明的。

经过一段时间的适应和了解，查济民很快融入大成公司高效的运作机制中。同时，他还仔细观察，认真思考，努力寻找存在问题和解决问题的办法。

几个月后，他主动向刘国钧提出三点意见建议：一是尽快建立染坊实验室，并成立技术研发小组；二是进一步完善染坊部的管理制度和相关细则；三是成立纺织、染坊情报收集中心，打造智库。

"后生可畏，后生可畏。"苦于思考的刘国钧大喜过望，正中下怀。当即肯定查济民的建议，并决定立刻筹划、制定及实施相关内容。

"老板"有想法，而"员工"能创造性地拿出实施方案和方法，这是合理的组合，也是愉快的组合。从此，刘国钧和查济民之间"亲密的"信任关系得到加固和飞跃。做老板最得意的时刻，莫过于为自己决策而带来所期望成果的显现："我看人的眼光是准的""我所作出的决定是对的"，诸如此类。

如虎添翼。自从查济民来到大成公司后，其染坊质量稳定，产品数量得到很大提升，业务量迅速增长。

如鱼得水，脱颖而出。

查济民的才干有目共睹，不管是管理方面还是专业方面。作为老板，刘国钧自然非常欣慰。看准人才，用好人才，就是回报最大的投资手段。当然，怎样使其持续且高效地发挥作用，也是一门学问。就像面对一副好牌，怎样打到最好，也要讲究技巧和计谋。

刘国钧无疑是这方面的战略家和战术家，他有计划、有步骤地下了两步棋。

首先是带查济民去日本考察，其次是给查济民职位。

先说带查济民去日本考察。

年轻人的格局和眼界，需要机会，需要磨砺，也需要引领。1934年春，刘国钧带队去日本考察。若是按照级别或是资历，查济民根本没有这个机会。但刘国钧却亲自点名要求查济民一同前往。20出头的年轻人居然能有机会跟随老板出国考察，这是何等幸运的事呀。查济民自然是喜笑颜开，感恩戴德。

"我们不是去游玩，而是去看人家的好东西，学习人家的好经验。"刘国钧当面告诫查济民，"你是有特别任务的，回来要写一份考察报告给我。"临行前，刘国钧还特意将一台照相机指定给查济民专人使用。

这是查济民第一次前往日本。此行的主要内容是考察日本印花布的生产技术、选购所需设备等。

纺织业是日本的传统行业，也是新兴行业。明治维新后，日本逐渐走上工业化道路，其纺织业随着科技的发展尤为迅速。到20世纪一二十年代，日本纺织业和染业都位居世界先进水平，尤其是自动化程度很高。日本纺织产品的数量和质量均名列世界前茅。

所以，刘国钧明确提出，大成纺织染公司发展目标之一就是"华厂日厂化"，向日本优秀企业学习先进管理经验。他主要采取三项措施：一是派人员赴日本考察；二是引进日本先进设备；三是聘用日本技术人员。

当时，所有日制纺织设备中以滚筒印花机最为昂贵，新机索价高达五六万银圆，令人望而却步。对此，刘国钧和查济民虽是望洋兴叹，但心有不甘。"功夫不负有心人"，他们"意外"地发现一台二手货八色印花机，要价是三千元。刘国钧征求查济民的意见，查济民赞同买下。为了配套起见，他们决定再以两千元购买一台旧蒸汽机。另外，还购买了相关的设备及零配件等。这些设备随后一起运回国内，起到极大的作用。

内行看门道。

在日考察期间，查济民如入山阴道上，颇为兴奋，也多感慨。"人家的工厂或车间是何等气派，整齐干净；机器是何等先进，基本自动化；工人是何等熟练与敬业。"查济民几乎每次都是第一个进入车间或办公室，到最后一个出来，恋恋不舍。查济民不仅看纺机运作，也看工人操作，更看工艺流程、技术参数以及张贴在车间墙上的管理制度等。查济民有时是拍照，有时是用笔记录，忙得不亦乐乎。道在细微处。看到查济民如此投入、如此用心、如此专注，在一旁的刘国钧露出欣慰与满足的微笑：自己真的中大奖了，看对人了。

大成一厂厂徽

回国后，查济民抓紧做好两个方面工作。

一是足足用了一个星期的时间，废寝忘食，写成一份几千字的报告，当面呈供刘国钧。其中要点有三个：一、设备是前提。先进的机器和设备是提高产量和质量的根本基础。所以，及时而必要地引进设备，更新升级，是大成公司保持国内行业领先、缩小与世界发达国家距离最有效的途径。二、管理是保障。管理出效率、出效益。其中人的管理是重中之重。一个企业，只有做到人尽其才，各司其职，才是正规，才是合理。三、技术工人的培训和培养是关键。减少差错，减少次品，是提高效益的直观体现。而强化工人技术水平提升，激发他们的积极性和创造性，在一线操作中，自觉地纠正设备等自身固有的问题或不足，搞些小改进、小发明等，更是提高企业效益的重要手段。公司一定要让员工有主人翁的心态，一定要有上进竞争的激励机制，让技术工人有脱颖而出的机会，那样，不仅个人得利，公司得利更大。

这些都充分表明，查济民具有非凡的领导才能，对行业发展具有卓越的管理能力。如此具有远见卓识的建议，且有针对性的改进意见，自然得到刘国钧的高度肯定。

二是试制印花机，使之尽快投产。

从日本购买的二手机器运到大成厂后，刘国钧亲自出面先后从上海请来在纶昌印染厂工作过的工程师和其他外商企业的外籍技工参加整修及试车。但是都没有成功。最后，他们都以机器设备陈旧为借口，畏难而退。

如此的结局当然让刘国钧等很是失落。

买来的机器设备若不能真正投入生产之中而闲置在一边，那几乎等于是买回来一堆"破铜烂铁"。这，怎么行？

考验人的时刻到了。

查济民没有气馁，更没有畏缩。他主动请缨，成立攻关小组。首先是虚心学习，查济民亲自组织员工收集日方有关资料，弄清机器结构与工作原理等。其次是让各自提出建议看法等，汇总后进行比较分析。集思广益，及时反思，这是突破难点时必需的策略。查济民认真总结前阶段的经验，充分思考失败的教训，并耐心告诫一起试车的技工，消除对印花机神秘观念和畏难情绪。对照日方机器使用说明等资料，查济民与攻关小组一起，废寝忘食，连续作战，最终使这台被视为"不可救药"的印花机，"死而复生"，正常运作，发挥应有的作用。如此，不仅救活了一台机器，更是提升了工艺水准，使大成厂产品质量上了新台阶。

再接再厉，查济民领导攻关小组继续"攻关"，成功生产出直接印花、防染印花、拔染印花等工艺的一至四五色印花布。其品种质量与上海几家印花工厂的产品难分伯仲。投产不到半年，获利5万元，第二年更是获利几十万元。

忠诚企业，通晓业务，这是人才最主要的基础和素质，也是最"值钱"的品质。

好感，不仅来自品行根基，还来自时间堆积。时间会证明查济民的价值与作用。

就以灯芯绒生产与染坊为例。

灯芯绒，在今天人看来是非常普通的布料，习以为常，或不以为意。但是在20世纪30年代初，灯芯绒这种面料只有少数几个发达工业国家能生产。最早把这种工艺引进到我国，并成功生产的"第一人"就是刘国钧。1934年春，刘国钧与查济民在日本考察时，特意参观了日本生产平绒、灯芯绒主要生产基地——静冈县滨淞工业试验场。看到细腻柔滑，富有质感的灯芯绒产品时，刘国钧情不自禁地摸了又摸，恋恋不舍。刘国钧当即决定从日本引进一套生产灯芯绒的二手机械设备，并高薪聘请日本技师到厂里实地指导割绒技术。

回到国内，查济民首先着手成立花样设计室。接着对从日本带来的织物实样、设备、工具等进行细致的分析研究，并掌握了包括绒坯的组织与织造，手工割绒的技术操作法，割绒刀具的形状及其制作工艺等。

一方面是对机器进行紧锣密鼓的改装与调试，另一方面是查济民与同事们对产品夜以继日的研究和试验。最终获得突破性成果，成功生产出第一批平绒和灯芯绒。更重要的是攻克并掌握了工艺奥秘：割绒以后的半成品必须采用松式的练漂和染色工艺，再经过整理、上油、刷绒等后加工。如此才能达到绒面平整、手感柔软、富有光泽的标准与要求。

由于工作出色，查济民被任命全面负责大成厂之染部。

1935年6月，刘国钧带领陆绍云和查济民等再赴日本考察学习。

1936年，大成二厂成功生产出印花平绒和黑丝绒几千匹，被公认为可与日商同类产品媲美，由此打破了日本技术垄断。产品投放市场，大受消费者欢迎，企业获利丰厚。

乘胜前进。在查济民的建议下，刘国钧决定引进更多日产设备与机器。譬如，精元引进机投产后，日产精元斜纹布近300匹。同时，还添置了高压蒸练锅及英国产热拉机、七辊轧光机和电光机等设备。如此，大成公司具备了比较完备的机器与设备，形成初具纺、织、印、染等功能的一体化、系统化的全能大型企业。

大成公司的产品不仅销往上海及长三角一带，还远销至广东、四川、湖北，以及东南亚等地，声名远播。大成公司不仅成为常州最大的纺织印染企业，也是国内业界举足轻重的代表。

其次，是给查济民职位。

古人语，在其位谋其职。给年轻人以相应的机会或职位，就是给他一个展翅的平台，一个起飞的跑道。给他压担子，逼其想法子，并且，让其在谋划自身的同时，培养其团队的管理能力，通盘谋划、高屋建瓴，这是培育一个企业家的必由之路。

21岁的查济民被刘国钧正式任命为大成公司染部工程师兼工务科主任，并专职负责组建印花工场。有了职位，再有要求和目标，接下来就是实施过程。

时隔几十年之后，查济民回忆起当年的情景，依旧是满含情感，感慨万千。1996年10月，查济民应邀在北京大学发表演讲。其中回忆道："刘国钧先生，是一位白手兴业的实业家。他开明而且能用人。我在他那里第一步学到了经营企业的要旨，那要旨简单地说就是'勤俭'两个字。他孜孜不倦、好学好问，实事求是、精益求精、努力工作，不达到品质合格决不放松。他还千方百计减少浪费，要求工序合理以降低成本。我在他的领导下，与一群年轻的职工共同努力，每天工作常常超过12小时，向各方面汲取可以利用的知识、资料；向老师傅、书本、同行，包括日本同行学习。果然在不到5年的时间里，不但解决了大成二厂存在的一些漂染问题，而且把产量、销售都提高了5倍。当时，印染厂是棉纺厂中最关键的环节，因此，漂染厂的成功使得大成纺织公司能顶住不景气的年头，并且在六七年的时间里，把资产扩大了8倍。因而，被当时的经济学家们称为奇迹。这奇迹简单地说，就是'勤俭'二字，译成管理的说法，就是上下合作、精益求精、提高品质、降低成本十六字。我认为，这是我受益最多的第一课。刘国钧先生是我人生的第一个师傅。"

这里引用的话语，不只是对一段历史一个人物泛泛而谈的评述及回顾，而是于情于理，非常得体，非常精要的总结，具有普遍的启发意义和价值。

文中所言"勤俭"，不仅仅是指生活方面的修为，譬如衣食住行，更是创业层面的要素。这里，包括治厂的理念与方法，诸如利润观、创新观、质量观等，还包括人才观等综合指标的考量。查济民身体力行，几十年如一日，传承并弘扬了刘国钧"勤俭"精神之内涵，留给我们丰富而宝贵的资源及启发。

时间来到了1936年。

这一年，对于大成公司和查济民而言，进步太快速了，成绩太辉煌了，印象太深刻了。

对于大成公司，这一年可谓如日中天，可圈可点。

1936年初，大成公司从日本购进一批二手设备，计有2台印花机和弯辊丝光机、电光机、热拉机等。随后，又从日本购进一部二手的八色印花车，这机器印花技术在常州一带属于首创。大成公司名副其实地成为集自纺、自织、自印、自染于一体的全新企业。

肯花本钱，加大投入，更新设备，这是实力，也是魄力。大成公司的成功理所当然。

1936年冬，大成三厂在常州东门宣告成立。三厂的机器设备几乎全是从国外进口，它是大成公司的高端工厂。这是刘国钧纺织理想之集中体现：把三厂打造成真正具有能与日本企业同行竞争实力的一流工厂、一流品牌，打造民族纺织业高地，以赢得世界同行的认可。

这将是民族的，属于我们自己的高端纺织业蓝图的具体实践。前方之路，多么绚烂，多么令人振奋呀。

功夫不负有心人。

到抗战全面爆发前夕，大成公司资本增加到400万元，公司名下拥有4个工厂。其中3个厂在常州，其名分别为大成一厂、二厂、三厂，

1 个厂在汉口。汉口厂的来历不仅有背景，也有故事。而故事背后，一定站着一个人，一种精神。

面对发展与进步，刘国钧没有故步自封与沾沾自喜。他在酝酿一个崭新的计划，即"征西计划"，决定进军内地市场。由比较发达的东部沿海地区向有待开发的中西部拓展，这是中国工业化和现代化进程中一个具有历史意义的战略。刘国钧和查济民等可谓抢占了时代趋势的制高点，功不可没，影响深远。

当时，大成公司生产的蓝布，在四川等内地市场非常畅销，深受底层劳动者尤其是人力车夫等的喜爱。因为这种蓝布具有耐磨、透气、吸汗等优点。产品的品质与需求，是占领市场的前提。内地人口众多，市场广大，这是极大的"诱惑"与资源。而开拓内地市场，武汉，自然成为首选之地。其一是因为武汉地理位置特别，它是连接东部与西部的交通枢纽，具有水运和铁路运输之便利；其二是因为武汉是我国近代纺织业的发祥地，有基础，有实力。1890 年，张之洞在武汉设立"布、纱、丝、麻"四局，开创纺织业之先河。但由于连年战乱以及管理等诸多内外因素，武汉最大的纱厂震寰纱厂在 20 世纪 30 年代中期基本处于停工状态。当时湖北省财政厅长贾果柏主动向刘国钧抛出橄榄枝，希望大成公司能到武汉投资联营，接手震寰纱厂。贾厅长亲自接见刘国钧一行，并提出优惠条件："三年内免征一半赋税。"政策，特别是税收政策，历来是撬动经济发展最重要的杠杆。查济民向刘国钧表示，进军武汉的决策是正确的，是可行的。

如此，一个早有意向，一个热情有加，这个合作自然是恰到好处。

1936 年 7 月，大成公司与震寰纱厂实行合营。合约签订期为 5 年。合营后工厂改名为武昌大成纺织染厂，又称大成四厂。新厂的股份占比是，大成公司占股 60%，震寰纱厂占 40%。刘国钧任总经理。仿佛是"化腐朽为神奇"一般，大成公司合股后，对四厂进行全方位的整改，并于 1936 年 10 月正式开工，11 月就盈利 10 万元。其后的 9 个月内盈利高达 100 万元。对此，刘国钧、董事会和四厂的管理层都感到极大欣慰。而查济民一语道破了其中的玄机：这是大成厂的人在起作用，是大成厂的制度在作保障。刘国钧听了这句话后莞尔一笑，心满意足。当然，若是从更大层面而言，是时代在起作用，是民族迫切希望走上富强道路的决心和信心在起作用。

这真是黄金般的岁月呀。

大成公司飞速发展，规模日益扩大，其产品数量、质量与品种，齐头并进。中国民族纺织业的现代化发展之路，前景一片光明。

当时，大成公司四个分厂共有纱锭 8 万枚，织机 1730 台。日产纱布 5000 匹，其中染色布占一半，其日产量占整个常州地区生产总量的 60%。当时，常州棉布印染生产日产量大约是 8000 匹。大成公司的主要产品是大成蓝布、深浅士林布、杂色提花布、精元斜纹和羽绸、电光直贡、漂布和府绸，以及各种印花布。产品除供应上海及江苏外，还销往华北、华南和华中地区。不管是品种、质量还是价格，均可与国外企业的产品抗衡匹敌。

著名经济学家马寅初在参观大成纱厂后，颇有感慨地说，"像大成这样 8 年增长 8 倍的速度，在民族工业中实是一个罕见的奇迹"。

又是"罕见"，又是"奇迹"，而且出自一位权威人士之口。这足以说明，20 世纪 30 年代大成公司在我国民族工业的影响和地位。

对于查济民，这一年更是至关重要，刻骨铭心。

它是分水岭，更是里程碑。这一年，查济民收获了事业的第一个黄金期，同时收获了梦寐以求的爱情。事业成功，爱情甜美，这是作为男人最大的满足和骄傲，直让旁人心生羡慕嫉妒。

这年春，在刘国钧精心安排下，查济民赴日本京都染织厂实习与进修。借此学习或借鉴日本纺织企业先进的管理经验和生产技术。和以前的访问参观不同。访问参观，因时间及其他因素的关系或制约，总给查济民以蜻蜓点水、浮光掠影之感，不到位、不过瘾。而这次是实习，真正以操作者的身份进入车间，能系统、全面且深入地了解车间的工艺、技术、流程等。这是极为宝贵又难得的机会。查济民和日方相关人员进行面对面的交流、探讨。在车间、实验室等，查济民亲自体验或操作，解决实际问题。所谓内行看门道，观察、学习、咨询及思考，给查济民以很大的启发和收获。日本同行对这位刻苦勤奋，彬彬有礼的中国工程师表示出极大的尊重与敬佩。使命在肩，查济民深知此次进修的意义和作用。除了学习、考察日本工厂先进的技术以外，查济民还在思考更高更深层面的东西。其中最为关注的是对日本企业文化作专题考察，虚心汲取其长处。这是查济民赴日进修获得的最珍贵的"附加值"。

鲁迅在《拿来主义》一文中有句子云："所以我们要运用脑髓，放出眼光，自己来拿!"这段经历，不仅拓展了查济民的人生视野和格局，丰富了他的职业阅历与经验，更增添了他的爱国主义情感，增强了振兴民族工业的责任感和紧迫感。

事业心和责任感，让查济民自身的含金量不断攀升。让自身变得重要，变得强大，变得纯粹，变得不可替代，这才是年轻人的责任和使命。得心应手，才能心想事成。查济民和所有的奋斗者一样，梅花香自苦寒来，开始拥有相应的话语权。作为技术人员，掌握核心技术，就等同于掌握了核心机密，掌握了核心竞争力。

此时，在大成公司，查济民无疑是染坊部公认的权威，是公司的"宝贝疙瘩"，甚至是"秘密武器"。

你若盛开，清风自来。

此时，刘国钧作出一个重大决定，主动提议将自己的千金刘璧如许配给查济民。

刘璧如，出生于1919年，比1914年出生的查济民小5岁。十七八岁，自然是少女人生中最为美妙的时刻，最为畅想的时刻。

对于成功男人刘国钧而言，唯一的女儿，毫无疑问地视其为掌上明珠，关爱有加。

刘国钧和夫人鞠秀英育有四个孩子，一女三子：刘璧如、刘汉堃、刘汉栋、刘汉良。唯一的女儿，按照王国维先生形容其女王东明的说法是"米堆里的一粒谷子"，意为显得稀奇而珍重。千般宠爱集一身，那是理所当然的事。当然，所谓爱，天下父母，有千万种的理解与举措。刘国钧是一位儒商，自然非常重视孩子的教育。读书就是教育，教育就要读书。1929年，正当刘璧如满10岁时，父亲刘国钧就聘请名师为女儿授业，学习儒学经典，教授琴棋书画与中国古典诗词等。老师中有被称为"江左大儒"的晚清刑部主事钱名山、文化名流苏涤尘等名人。名师出高徒。读书，接受传统文化教育，这是千日之功。1933年，刘璧如随家庭教师开始学习英文。

学习是人生最深厚的资本积累。这从根本上给刘璧如以熏陶和教化，使之日后真正成为"相夫教子"的传统女性与"同甘共苦"的事业女性完美的结合打下坚实的基础。女性为齐家之本，一个不平凡女性的成功，足以造就一个家庭成员的成功，足以影响一代人的价值观。

> ……查刘两人都出身名门望族，接受过严格的教育，受儒家思想影响极深，而且他们又在儒家思想的基础上接受现代意识，形成自己的观念。最突出的一点，便是个人对国家的价值观……①

良好的家教，传统的熏陶，不仅让刘家千金知书达理，温良贤淑，成为名副其实的大家闺秀，继而成为贤妻良母，更让其在民族大义，国家利益等大是大非问题面前，立场坚定，旗帜鲜明。爱国，爱家，识大体，这是一个女人，让丈夫、让家人感到心稳、气畅、情暖之所在。查济民刘璧如夫妇的成功，就是最好的诠释。

> 刘璧如出生于一个非常富有的民族资本家的家庭。童年、少年受过良好的家庭教育和严格的儒家思想的熏陶，成年后即投入社会的风雨之中，奋斗、磨砺、前进、发展，直到中年，即和查济民携手开创跨国的大企业集团，发扬刘氏实业精神，取得了事业上的大飞跃……②

这简直如童话一般，充满奇迹，充满美好。

1936年12月，查济民和刘璧如喜结秦晋之好。一个长达半个多世纪的爱情故事由此开启。当然，令这对年轻夫妻想象不到的波折和苦难

---

① 朱永：《一位典型的华夏女性——我所知道的刘璧如》，《常州名人传记》（五）第68页，常州市政协学习与文史委员会编，2001年5月。

② 朱永：《一位典型的华夏女性——我所知道的刘璧如》，《常州名人传记》（五）第70页，常州市政协学习与文史委员会编，2001年5月。

会因时代的风云变幻而接踵而至，跌宕起伏。但他们无所畏惧，不忘初心，恪守诺言。

旧时婚姻中最讲究门当户对。这其实揭示了获得爱情或幸福的一个最重要密码：平等或对等。

横看成岭侧成峰。对于平等或对等，见仁见智，不一而足。它，可以指地位、身价与财富方面，也可以指家庭背景与教育学历方面，更可以指心理、信念与精神等方面。

从表象而言，刘国钧刘家腰缠万贯，显赫于世。而查济民查家虽说是书香门第，东南有数人家，但已是家道中落待兴，泯然众人。明眼人似乎都会看出这其中的落差。对如此种种"偏见"与"误解"，刘国钧只用四个字作为回答："一叶障目。"为了打消不必要的疑惑，刘国钧道出了其中的最大理由：看人，关键是要透过现象看本质。品质与性格是本质，那是当前或以前的本质。本领、潜力、作用等，更是本质，这是创造未来的本质，"一切要向前看"。未来，是属于孩子他们自己的。

刘国钧主动向查济民抛出"红绣球"，看重的，最核心的是查济民的人品和能力。将女儿托付于他，这是女儿后半生幸福根本之所在，根本之保障。当然，毋庸讳言，作为出色的企业家，刘国钧也清楚这桩婚姻中厚重的砝码：查济民几乎掌握着大成公司染坊的命运及前途。而此时的查济民只是一名员工，一个下属。直接或直白一点说，他毕竟还是一个"外人"。在传统观念中，让人感到最放心、最安全、最亲密的人，是家人。

成为一家人，最重要的是两种途径：血脉和婚姻。因血脉而成的父子母女和兄弟姐妹自然是一家人。而婚姻，也是拓展家庭的必要途径。爱，是核心所在。

通过婚姻，招其为女婿，就意味着从此就是一家人了。女婿，民间本身就有"半子"的说法。

结婚那天，刘国钧非常郑重地告诫女儿，为人妻，一切都要从头开始，不仅要操持家庭，教育孩子，还要尽力帮助丈夫。事业成功，家庭幸福，就是你一生的职责。女儿刘璧如含着泪点头答应父亲的教诲。自那时起，刘璧如便以实际行动来证明，一日一日，一年一年。

隆重的婚礼后，查济民成为老板刘国钧的乘龙快婿，自然成为一家人。换言之，大成公司，从此属于查济民"自家"的企业，"自家"的事业了。

融入，需要全方位全身心的转变。

幸福似乎来得有点突然，猝不及防，但也是顺理成章，水到渠成。

让人感动与羡慕的是，查济民和刘璧如这一对夫妻，日后虽经历战火和时代的磨难与洗礼，但更多的是相亲相爱的甜美，飞黄腾达的满足，相濡以沫的忠诚，以及颐养天年的长寿等。真正的有福之人，尘世间"幸福"的所有要素，他们都具备了，都实现了。查济民和刘璧如，几乎就是人生与家庭幸福的参考坐标。

福报。

查济民和刘璧如共育有七个子女：查美龙、查美（懋）声、查美利、查美庆、查美娟、查懋成、查懋德。

这里需要说明的是，据大小姐查美龙介绍，查家在移居香港后，查美声改名为查懋声，而在家庭内，依旧保留查美声原名。

数十年如一日，夫唱妇随，相敬如宾。这不仅造就其家庭和家人的幸福，也是爱情与事业成功的典范和楷模，堪称完美。同时，也为社会树立并倡导正能量起到巨大的示范和引领作用。一家仁，一国兴仁。任何人，任何家庭都包含社会属性，社会效应。他们的故事，是对"好人有好报"古训，最生动的演绎，最真实的诠释。相信，是一种启发，更是一种力量。

不易呀。

三、乱世砥柱　脱颖而出

天道酬勤。不管是按照市场规律，还是体现马太效应，如此形势或是惯性下的大成公司或是查济民个人的发展及前途，都理应步入稳健的轨道，长足进步，捷报频传。如此，才符合天道，也符合人性。

据说，在 1937 年初，刘国钧与荣德生^①两人商议：荣德生由无锡西取洛社，刘国钧由常州东向横林。如此规划与发展，20 年后，无锡、常州将连成一片。日里烟囱相接，夜里灯火相连，以此建成东方第一纺织城市群。

这是多么令人神往的一幅蓝图呀。这不仅是刘国钧与荣德生两人的心愿，也是民族工业发展的前景。多少人为之梦想，为之奋斗，踌躇满志，豪情满怀。

但，事实的进程却并非如此顺利及如意。

就在刘国钧带领查济民等励精图治、奋发有为、加速发展企业的时候，国内外形势与背景发生了极其重大的变化与转折：抗日战争全面爆发了。

日本帝国主义的炮火震碎了大成公司的梦想，也阻扰了查济民努力前进的步伐。仿佛瓷器店里闯进了一头野牛，肆无忌惮，一切的美好与理想都破碎了，崩塌了。

1937 年 7 月 7 日，卢沟桥事变发生，日本帝国主义的铁蹄肆意践

---

① 荣德生（1875—1952），江苏无锡人，荣毅仁之父，中国民族资本家、慈善家、实业家，享有"面粉大王""棉纱大王"的美誉。

踏我大好河山，血腥蹂躏我中华民族。同时，伟大的全民族抗日战争全面爆发。中华民族浴血奋战，前赴后继，可歌可泣。

京津告急，华北告急，全中国告急。

日寇的狼子野心暴露无遗，人神共愤。一方面是炮火连天的军事侵略，蚕食鲸吞；另一方面是经济上明目张胆的侵占和掠夺，威逼利诱，贪得无厌。

如日中天的大成公司，在日寇眼里，无疑是一块肥肉。于是，日寇千方百计地想占为己有，阴谋诡计，伎俩百出。

首先，日本军部联合日本丰田公司派出特工人员，假惺惺地来公司所谓"考察"业务，实际是窃取经济情报，企图全面掌握大成公司的设备和生产等情况，为下一步霸占做准备。随后，是商谈所谓"合作"计划和事宜。日本人既没有资金和设备等投入，又没有实质性技术或人员参股，这是哪门子的合作？分明是强取豪夺，恬不知耻。刘国钧义正辞严地回绝了日寇蛮横无理的要求。一计不成，日寇开始软硬兼施，一方面提出为建立大东亚共荣圈，大成公司理应作出"让步"和"贡献"，为日军生产或提供军用布匹等。另一方面，露出刽子手的狰狞面目，威胁道，若是拒绝合作，将会遭到报复或制裁。

是可忍，孰不可忍？

刘国钧和查济民等义愤填膺，怒火中烧。经过董事会商议，一致决定，绝不答应日寇的条件。至此，日本代表虽恼羞成怒，但迫于舆论等，一时还不敢造次，只得灰溜溜地离开大成公司。

而此时，日寇进一步威逼上海，黑云压城城欲摧。一场更大的灾难即将降临。

是年仲夏，八一三淞沪战争爆发。日寇大肆进攻上海及周边地区。日寇的战机经常以沪宁铁路线为核心带，对沿线的城市和城镇进行狂轰滥炸。所到之处，一片焦土，满目疮痍，哀鸿遍地。

1937 年 11 月，上海失守，日寇沿沪宁铁路线大肆北进。

倾巢之下，安有完卵？

在如此朝不保夕的危急关头，有人劝说查济民赶紧逃离去国外谋生。凭借查济民的本领和技术，在国外纺织业立足发展肯定不是问题，其安逸的生活自然有保障。但是，查济民丝毫不为所动，他义正辞严地说：我要做国门之子，不做亡国奴。

这是铮铮之诺言。

此时，沪宁线上重镇常州已是岌岌可危，朝不保夕。为了有效保存民族工业实力，抵抗日寇侵略及掠夺，上海及无锡、常州等地工厂主中的有识之士在积极谋划，放弃观望和幻想，准备内迁事宜。留得青山在，不愁没柴烧。在大成公司内部，刘国钧和查济民等领导层也在积极商议，决定内迁，以求东山再起。艰难困苦中，战略眼光尤其重要。残酷的现实，逼迫查济民的眼界和能力等迅速提升。

混乱之中，是最能显示一个人的品行和能力。刘国钧联合查济民等核心团队成员，一起商量下一步计划：等，这是下下策，是没有出路的，所以这是万万不能实行的。而积极主动的策略肯定是"内迁"。这个战略一旦明确，接下来就是细节化和具体化的战术问题了。而所有"战术"的实施，都需要"人"来接手，来谋划，来操办。

临危受命。查济民成为大成公司内迁计划负责人之一。

重任在肩，责无旁贷。查济民或协助刘国钧，出谋划策、上情下达，或是独当一面、发号施令。因为，这是在与日寇的炮火争时间，抢机会，拼智慧。

查济民的工作主要有二：其一，是加强和时任交通部常务次长卢作孚①的沟通及联系。卢作孚是民生公司的老板，被誉为船王。由于战乱，此时的长江航运陷入极度的扭曲与混乱中。一方面，由于上海及周边地区众多单位、企业、和人员需要撤离或内迁，需要大量的船只及运力。但另一方面，日寇战机不停地轰炸，以及唯恐日寇战舰沿长江上溯。所以，长江近乎禁航的态势。一船难求，甚至是一票难求。其二，是有序地组织工人对机器设备进行拆卸、整理等工作，并连同近期从国外进口的纺机，一同包装、归类。积极做好转移前的一切准备。

---

① 卢作孚（1893—1952），重庆市合川人。民生公司创始人、中国航运业的先驱，著名爱国实业家、教育家和社会活动家。

危局和国难，迫使身负重任者在不同的领域或岗位上不遗余力地谋划、出力，争分夺秒。这里的故事，既有惊天地泣鬼神的悲壮，也有运筹帷幄决胜千里的谋略，更有时不我待一刻千金的紧迫。

是年9月1日，受卢作孚的委派，秘书肖本仁（后改名为肖林）和许培泽在镇江开设民生公司办事处。主动开发航线，承上启下，积极为无锡、常州一带工厂的内迁工作做准备，提供运力。这里，不仅仅是商业行为或生意行为了，而是涉及国家利益，民族利益的爱国举动了。因为留在常州等原地的机器设备等，不外乎两个命运：或是被日寇霸占，或是被日寇损毁。机器虽是冰冷的，没有生命的，但在家国民族利益面前，它是有属性的，有使命的，更是有血性的。因为，它们是中国人的机器，它们的名字姓"中"。只要有人在，有机器在，就能进行抵御外敌的生产，这就是在战斗。

几乎是同时，著名人士，时任国民政府国防会议参议、上海市抗敌后援会主席团主席黄炎培主动写信给卢作孚，提议卢作孚和刘国钧两人合作，在四川创办纺织厂，尽快恢复生产，保障市场供给。因为两人各自的优势非常明显：刘国钧有机器、设备和人才，卢作孚有船只、基地和声望。

如此，内外诸多因素，不管是正面的积极的建议，还是战争造成的反面或负面的影响，都促使刘国钧尽快作出决断，快刀斩乱麻。

壮士断腕，丢卒保车。刘国钧无疑是具有战略眼光的企业家。他愿意将大成染织厂与民生公司合作。强强联合，才是王道。同舟共济，在艰难的环境中，才可能立于不败之地。得知这一情况后，卢作孚秘书肖本仁主动与刘国钧和查济民等取得联系，介绍三峡纺织厂的基本情况，以及在当地立足和发展的优势等。特别是民生公司具有在长江上航运的最大资本和实力，可以为大成公司提供最大的帮助和方便，避免不可预计的损失，甚至灾难发生。双方基本达成意向后，肖本仁立刻向卢作孚汇报会面结果。随即，卢作孚在第一时间发来电文，指派三峡纺织厂副厂长谢止冰到常州商谈合作具体事宜。谢止冰到常州后，双方坦诚地交换合作意见，商定合作框架，明确需要解决的问题。双方基本谈妥方案后，大成公司利用民生公司的运力，立即把一部分机器、物料及半成品等驳运到镇江，再由民生公司轮船将其运到武汉，暂时安置在汉口大成四厂内。就此拉开大成公司抗战抢运工作的序幕。这里的工作效率是前所未有的。

时不我待。一方面，是要尽量躲避日寇战机的轰炸；另一方面，是要抢在长江枯水期前完成运输任务。10月中旬，大成公司将刚安装在大成三厂的新型机件分两批拆除，连同向常州厚生机器厂新购置的丰田式织布机 250 台等集中，进行第一批紧急转移并获成功。11 月中旬，常州战事进一步吃紧，形势越来越恶化。坚守岗位的大成员工，加班加点，夜以继日，将最新引进的瑞士造锭子 5000 枚及一部分存货等，火速运往镇江，然后安全运至武汉。这是大成公司成功转移的第二批内迁物资。但是，这些举动只是"完成"而已，毫无"胜利"与"欢庆"可言。查济民与同事们不敢有丝毫的松弛与懈怠，朝不保夕的形势，迫使他们连叹气的时间和机会都没有。

一方面是分秒必争的抢运，另一方面是迫不及待的狰狞。正面交锋，一触即发。

此时，日寇战机如阴云般地在头顶鼓噪，或掠过，或盘旋。常州城笼罩在噩梦之中。谁也不知道下一秒钟会是什么。因为目标早已被日寇准星锁定：大成公司成为日寇轰炸的重点目标。日寇为当初蛮横无理的要求遭到刘国钧等的拒绝而开始疯狂报复，兽性大发。

1937 年 11 月 18 日，对于常州，特别是大成公司，这是一个黑色日子的开始，噩梦的开始。日寇战机连续进行疯狂轰炸，一波又一波呼啸而来，所到之处，一片火海，一片硝烟。尤其是 21 日和 22 日两天，日寇战机对大成公司进行定点式轰炸。这让人情不自禁地联想起北京大学蒋梦麟校长在著名《西潮》①一书中开头的句子：

> 炸弹像冰雹一样从天空掉下，在我们周围爆炸，处身在这样的一次世界大动乱中，我们不禁要问：这些可怕的事情究竟为什么会发生呢？

---

① 蒋梦麟：《西潮》，天津教育出版社 2008 年版。

日寇的炸弹在大成一厂、二厂、三厂等厂区落下。据大成公司史料记载：大成一厂遭遇18枚炸弹，三厂遭遇3枚炸弹，二厂没法计数，全部毁坏。[①]

大成公司是一家民营企业，而非军事设施或战事前线。更何况厂区内集聚大量工人及有关人员，更可怕的是还存有相当数量有毒有害的染料、化工原料等。一旦引爆或扩散，后果不堪设想。

但是，日寇战机无差别化轰炸，完全不顾国际公约，丧心病狂，其暴行令人发指。

顷刻间，大成公司所有厂区车间都化为一片火海。机器设备、原材料等都遭到毁灭性破坏。更令人愤慨与痛心的是，有多名工人来不及撤离，在炮弹与火海中被活活地吞噬或掩埋。

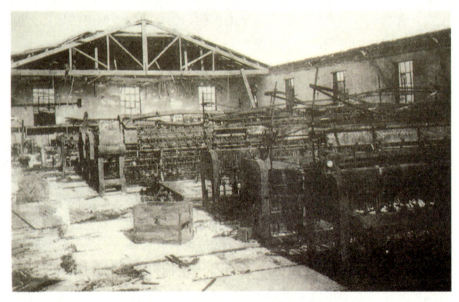

大成厂遭日寇轰炸后的惨状

血债呀。

断垣残壁，灰飞烟灭。仅仅是几分钟的时间，刘国钧等多少年来辛辛苦苦培育壮大起来的大成公司，所有的汗水、心血和智谋，都化为一

①《大成公司遭受的战争损失》，《刘国钧文集》（附录），第27页。

片废墟，摧毁殆尽，损失惨重。

一是血案，日机轰炸共造成十几名员工伤亡。二是财产损失。按照民国二十六年（1937）市值计算，日寇轰炸造成大成公司直接经济损失 513.9 万元。

事后，大成公司有过一个统计。

在"日本轰炸大成公司直接损失"一览表，单单就"（甲）建筑之部"一节中，我们明确知晓了具体的损失。以此可以初步推知或设想当时的惨景，每个数字背后，都含着血泪与悲愤。

在此，做部分摘录：

门警室 1 间，被焚毁，价值 400 元。

办公楼屋 8 间，被焚毁，价值 16000 元。

DN 堆栈 9 间，被焚毁，价值 18000 元。

物料栈 2 间，被炸毁，价值 1000 元。

教室 5 间，被炸毁，价值 3000 元。

废花栈 30 间，被炸毁，价值 12000 元。

F4 堆栈 68 间，被炸毁，价值 13600 元。

F1 堆栈 85 间，被炸毁，价值 30600 元。

工人家属宿舍 12 宅，被炸毁，价值 30000 元。

……

够了，够了。不忍卒读。

遭遇日寇狂轰滥炸，大成公司蒙受的经济损失，按战前币值计算，达 1700 多万元。其中，厂房建筑、机械设备、原料、成品、物料等直接损失 5139780 元。间接损失更为巨大。如果按抗战前 3 年的平均年纯利润计算，营业损失达 12276000 元。[①]

站在废墟上的刘国钧，虽然心痛如刀割，但他知道，此刻自己不能表现出软弱，更不能倒下，即便是硬撑，也要坚持着。他一字一句地对家眷和下属说："虽然我们物质上遭受了巨大损失，但只要我们精神不死，一定会重建大成的。"

---

① 《大成公司遭受的战争损失》，《刘国钧文集》（附录），第 27 页。

大成二厂毁于日寇轰炸（油画）

这，是信念的力量，刚毅坚卓。

而面对如此惨景，查济民毕竟还年轻，他一时间神思恍惚，不知所措。

但是，苦难让人加速成长与成熟，查济民内在的才干被几何级地激发出来，他仿佛彻底明白了自己的职责，要挺身而出，要当机立断，要主动作为。于是，他一面安抚刘国钧等长者，一面指挥工人做好人员和财产的抢救及善后等工作。那些日子里，查济民一直没有回家，日夜待在厂里。由于根本没时间打理自己的形象，妻子刘璧如给他拿来换替衣服时，看见查济民已是胡须满腮，头发蓬松，不禁暗暗流下泪水。

查济民拉着妻子的手，告诫妻子：在家待着，少出门走动，以免不测；我会照顾好自己的，照顾好岳父的，照顾好工友们的。

查济民坚定的语气和目光，一下子鼓舞了妻子，也鼓舞了在场的工友们。

对于常州与大成，日寇战机的轰炸这仅仅是噩梦的开始。日寇步兵已步步逼近。1937 年 11 月 27 日，日军第十一、十六师团沿沪宁铁路，第九师团从太湖西岸登陆。两路日军一路烧杀抢掠而来，指向常州。

危在旦夕。

赶在日军占领常州前，大成公司最后一批机器准备运往镇江。在途中，却遭遇了日寇战机三次轰炸。运输机器的木船被击沉好几艘，还有人员伤亡。此时的江面，到处是硝烟，到处是被炸烂的船板，以及时不时可见漂浮的尸首。

惨不忍睹。呼啸的寒风更加剧悲剧氛围，令人瑟瑟发抖，惊恐万分。

万幸的是，查济民等搭乘上民生公司"民本"号撤离镇江港，逃命般地启航。后来的历史表明，这是最后一班离开常州的轮船。长江随即陷入死一般的空寂之中。

当时，为迟滞或阻止日本海军沿长江向内地长驱直入，挫败其速战速决的侵华战略，国民政府在长江江阴段等地自沉废旧商船、军舰等数十艘，筑起一条长江水道封锁线。由此，长江航线下游段基本停航。这是没有办法的办法呀。

风萧萧兮江水寒。寒风中，查济民独自站立在轮船甲板。回望渐渐远去的故土，心中五味杂陈，七上八下。试想，本该享受爱情甜美、事业有成的年轻人，此刻却在饱尝战争带来的颠沛流离与心惊肉跳。炮火中，生命是何等脆弱，何等无常呀。

查济民一时间神情黯淡，心情沮丧。他心中念念有词："前途在哪？何时才能回到故土？"

谁也回答不了这些疑问。

灰暗中，唯一令查济民感到踏实和放心的是，这次撤离，完整地带上了家人，一个也没有遗漏及落下。特别是成功劝说年迈的母亲一并前行。作为孝子的查济民非常清醒，绝不允许自己犯下不可弥补的错误。

有母亲在，家就在，根就在，温暖就在。关键是，希望就在。

查济民告诫自己，既然家庭是完整的，那应腾出更多的时间和精力为公司着想。首要是彻底抛弃负面情绪及思绪，对公司前途等有一个宏观的思考及展望。

令查济民等想象不到的惨案在常州上演。1937 年 11 月 29 日，常州沦陷。日寇对常州进行疯狂的烧杀抢掠，无恶不作，犯下滔天罪行。全城暴尸遍地，被杀民众达 4000 余人，这原本都是一个个鲜活的生命呀。日寇对大成公司进行毁灭性抢劫。二厂全部被毁，三厂厂区沦为日军的马厩，一厂来不及搬迁的成品和半成品及原材料等被洗劫一空。

想想都后怕。若是大成公司的决策者刘国钧与查济民等当初稍有迟疑不决或是拖沓延缓的话，后果真是不堪设想。

民生公司轮船

"民本"号在长江航道缓慢地上溯。沿岸码头一个接一个远去：马鞍山、芜湖、安庆、九江、黄冈等。随着炮火声暂时渐渐远去，人心稍作稳定。查济民参加公司董事骨干会议，参与商议。围绕大成公司面临的形势、出路以及打算等，大家七嘴八舌，各抒己见。面对面如土色，唉声叹气的董事们，查济民发表自己的见解。首先是要明确目的地，在武汉暂作停留后，视形势变化再作决断。其次是新厂的定位，其功能、规模、运作，以及厂址的选择等，都应摆上议事日程，早作打算。

自加压力，挺身担当，查济民逐渐走上或是被推上"前排"，继而成为公司核心层之一。

"当然，面对现实，提振信心很重要。灰心丧气，自怨自艾，于事无补，挽救不了大局。只要我们齐心协力，艰苦奋斗，崭新的大成公司还是会辉煌重现的。"查济民铿锵有力、鼓舞人心的话语，深深地打动或是刺激了在场的人员。他的眼光和才干，得到进一步的锻炼和展示。理所当然，也得到了刘国钧和董事会的高度肯定和拥护。

关键时刻，有人振臂一呼，廓清方向，摆脱犹豫彷徨，倡导同舟共济，一鼓作气，这是取胜的基础。

当然，日寇的战机是不会让查济民以及所有内迁人员有养精蓄锐的时间和机会的。在长江航道上溯，不仅有来自暗礁等险情，最可怕的是日军的狂轰滥炸。冷不丁会发生的惨案是，当远处传来空袭警报后，一架又一架日机呼啸而来，机关枪子弹乱扫，一枚枚炸弹掀起巨大的浪柱。眼睁睁地看着不远处船只被炸沉，船员和乘客纷纷落水。随之，殷红的血水荡漾开来。

走走停停，停停走走。经过几十天的航行，"民本"号终于来到汉口，作必要补给及短暂停留。

查济民等一行赶紧上岸，赶紧联络大成公司四厂的同事，赶紧作出下一步计划。因为，此时的武汉，也是岌岌可危。

武汉地处华中腹地，居长江、汉水和平汉、粤汉铁路交汇处，控南扼北，承东启西，是水陆交通的枢纽、重要的工商业城市和金融中心，战略地位十分显重。当时，从上海等长江下游内迁的人员和工矿企业等设备与资产大量集聚在武汉一带。一时间，武汉充满了来自大江南北的人群，满大街都是南腔北调。

芸芸众生，千姿百态。内迁而来的人，一到武汉，有的匆忙地开始恢复生产，有的在做准备工作，有的还在观望犹豫，而更多的是匆匆过客心理。因为，此时的武汉虽偏离战争一线，但日寇的战机不断地对武汉实施大规模无差别轰炸。所到之处，火光冲天，硝烟弥漫。日机不仅炸毁武汉的建筑桥梁、工厂企业等，还大肆轰炸平民区，造成大量无辜平民伤亡。譬如：1937 年 9 月 14 日，日机空袭武汉，炸死我同胞 2000人，伤 350 人；9 月 17 日，死 800 余人，伤 1000 余人；9 月 24 日，死189 人，伤 378 人。血债累累。①

---

① 《湖北党史》，2014 年 12 月 22 日，《抗日战争时期湖北重大惨案：武汉九月大轰炸惨案》。

日军除战机频频轰炸外，还集结大批部队，紧逼武汉。一场大战一触即发。

如此，对于内迁的厂矿和人员而言，武汉绝非久留之地。他们只得沿长江，再次转移，往更上游的宜昌或重庆等地寻求空间和机会。

于是，宜昌和重庆，这两座沿江城市，在民族生死存亡危急时刻，勇敢地负担起历史重任，成为抗战的大后方。其间，上演了一幕幕惊心动魄又感天动地的历史，谱写了一曲曲浴血奋战而马革裹尸的壮歌。

据历史记载，1938 年秋，民生公司用仅有的 22 艘轮船和征用的 860 条木船，冒着日机轰炸，用 40 天时间，将堆积在宜昌的 9 万吨工业物资和 3 万名难民抢运入川。亲历这一壮举的著名学者晏阳初说："这是中国实业界的敦刻尔克。"

从汉口到重庆的水路有 1200 多公里。沿途中，湖北宜昌是最重要的节点。一是武汉到重庆距离比较遥远，宜昌是其间必要的补给地。二是，自宜昌起，长江航道立马变窄、变险。其中最著名的是长江三峡。如今三峡是风景秀美的代名词，而在旧时，三峡就是鬼门关。如此庞大的内迁人群，如此众多的内迁企业，都要从武汉出发，进行战略撤离。宜昌立刻成为影响或制约全局的重地。危急存亡，在此一关。保卫宜昌，顺利地将物资、人员等运输到重庆，直接关系到抗战整个战局。

按照惯例，从宜昌到重庆这一路，轮船大约需要行走六七天才能抵达。

此刻，比查济民等所有内迁人员更为焦急，压力最大的人，无疑是民生公司老板卢作孚。因为，摆在卢作孚面前的选择题至少有三大障碍。这每一个都是"地雷"，每一个都是"死穴"。若要解决，必须争分夺秒，必须全力以赴。

其一，是时间紧迫，航道危险。其时，离长江枯水期只有 40 天。一旦进入枯水期，水位下降，原先深藏在航道中的礁石就会构成致命危险。其二，是日寇战机轰炸，肆无忌惮又丧心病狂。航船每前进一步，都会面临血淋淋的代价。其三，也是一个很大的问题，甚至是致命的大问题：船只的制约。由于挨炸，损失巨大，当时吨位较大、动力较足的轮船十分稀缺。从武汉到重庆的运力，主要是由 860 多艘木船来充当主角。但是，木船不仅吨位小、牢固程度及安全性差，更要命的症结是，这些木船没有机械动力，只能依靠人力。当时的纤夫有七八千人之多。纤夫们在川江上，完全是用肉体和江水搏斗。试想，面对湍急的滚滚长江，逆流而上，又是载重，其艰难程度可想而知。而此时，已近年底，江上寒风凛冽，气温很低，纤夫们却赤裸上身，一边喊着号子，一边一步一步，艰难地前进。这几乎就是一个鲜明的隐喻。如此忍辱负重，如此千辛万苦，才使中华民族这艘航船在困境和危境中不屈不挠地前进，前进。

有两位美国人用照片与文字忠实记载了这一相关的情形。一是美国《时代》周刊记者白修德曾登上木船体验生活，随后将中国纤夫的照片发回美国发表。就此，全世界都看到了：在中国最危急的关头，这个民族在用肉体与钢铁搏斗，与敌人抗争。所以，世人得出的结论是："她将不可战胜！"而另一位美国人费正清（John King Fairban）在《美国与中国》一书中谈到的则是他去黄河岸边看到的景象："在中国的黄河上逆流行舟，你往往看到的是弯曲前行的船，而没有注意到那些在岸边拉纤的人们。"不管是黄河边的纤夫，还是长江上的纤夫，其艰辛是一样的，其坚韧也是一样的。

中华民族到了最危险的时刻，每个人被迫发出最后的吼声。

与成千上万内迁人员一样，大成公司的工人和机器，一路也遭遇了巨大的苦难和惊恐，付出了极大代价和牺牲。但最终，他们中绝大多数人勇敢地挺了过来，活了下来。

据刘国钧回忆，大成公司所租用的船只，由汉口运至重庆路途中，"路上船翻身，机器翻在江里，打捞起来，待船修好了再走。这批机器在途中足足有半年。"这情不自禁地让人想起曾国藩的名言：屡败屡战。一时的失败并不可怕，只要保持必胜的信念和冲锋陷阵的姿态。这看似简短的话语中，却包含着多少悲壮的故事和不屈的精神。

1938 年初，查济民等终于结束在长江漂泊的历程，到达目的地重庆。"八千里路云和月"。壮怀激烈，这一路的艰辛与坎坷，充满牺牲与泪水，充满仇恨与憋屈。血与火的洗礼，足以让查济民的身心全方位得到淬炼。而以后的人生之路，也充分证明了这一点。

千锤百炼。

这是查济民第一次到重庆。由山清水秀的江南水乡，来到遥远陌生的山城雾都。这不仅是地域地理上的差异，更是换一种活法。

在朝天门码头，查济民来不及惶恐与迷惑，就几乎是被拥挤的人群裹挟着，拥向岸边。

重庆朝天门码头老照片

岸上全是挥动的手臂，以及满耳的呼唤声。那些唯有对方才能明了的称呼或姓名，一个掩盖另一个，声嘶力竭，唯恐错过一个肯定的回答。而太多太多的呼唤，可能怎么也接收不到肯定的回答，哪怕是极其微弱的声音。此刻，天南海北离散的亲人仿佛都在此汇聚、重逢。而前提是需要彼此都还活着。是的，活着。有太多的人，没有那么幸运活着来到重庆。沿长江水路，成为多少人命赴黄泉的坟场，以及幸存者的伤心地。查济民和眼前的人一样，算是不幸中之大幸，仅仅是活着。而活着的人再多的眼泪，也无法冲刷干净过往的屈辱与伤痛。

查济民一边牵着母亲的手，慢慢走向江岸，一边细心地关照母亲。母亲是小脚，步履本来艰难，更何况是在晃动的船舷。

"慢慢来，我们终于到目的地了。"

踏上重庆的土地，就意味着真正摆脱在船上摇晃的日子。同时仿佛也踏上暂时安稳而踏实的真实生活。

内迁，到此时得以基本完成。

但是接踵而来的疑惑与问题比比皆是。所谓的"轻松"似乎只是叹一口气的间隙。

谁也不知道接下来会发生什么，谁也不知道在此地会待多久。一切都是未知。未知，从积极一面而言，可以带来憧憬或想象，但此时不可否认占有主导一面的是消极，伴随着惶恐和无助。

只有历史才会告诉我们最后的答案。时间会变成历史，而历史绝非单纯的时间或日期。直到1945年抗战胜利后离开重庆，查济民在重庆工作生活了7年多时间。"艰难困苦，玉汝于成。"从一个二十四五岁的小伙，变成一个三十一二岁的"中年"，查济民经历了人生中最丰富且最难忘的岁月，建工厂、办实业，生儿育女，既夙兴夜寐，又甜酸苦辣。多少个刻骨铭心的日夜，多少个彷徨郁闷的日夜呀。

是时代塑造了查济民，使其"脱胎换骨"，成就其企业家的风骨与荣光。

直观而言，在重庆的日日夜夜，让一个渐入佳境的年轻人成长为一位成熟稳重的企业家，让一个满怀理想的青年，升格成为一个满眼慈爱的父亲。而查济民的内心，其思想性格的发展和成熟，更像是一部波澜壮阔的进行曲。最终使其成为一个满怀家国情结的爱国者，为抗战服务及贡献，为民族工业特别是纺织业的发展殚精竭虑，建树颇丰。

爱国者，可以是多层面的体现。可以是坚定维护领土完整，国家主权，也可以是坚定保护国家利益，更可以是为国家独立，民族解放而奋斗，直至牺牲。

查济民与重庆，这段血与泪的历史，双方是见证者，又是亲历者。

"七七"事变后，日本大举侵略中国，直逼南京，形势非常危急。1937年11月17日，国民政府撤离南京，并于三日后在武汉发布《国民政府移驻重庆宣言》，宣布迁都重庆。自此，重庆担负起中国战时首都的责任。

> 为国家生命计，为民族人格计，为国际正义和世界和平计，皆已无屈服之余地，凡有血气者，无不具"宁为玉碎，不为瓦全"之决心。国民政府兹为适应战况，统筹全局，长期抗战起见，本日移驻重庆。此后将以最广大之规模，从事更持久之战斗，以中华人民之众，土地之广，人人抱必死之决心，以其热血与土地凝结为一，任何暴力不能使之分离；外得国际之同情，内有民众之团结，继续抗战，必能达到维护国家民族生存独立之目的。

1940年9月6日，国民政府发布《国民政府令》，正式颁令"明定重庆为陪都"，成为政治文化中心。

同时，由于大量内迁工厂企业等到来，人气旺盛、资金集聚，重庆自然成为经济社会中心和文化中心。

抗战期间共有460多家工厂内迁，其中迁往重庆的工厂有243家。加上为适应抗战所需而新建的一批工厂，重庆全市工矿企业迅速增长至1690家，工人达10万人，占战时国统区总数的三分之一。重庆也由此成为战时中国工业的脊梁。

"重庆戴上了伟大的花冠。"这是对重庆崇高的礼赞与诗意的讴歌。

> 四方仰望着的重庆，实在已渐成为中国的心脏与脑髓：堪为中国的政治、经济、文化的中心地带。吸引着四万万五千万人民的思想、感情与意志，将他有强力的电波，指挥着全国。肉眼看不到的潜力，习俗中找不出的坚毅，都在全世界的隆重赞叹声中，走上了命定的光荣之途。重庆戴上了伟大的花冠。所有的中国人注视着他，所有的中国人向往着他。这是我们无

可再退的堡垒，这是我们的耶路撒冷。①

　　和所有内迁工厂一样，查济民等为大成公司尽早恢复生产而四处奔走，上下疏通。值得欣慰的是，此时的查济民身强力壮，仿佛有用不完的精力。那段日子里，他几乎每晚的睡觉时间不到 5 小时。妻子刘璧如经常提醒他注意休息，他总是笑笑，用深情的目光凝视妻子，说道：看到你，看到母亲，我心里就踏实了，感觉不累了。

　　"莫等闲，我们再也等不起了。唯有只争朝夕，奋发有为，才不辜负这一路的艰辛，特别是牺牲的工友。"

　　查济民既是在鼓励大家，其实更是在自勉与自律。

　　此时的大成公司，常州本部因遭受日寇毁灭性打击，幸存部分已内迁，所以，已完全停产。除常州外，主要还有上海、武汉和重庆这 3 个分部，有的尚在运作，有的在筹备中。上海不仅是商品销售中心，也是物资中心和财务中心。刘国钧深知上海办事处的意义与价值。

　　大成公司常州本部遭遇不测后，1938 年上半年，刘国钧以大成上海办事处为基础，在英租界成立了安达纺织公司，其业务主要由合伙人刘靖基负责。这个公司是刘国钧和中华书局创始人吴镜渊及其女婿刘靖基等三方合作兴办的。当时，安达公司租赁了中华书局印刷厂旧厂房作为生产场地。公司拥有当时世界上最先进的 22000 枚瑞士"利妥"牌纱锭，在上海纺织界享有一定的名声和地位。其中大部分员工由常州大成厂调遣而来。但是，公司内部也存在着一定的矛盾和问题，一是利益分配问题，二是管理问题等。所以，为了有效协调，解决矛盾，在抗战防御阶段，刘国钧经常冒着生命危险，来往于上海、武汉、重庆等地之间。

　　而在汉口的大成四厂此时也不太平，面临散伙危险。主要是因为原震寰厂的股东们害怕战争导致厂子倒闭，倾家荡产，所以不再愿与大成

---

　　①　徐盈：《重庆——世界与中国的名城》，《共和国前夜——一代名记者徐盈战地文选》，中国文联出版社 2010 年版。

合作，提出解除合作要求，抽回资金、分道扬镳。如此，原本五年合约被迫提前终止。1938 年 8 月，大成四厂正式解散。私利及短视，往往是导致不幸或悲剧的根源。

一时间，危机四伏，四面楚歌。大成公司经历着严峻的考验。如此，硕果仅存的就是内迁来重庆的家底了。原本人丁兴旺，财大气粗的大成公司，此时主要设备只剩下 250 台布机。这几乎是大成公司的主干和精华，最主要的资产了。今非昔比，让人唏嘘不已。但俗话说得好，瘦死的骆驼比马大。不管是机器设备、人员配备，还是市场知名度，大成公司还是具有相当的竞争力和影响力。

这是重庆，是战时的重庆。刘国钧与查济民等面临的是举目无亲，人生地不熟的窘境。不用说重整旗鼓，就是勉强生存，大成公司也面临诸多问题或难题。

天无绝人之路。在家靠父母，出门靠朋友。合作才是取胜之上上策。大成公司在重庆因有了民生公司这个合作伙伴，甚至是一个坚实的靠山。于是，很多问题或困难不再是一筹莫展的"死结"，努力后也可解决了。

对于大成，"天时、地利、人和"，此时只勉强剩下一两项。因为战乱，"天时"肯定是不存在了。即便如此，也要勉为其难，走一步看一步。

首先是建厂选址问题，所谓"地利"。粗看，这是个大难题。而实际中却并非如此。因为与民生公司前期合作意向及初步成果，几乎不用商量，大家一致认为重庆北碚是最佳地址。

说到重庆北碚，不得不说大名鼎鼎的卢作孚以及他的过往。

据历史资料记载，北碚是由卢作孚一手创建起来的"新区""开发区"，这是他的理想王国。阿基米德说，给我一个支点，我就能撬动整个地球。给你一个机会，给你一方平台，就会发光发热，就会建功立业。这就是成功男人的情怀与能耐。卢作孚就是这样的人。

1927 年 2 月 15 日，卢作孚担任嘉陵江三峡峡防团务局长。该局管辖范围包括嘉陵江上游巴县、江北、璧山、合川四县交界地带，也就是现在的北碚及周边。当时这个地区治安非常差，土匪很多，杀人越货是家常便饭，几乎是一片恐怖与血腥的世界。下车伊始，卢作孚实行两条腿走路：一是清剿匪患，加强治安管理。二是对峡区进行乡村建设实验。卢作孚的工作无疑是卓有成效的。譬如，建成了四川第一条铁路北川铁路；组建了四川最大的煤矿天府煤矿；创立了中国唯一有规模的民办科研机构中国西部科学院；同时，在四川境内率先架设成了乡村电话网络；开辟了被誉为重庆"北戴河"的北温泉公园等。另外，还创建了西南最大的纺织染厂三峡织布厂。自 1930 年 10 月起，改组成立三峡织布厂，到 1939 年 2 月，工厂正式开工投产。这是四川第一个机械织布厂。卢作孚为首任董事长。三峡织布厂有职工 300 余人，主要产品是又粗又重的"三峡布"。

因为有这个基地和基础，更因为卢作孚和刘国钧、查济民是志同道合的朋友、战友，所以，他们一致决定在北碚成立联合公司。

其次是合作，所谓"人和"。1938 年 1 月 19 日，刘国钧在民生客厅召开发起人会议。当天的会议决定了厂名、股本额等关键问题，同时成立筹备处，决定筹备委员和正副主任等。经过协商，大成和民生双方达成基本合作协议，先以机器折价一部分为股份，再参以一部分流动资金，开设一家总股本 40 万元的纺织工厂。

当月底，大成公司部分机器大部分运抵北碚。而原三峡纺织厂面积过小，无法满足新组建公司的实际需求。于是，征地成为当务之急。土地，历来是民众最大的财神爷，也是命根子。征地，在很多时候，不仅是金钱交易，更多暗藏着权力的较劲与博弈。好在卢作孚在当地有着良好的人脉关系和相当的声望。北碚实验区署主动派员协助相关工作。由政府出面，帮助三峡纺织厂商得附近地主的同意，征用土地。政府具有公信力，于是征地手续变得简化，进程变得顺利。完成征地后，立刻着手进行地基的清理、修整等工作。在此基础上，3 月，刘国钧与董事徐吟甫及一位许姓工程师来到北碚三峡纺织厂，清理三峡纺织厂资产，并测量工厂附近土地等，全面做好合作及扩充准备。

前期工作既紧锣密鼓又有条不紊。

此时，大成公司和民生公司双方决定，合并后计划淘汰手工布机，一律用电力织布机。升级换代，自然会大大提高生产力。按部就班，各项工作似乎进展顺利。但其中一个短板制约或考验着新建的工厂：染色问题。三峡纺织厂染色设备缺乏，而大成公司内迁中也没有携带染色设备。染色是纺织行业走上商品化中必不可少的一个环节。不用说新建一个染色厂，即便是一个车间，也不是一件容易的事。这可怎么办？正在为难之时，得知一个令人振奋的好消息：汉口隆昌染厂也在内迁之中，已抵达重庆。隆昌染厂始创于上海，战前即迁往汉口。该厂以其独具的特色经营，立足于武汉三镇。它拥有一整套染色设备，为武汉和附近城市的织布厂加工漂染各种色布。工厂效益逐年上升，信誉良好。隆昌染厂厂长倪麒时是个果敢的硬汉子，抗战全面爆发后，他毫不犹豫，将全套染织设备拆卸装箱，不顾日寇战机轰炸，交赴民生公司轮船成功抢运至重庆。时间就是胜利，决策就是胜利。

天助我也。这无疑是困境中最大的福音了。

合作，是生产力，更是战斗力。

1938 年 6 月 10 日，这在近代纺织史上，是一个值得纪念的日子。

内迁到重庆的大成纺织公司和汉口隆昌染厂，与当地的三峡织布厂，三方代表在重庆陕西街糖业改进会所召开联合创业大会，商议成立新公司。

"民生公司三峡染织布厂联络省外移川之隆昌染厂、大成纱厂，组织大明公司，以谋发展四川纺织工业，已筹款四十万元，动力及纺织各方面均用电力，以期完成自染自织之计划。该会昨在陕西街糖业改进会开创业会，计到有卢作孚（郑东琴代）、马冠雄、徐吟甫、宋师度、查济民、倪麒诗、郑璧成、彭瑞成、郑东琴、吕庆如、王莱山等三十余人参加会议。会议当场选举出董事长卢作孚，常务董事彭瑞成、马润生，董事倪麒时、刘国钧、刘汉堃、郑东琴任，监察张昌培、徐吟甫等，并由董事会聘请刘国钧为总经理，王莱山为协理。现正积极在北碚修筑厂房，安置电机。准定七月一日正式开工，并租定陕西街灯笼巷 82 号为重庆办事处……"①

---

① 《四川经济月刊》1938 年第十卷，第 2 期，第 32—33 页。

6月底，民生公司三峡纺织厂宣告结束，正式合并于新公司。合股后的纺织公司取名为大明染纺织股份有限公司（简称大明染织公司），又称大明纺织染厂（简称大明厂）。

"大明"二字，分别吸取大成公司的"大"字，民生公司"民"字的谐音字"明"而成。因为在吴方言中"民"和"明"字读作同一个音。"大明"两字，含有"大成"和"民生"联合之意，有"大放光明"之美好寓意。

名正则言顺也。大明染织公司，自上而下，所有员工和管理层等都明确要求，不再区分你我的来历或出处，要自觉融入一家人亲密合作的概念中。只有团结合作，才会产生最大效应。

大明染织公司，厂址位于重庆北碚庙嘴。同时在重庆市中一路275号设有办事处。

公司采用当时最先进的股份有限公司的组织形式。公司资本总额40万元，由发起人一次认足。其中，大成和三峡方股金各为17.5万元，隆昌5万元，三方占股比例分别是43.75%、43.75%和12.5%，均以固定资产折合计算。计大成投入丰田牌织布机200多台，配套浆纱机一台，以及整经卷绕等零星机器，隆昌厂投入日染布400匹的整套染色机器设备，三峡厂则以北碚

大明公司产品广告

文星湾厂房、地基及60瓦发动机一台、三星牌织布机30台为投资。①

查阅资料发现，查济民原始股份20股，股款20000元。一年后新

---

① 朱己训、钱荣锦：《内迁重庆合并创办的大明纺织染厂》，中国人民政治协商会议西南地区文史资料协会会议编：《抗战时期内迁西南的工商企业》，第272页。

增 60 股，股金 30000 元。

公司成立后，积极在北碚赶修厂房和基础设施，安置电机等前期工作。争分夺秒，不遗余力。

1939 年 2 月 23 日，大明染织公司正式宣告开工生产。为此，公司举行了虽简朴但隆重的开工典礼。仪式感，就是为了让人铭记和产生神圣感与使命感。

据 1942 年出版的《四川工厂调查录》① 记载，大明染织公司的主要产品是军服布、阴丹布、斜纹布、元青布、大明蓝布、草黄斜纹、花线呢等。

年轻的查济民自然是感慨万千。自从离开常州以来，这一路的艰辛和险情，历历在目，记忆犹新。所有的怨愤和仇恨需要化为抗战的实际行动，所有的心血、抱负和智慧需要充分施展。如今，又有了一个崭新的平台，这来之不易。查济民暗暗告诫自己：大而言之，是为民族为抗战；小而言之，是为大明也为自己，兢兢业业是本分，求真务实是职责。

合作，自然会产生磨合期。要求不同背景、不同经历、不同职位的员工，在最短的时间里建立合作关系，产生效益，这是对所有人的考验。

刘国钧等苦心经营的大成公司，其企业精神和员工素质等在新的环境中得到充分的展示和回报，迅速成为新团队的主心骨。而刘国钧更是身体力行，恪尽职守，以大局为重，以公司利益为重。这里，可以引用刘国钧给查济民的一封私信，作为佐证。

济甥如见：

来函欲为止冰兄向瑞成言兼职。据说民生公司方面人多无此先例，难允谢君兼职。此其一。大明公司事在初创，正宜埋头工作，无暇兼顾别家之事。职员每日签到，进退时亦有记录，苛算薪水。照大成习惯，亦不能兼职。此其二。余为经理，即第一守法之人，何可自坏规程向瑞成说项。此其三。有

---

① 中国西南实业协会：《四川工厂调查录》，《中国西南实业协会》，1942 年版。

此三点关系而未便开口。本欲昨日上午再向谢君面罄一切，讵止兄已经回碛，为特专此说明三点，望转咨止冰兄为盼。专此，并请止冰先生体察原谅为荷。

刘制国钧具

中华民国廿七年六月廿日

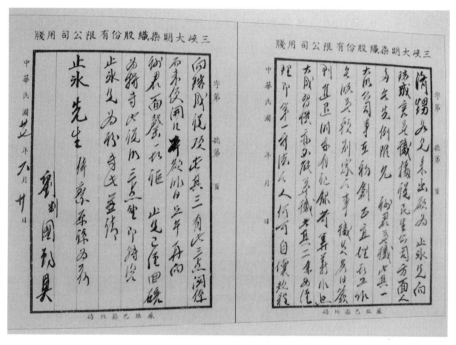

刘国钧给查济民的信

信中所言三点，态度明朗，有礼有节又合情合理。既可视为老丈写给女婿的家书，又可看作长辈给晚辈树立的标杆。其中，"余为经理，即第一守法之人，何可自坏规程"一句尤为醒目。这似乎不仅在表明自己处事的立场和态度，又何不是在言传身教，谆谆告诫查济民呢？这种严谨而务实的工作作风，后来在查济民身上得到淋漓尽致的体现。薪火相传，发扬光大。每一个成功者，其工作作风都会有过人之处。

大成公司原先一直借用日本纺织企业的管理方式。几年高速增长，积累了一整套行之有效的办厂和管理经验。此其一。大成公司的机器设备较内地先进，技术基础较三峡纺织厂要强，此其二。所以，大明染织公司的管理人员、技术骨干，自然多由原大成公司人员充任。民生公司派遣谢止冰担任大明厂副厂长，负责财务和总务两方面的工作。天时地利，与地方的联系或协调，以及对外交涉等则由董事长卢作孚出面解决。

一个组织，包括一个企业，人是核心要素。领导及管理层面自上而下地组建，人尽其才，各负其责，这是企业良好运作的前提或基础。

新组建的大明染织公司采用股份制。其最高权力属于股东大会。每年春节召开一次股东常委会。由董事会提前1个月通告并召集。董事会下设总经理一人，负责公司日常事务等处理。如遇重大事项，总经理报告股东常委会，进行协商处理。董事会聘任厂长一人，对大明厂的生产管理、业务安排等负完全责任。另外，配副厂长一人，协助厂长办理具体事宜。

厂长直接领导四个科室：其一是事务科，主要分管栈务、庶务、人事等；其二是业务科，主要负责运输、营业等；其三是会计科，主要负责稽核、会计、出纳等；其四是工务科，主要负责原动股、染整股、织务股等。

一目了然。一厂之长，责任重大，承上启下、关乎大局与全局。如此，厂长人选自然成为焦点。

谁最有资格，或是，谁比较合适呢？

根据股份占比，这厂长人选自然是在原大成公司或是三峡纺织厂两者中产生。能进入"候选人"名单的，都是有相当的实力和竞争力。但最终只有一个人胜出，这是游戏规则。花落谁家，是众望所归，还是逐鹿中原？

我们先来看看当时的实际情形，特别是三峡纺织厂的管理方式和管理层人员。

三峡纺织厂位于当时比较落后的内地，专业管理人员一直比较缺乏。最直接的证明便是历任的厂长均非专业出身。正是这个原因，成为三峡纺织厂发展的瓶颈，企业难于跨越式进步。而合并后的大明染织公司，规模和人员等与原先的三峡纺织厂不可同日而语。管理显得更为重要。管理者，尤其是厂长的责任更大更重。于是乎，这厂长的人选自然要在原大成公司中产生。

说到资格、能力及专业，最合适的人选当然非刘国钧莫属。他既精通技术，又擅长管理，是一个难得的复合型人才。但此时的刘国钧也有难处，分身乏术。前文已述，因为大成公司除了在重庆投资大明厂外，还有上海办事处以及在租界的安达公司等事务，留在常州的工厂此时也在筹备恢复之中。这些公司和工厂的业务、生产、销售等一大摊事，都要刘国钧亲自出面，直接领导或统筹。所以，他一直在重庆、上海、云南乃至香港等地之间奔波，非常忙碌，非常辛苦。

所以，大明纺织染厂，不可能再由刘国钧直接来掌管负责。

非常时期，得有非常眼光或非常策略。

脱颖而出。年轻有为的查济民进入董事会高层的视线，并得到高度的认可。后生可畏，值得信赖。

不管从刘国钧乘龙快婿的身份，还是大明染坊公司的主要股东之一；也不管是染坊专业科班出身与行家里手，还是他在大成公司担任工程师五年，以及在内迁过程中表现出稳重、果敢、坚毅等魄力及能力。这些都坚定而清晰地表明，查济民是可以寄予厚望的后生，是助推大明公司发展的中坚。

此时，查济民25岁。意气风发，斗志昂扬，心怀凌云之志。

后来的专业史是这样高度评价查济民的："我国染整技术专家、企业家，我国印花生产工艺奠基人之一，蜡染印花法的革新与发展者。"①

一个年轻人要推向前台，成为主角，肯定少不了举足轻重者的一言九鼎。

这其中，两个关键人物意见的充分一致至关重要。一是董事长卢作孚的一锤定音，明确支持查济民。卢作孚不仅是高明的管理者，也是精

---

① 中国科学技术协会编：《中国科学技术专家传略：工程技术编·纺织卷2》，中国纺织出版社2004年版，第37页。

明的合作者。早在合作之初，卢作孚就定下工作基调和用人原则。出于对刘国钧的崇敬和信赖，卢作孚明确将经营与管理等全权托付给原大成公司的人员。看准人，会放权，这是善于管理的窍门，是智慧与魄力的体现。

对此，查济民是这样回忆的：

> 幸亏卢作孚先生从实际工作和事业效果等方面出发，不拘陈规，让我放手全权去做，使大明厂于抗战八年中，在物质条件极端缺乏，并且还遭受几次日机轰炸损毁的情况下，不但维持了生产，而且有所扩大。

> 卢先生自奉俭薄，全力以赴的企业精神，感动了民生公司上下职工，因此，民生公司业务蒸蒸日上。抗战时期的大明染坊厂，因为通货膨胀迅速，职工收入也常常只值二三担米的价值。但是，我们也同样努力不懈，把事业成败放在个人利益之上。这里除了当时的爱国热忱外，更重要的是职工上下齐心苦干的精神，这就需要一个领导人的 Leadership（领导才干之意），也就是与士卒共甘苦的精神。

> 我深切地体会了卢先生的精神，即要是职工们信服、努力，领导人本身生活必须端正、节俭、毅力、钻研，并且爱护职工。这样的事业肯定可以无往而不利。在困难时，可以克服困难；在顺利时，可以比同业有更优越的成绩。卢作孚是我的第二个师傅，我学得了一个经营者（不是 Owrer）全力以赴为企业的精神和领导人品质的重要。

这里还可以暂时突破时空的限制，补充一个细节，足以说明查济民感恩之情，一直铭记于心。那是在时隔半个多世纪之后。"1988 年 4 月 30 日上午，中华全国工商业联合会在北京集会，纪念卢作孚先生诞辰 95 周年。香港著名工商界人士查济民先生给纪念会送来花篮。"[①] 惦念与追思，不仅是情感，也是习惯。

---

① 《人民日报》，1988 年 5 月 3 日，第 4 版。

其二，是丈人刘国钧的殷切期望。1939 年 11 月 4 日，刘国钧在给卢作孚的一封信中如此写道："小婿济民皆蒙我公垂青，谬膺重寄。此子年事盛轻，深少历练，还祈我公时予训导，弟则求能勿陨越已万幸矣。"举贤不避亲，而姿态又低调且中肯，不仅让人首肯，也让人舒服。

既然是卢作孚和刘国钧两位一致看好，那就不再是"是驴是马，先拉出去遛遛"的试探了，而是以权威与内行的公认作为背书，值得信赖，值得期望。

所以，查济民任大明染织厂厂长，这个安排既是机缘巧合，又是水到渠成。两者缺一不可。查济民若是要发表"获奖感言"的话，要感谢的支持者可多了。其中，时代也投了一张无形的赞成票。当然，查济民的上任，不仅仅是大明人的幸运，也是印染业的幸运。从此，查济民正式走上行业翘楚之路，劈波斩浪。

那晚，妻子刘璧如特意在家做了一顿比较丰盛的江南菜，款待即将"披挂上阵"的夫君。查母、查济民、刘璧如三位围坐在一起，尽情享受难得的团聚和欢乐。查济民感谢母亲这一路的相依为命，感谢妻子这一路的默默奉献。

妻子刘璧如打趣地对查济民说：你是顷刻间摇身一变而成为"雄姿英发"的周郎了，信心满满，志在必得。

而查济民不以为然，好像是在较真，立刻回应道：我不做周郎，我想成为"待从头，收拾旧山河，朝天阙"的岳飞。

一时间，查母和妻子饱含深情的目光都聚焦在查济民眼中。

有道是，任人唯贤，能者多劳。

新组建大明厂的实际情形大抵也是如此。大明厂的技术工人、业务骨干和科室主任等大多由原大成公司在常州和武汉的人员组成。原大成一厂、二厂的技术人员和车间或部门主任等更是被充实到各个班组、车间或部门，构成精干的核心。凝聚力直接转化为生产力。这些核心充分保障了大明厂在比较短的时间内，能迅速进入正轨而高效的生产状态中。

人，有才能的人，就是中流砥柱。

据相关材料记载，大明厂的技师、事务主任、业务主任和营业主任等要职，均由原大成公司人员担任。即使是顺利运作几年之后，其大体的情形依旧保持了原先的格局。这时间和实绩，足以证明这个团队是值得信赖的，是完全胜任的。

在此，可以摘录 1941 年大明厂部分技术人员和管理层的任职情况作为证据。

孙熊祥 江苏人 36 岁 原动部技师 原大成厂原动部技师

谈文彬 江苏人 35 岁 织部保全股技师 原大成厂修机间技师助理

陈志清 江苏人 36 岁 织部保全股技师助理 原大成厂保全股技师助理

姚如潘 江苏人 35 岁 漂染部技师 原大成厂漂染部技师

杨焕文 江苏人 37 岁 电器间技师 原大成厂电气公司技师

华慧林 江苏人 45 岁 工务主任

蒋瑞衡 江苏人 50 岁 会计主任

徐翔云 江苏人 46 岁 营业股主任

费英 江苏人 36 岁 人事股主任兼庶务

鞠美芳 江苏人 25 岁 会计员兼出纳

……

在查济民的带领下，原大成公司的技术骨干和管理层，恪尽职守，废寝忘食，企业形成积极上进的氛围、文化与机制。先进的机器设备，加上专业且敬业的员工，这就是核心竞争力，这是大明厂持续进步和发展的内因。

按照辩证唯物主义的基本观点，事物变化的主导因素是内因。任何一个企业，内因肯定是人。人，是最大的生产力。而所谓外因，就是事物发生、发展及变化的外部环境、条件、状态等因素。

此时，最大的外因是战争。直观而言，战争，带来血腥、伤亡和灾难。战争是魔鬼，是全人类的敌人。但任何事物也有它的两面性。战争既是灾难，又是巨大消耗。战争一旦爆发，对于纺织业，却出现了前所未有的"商机"。当时，在重庆，棉布市场集中出现了两大特殊景象。

一是随着抗战全面爆发，大批人员迁移或是逃难至重庆及周边。人口集聚，人气高涨，商机自然应运而生。衣食住行，布匹是生活必需品。随着人口激增，市场对布匹的需求量自然大幅度增长。二是军队对布匹的需求量更是惊人，仿佛是一个巨大的无底洞。市场会调节供求关系，即便是非常时期的市场，也是调配资源、劳动力和资金等无形的手。如此，在战争阴云笼罩百业凋敝中，纺织业反而逆袭而上，一枝独秀，呈现近乎畸形的"繁荣"。大明公司仿佛顺应了市场所需，应运而生，并迅速抢占了行业的制高点。

当然，有一点大家心里非常明确，毫不含糊。开厂是要赚钱，经济效益固然重要，但绝不是唯一。因为此时，最大的政治是抗战，全民皆兵，一致对外。查济民经常告诫员工们，我们劳作，首先是为了养活自己及家人。同时，加班加点，多生产布匹，也是在支援抗战事业，就是不愿做亡国奴的呐喊与实际举动。在厂区内，查济民特意派人安装了高音喇叭，定时播报抗战消息，同时还播报抗战歌曲等，以此鼓舞员工同仇敌忾的士气，拼命工作的干劲。有几次，查济民还专门请人来厂区放映抗战电影，譬如《风云儿女》《青年进行曲》等。虽是露天电影，条件简陋，很多员工还是站着观看。但职工们个个看得热血沸腾，纷纷表示要多生产布匹，为前线，为抗战，做贡献。

政治站位，民族情感，大局意识，从来都是一个成功企业家的必要素养、良知与基础。因为，政治与经济从来就是密不可分的关系，就像一枚硬币的两面。

从"实业救国"到"实业抗战"。抗战期间，因为有像大明厂，像查济民这样爱国民族资本家的积极作为，在中国大后方形成新的工业基地，在相当程度上保存和发展了战胜日本帝国主义的基础力量。

当然，作为"非常"时期的大明公司，其发展也并非一帆风顺、财源滚滚。其间的困难、问题、麻烦、纠纷，甚至不幸与灾难等，从来没有间断过。

显而易见，大明公司是由三方合作而成，关系相对比较复杂，其大背景又是战乱。所以，从合作第一天起，其实际运作中注定会面临重重困难和问题，举步维艰，前景未卜。其中，最突出的有五大方面，这犹如五座大山。有人调侃说，愚公移山，面临的只是太行和王屋两座山。而查济民等大明公司的高层此时似乎比愚公还难，还急，还苦。但是，查济民既没有叫苦连天，也没有坐以待毙。他知道，只有想办法、动脑筋，才可能解决难题。

第一，是资金不足。这大概是绝大多数创业者都会面临的致命困难，大明公司也不例外。大明公司股金说是有 40 万元，但大部分是固定资产，其中流动资金非常短缺，先天不足。为此，卢作孚和刘国钧等分别想方设法，利用各自的关系及人脉，筹措资金，最大限度保障企业正常运作。经过努力，卢作孚向工矿调整处申请到 15 万元扶植费。这犹如及时雨一般，给大明公司注入启动的"燃料"。

在筹措资金的过程中，还有更多生动而富有人情味及哲理性的故事发生。这些，都让人深信，人间的诚信、信誉和美好等确实是存在的。哪怕是在极端艰难的时刻。

由于在常州创业时良好的经济效益和社会声誉，刘国钧和上海金融界建立了通畅的合作渠道。与上海储蓄银行老总陈光甫的关系更是非同一般。陈光甫是当时上海滩有名的金融大鳄。上海储蓄银行的宗旨是"服务社会，顾客至上"。关键时刻，上海储蓄银行决定放款 15 万元给刘国钧，予艰难起步阶段的大明公司强劲的动力。由此，大明公司与上海储蓄银行合作关系在原大成公司的基础上，渐入佳境。功不可没，大明公司或者说刘国钧取得的成功或成绩，与得到上海储蓄银行及陈光甫鼎力支持是分不开的。

有一个数据最足以说明问题。到 1945 年抗战胜利，大明公司在上海储蓄银行共透支 3586325.97 元。[①] 这在当时是一个天文数字了。能贷款到如此巨大的金额，不仅体现了大明公司生产和销售的实力，也展示了公司良好的资本信誉。

信誉，之于资本，犹如人生之于健康，甚至性命。

---

① 《关于查明大明纺织染公司向上海银行抵押借款情形上国家总动员会议的呈。附证明书、大明纺织染公司简介》。

关于刘国钧和陈光甫之间的交情，有一段故事可言。这不仅涉及利益、信誉，更是人品、人格的彰显。人性的光芒，可以穿越时空，照亮前程。

大明公司在取得较为丰厚利润后，刘国钧做了一件轰动全国商界的"奇事"。说是奇事，既是情理之中，也是预料之外。

事情还得从抗战前夕说起。当时，刘国钧以大成一厂作资产抵押，向陈光甫的上海储蓄银行借贷 250 万元。前文已述，1937 年冬，大成公司的一厂、二厂及三厂遭遇日机轰炸，损失惨重。如此，这 250 万元的贷款若是以无力偿还为借口，使其成为一笔死账，似乎也不能完全算是赖账。因为悲惨的现实是明摆着的，有目共睹，没有半点虚假。时局动荡，朝不保夕，上海储蓄银行对这笔贷款采取了灵活机动的策略。先是决定丢"卒"保"车"，明确资金回收的政策是"舍息求本"。但是，局势进一步恶化，银行退而求其次，又明确改为"本金打折"。作为银行，这几乎是"壮士断臂"的举动了，以求把损失减少到最小就是上上签了。沧海横流，方显英雄本色。刘国钧咬紧牙关说，"欠钱还钱，欠账还账，自古天经地义。"他坚持将 250 万元本金外加利息，一分钱不少地归还给上海储蓄银行。此举不仅让陈光甫与上海储蓄银行上下大为感动，同时，也让大明公司在银行界以及全社会收获了口碑和信誉。至此，陈光甫与上海储蓄银行成为刘国钧及大明公司最坚强的资金后盾，那是必然的结果。

在大明厂资金问题上，查济民更是秉承岳父为人与办厂的基本理念，把恪守信誉作为经商乃至人生准则之一。钱品，就是人品之一。

第二，是纺织机器，特别是机器配件等的严重不足。抗战前，重庆当地没有先进的进口纺织机械设备，甚至连普通的纺织机器配件厂也没有。行业资源匮乏甚至是真空状态，势必严重制约或妨碍产业的可持续发展。纺织机器的基本配件属于易耗品，譬如梭子、皮卷、打手棒等，在生产中需求量很大。所以，大明厂在正式运作之后，配件供给出现了严重的问题。其短缺及不足，随着时间和生产的推进，矛盾越来越突出，直接影响及制约了生产进度与产品质量。

查济民提议，分两条腿走路。一是利用本公司现有的资源、设备和技术，建立专门的机修车间，修理或是制造工艺相对比较简单的配件，自力更生，解决部分难题。其二，是借助与民生公司有关的渝鑫钢铁厂、天府煤矿等的技术和设备，与之建立合作关系，以求协助解决配件的整修，特别是批量制造等难题。如此双管齐下，标本兼治，配件问题得到根本性的解决。

第三，是染料短缺，货源与供给均严重不足。大明厂正常生产对染料的需求量很大。但是，由于战争，特别是长江水运量的骤减，进口染料大幅度减少。随着时间推移，大明厂库存的染料越用越少。一旦染料供应不足，面临断货的危险，势必影响整个生产，导致巨大损失。未雨绸缪，查济民已早做打算，他通过各种渠道，想方设法采购染料，以解燃眉之急。但是要从根本上解决此一问题，需要有大动作，大谋划。众里寻他千百度。有一次，查济民得知新疆某公司储存了一大批进口染料，这无疑是一个福音。查济民决定亲自赴新疆，与对方进行面对面商谈，一是表示诚意和善意，二是利于及时作重要的决定或拍板。重庆至迪化（即今乌鲁木齐）不仅路途遥远，路况险恶，而且还充满危险，一路兵匪出没，前景未卜。但是，为了公司，为了大局，查济民不计个人得失，挺身而出。经过长途跋涉，历经艰难险阻，查济民等一行终于到达目的地。但一经商谈，对方竟漫天要价，肆意哄抬。为了尽快打破谈判僵局，查济民开诚布公，以情动人，对当时的形势作了合情合理的分析，规劝对方以国家民族利益为重，放远眼光，大局为重。查济民说，布匹生产和销售属于民生工程，事关百姓，更事关中国军队供给。言下之意，事关抗战大局和民族事业。真诚换来真诚，特别是事关民族大义。如此，最终与对方达成基本一致。于是，查济民顺利地将这批染料全部买下，并顺利运回重庆。这从根本上解决了染料紧缺这一难题。据载，这批染料足足保证了大明公司此后几年的生产所需。① 这些，在今天看来仿佛是精彩的故事一般，曲折离奇，但在当时却是危机四伏的

---

① 朱己训、钱荣锦：《内迁重庆合并创办的大明纺织染厂》，中国人民政治协商会议西南地区文史资料协作会议编：《抗战时期内迁西南的工商企业》，云南人民出版社 1988 年版，第 273 页。

挑战和险境，容不得半点差错或意外。否则后果不堪设想。这些，直接考验着一个人的胆略和谋略。而最终，查济民成功了。这是查济民的胜利，大明厂的胜利，也是全民团结一致，共赴抗战事业的胜利。

第四，是电力不足问题。原三峡厂机器设备不多，耗电量不大，所以发电厂同时还能承担北碚民用电灯之用电任务。大明公司成立后，机械化程度提高，用电量迅速增长。为了保证公司的用电，只能剥离三峡厂原设的电灯部，逐步关停北碚民用电供应。但即便如此，大明公司发电厂发电量还不能满足大明厂生产之所需。由于电力制约，当时实际生产情形是，相当一部分的纺机只能是开开停停，生产极不正常，质量也难以保障。能源问题，是产业发展的重要问题。查济民决定扩大发电设备建设。一是因地制宜，就近收购旧设备进行改装升级；二是想方设法引进德国产新发电机，从根本上解决电量难题。

第五，是人员的磨合问题。虽说新建大明公司大体上运作正常。但不可否认，在实际生产和管理中，存在着三方人员在协作、协调、沟通、交接等环节上的问题，甚至还出现了差错及事故等。

问题，就像是一把双刃剑。既带来困难、不利和矛盾等，但也带来解决问题的决心和信心，以此打造或磨砺人的意志，培养人的品行和能力。

办法总比困难多。查济民，这位被卢作孚称为"娃娃经理"的年轻人、大明染织厂一厂之长，其综合能力在工作中迅速成长，在解决问题中不断提升。这是查济民能力提升，思想进步，专业发展最快最好的时期。如此，查济民真正进入人生和事业的"快车道"与"高峰期"。

你若成长，事事成长。

查济民领导的大明厂，在技术上得以重大突破，改进产品性能与质量，促使大明厂产品牵着市场的"牛鼻子"，一路高歌。

这其中有几个非常漂亮的举动，让更多人对这位"娃娃经理"刮目相看，查济民"一举"成为重庆纺织界的"明星"。

第一个举动，是因地制宜地改良蓝布生产配方与流程，使其产品适应消费者所需。这完全符合"顾客就是上帝"的经营理念。市场占有率就是硬道理，就是大买卖。

抗战前，大成公司用海昌蓝染色的名为"大成蓝"的蓝布，在四川及周边拥有很高的知名度，并占有相当大的市场份额。所产的大成蓝布虽然属于中低档布匹，但是质量还不错，在当地中下层人群中有着良好的声誉。但是大成蓝布也存在明显的不足或缺点。主要是四川、重庆等地气候比较潮湿，从而导致大成蓝布容易起皱。而衣裤一旦皱皮疙瘩，一来是难看，显得不整洁；二来是刺激皮肤，让人不舒服。解决问题，消除产品短板，既是争取市场的要领，也是获得利润的途径。大明厂成立后，及时改进大成蓝布存在的问题，并取得显著进展。主要是通过改进工艺和原材料，在染料中加入适量的牛胶，促使布匹增加弹性，使其不易起皱。在查济民的主持下，技术攻关取得实质性进展，新型的大明蓝布研制终于大获成功。大明蓝布与大成蓝布相比，不仅颜色好看，有光泽，而且耐洗、耐晒、耐穿。大明蓝布可下水清洗40多次，基本不褪色、不起皱。更关键的是，产品价廉物美，走亲民路子，这自然赢得市场的追捧。当时，大明蓝布在四川市场的占有率超过百分之六十。

> ……大明厂生产上升快，销势也好，大明蓝出现供不应求的局面。为了适应这一形势，厂里增添了卷染机和织布机，将日产250匹23支×21支规格的平板布全部供给染场，仍不能满足市场需求，又从市场上买进一些平板布加工成大明蓝以供应市场。大明厂还生产190士林蓝布、大明元青布供应市场，由于重视质量，同样受到消费者的好评。这时，大明厂已成为平均月产万匹，千余工人的大型纺织染厂了。大明厂广大职工，在为解决后方穿衣问题作出努力的同时，还以高昂的爱国热情积极参加募集寒衣、鞋袜、劳军献金等支持抗战的活动。[1]

大明蓝布在四川市场打开了销路，稳定了份额，获得了利润，形势喜人。但，大明公司光靠这一产品还远远不够。查济民内心勾画着一幅

---

[1] 朱己训、钱荣锦：《内迁重庆合并创办的大明纺织染厂》，中国人民政治协商会议西南地区文史资料协会会议编：《抗战时期内迁西南的工商企业》，第275页。

蓝图，产品一定要形成系列。其中，最为迫切的突破口是丝光棉生产。想要生产丝光棉，势必先要有相关的设备。原大成厂的先进设备主要依靠进口，其核心部分一般都是从日本进口的。而战争，基本隔断了大明公司和外界的联系。日本，已成为敌战国，断绝与之来往，自然成为必然。如此，进口设备成为可望而不可即的奢望。如此情形，万事只能靠自己了。

严峻的现实催生出第二个举动：查济民亲自挂帅，成立丝光设备研制攻关小组，各司其职，有条不紊。

首先是资料收集。查济民带领团队充分收集外文报刊中关于丝光设备的相关文章，进行分析研究，借此了解并掌握丝光设备核心技术。有道是，踏破铁鞋无觅处，得来全不费工夫。一次，查济民在英国一本专业刊物的一则推介直辊丝光设备的广告中，得到了该技术与工艺直观的了解和启发。

其次是动手仿制。根据对这则直辊丝光设备广告中的照片和相关数据的分析研究，查济民决定带领技术人员进行仿制，弄清楚其中的原理和步骤等。

再次是改进及完善。实践出真知。在对直辊丝光设备仿制过程中，查济民等根据生产所需，进行改进并完善。在直辊出布处加装几对小弯辊和一只热水平洗槽，用以提高纬向张力并加强去碱，阻止幅缩。最后，经过几格平洗的充分洗涤，获得了较好的丝光效应。研制成功的丝光设备全机总长仅 20 米，比普通丝光机要短得多，这很适宜在比较短小的厂房中排装。特别适合重庆一带复杂的地形。其车速虽仅为每分钟15 米，但查济民与技师们经过改造，制造出可通过叠层丝光设备，于是，产量反而实现了翻番。"慢"，不仅变成了"快"，而且还变成了"好"。同事们对查济民在实际工作中类似的"小发明""小创造"表示极大的褒奖。对查济民的为人品德及勤奋努力，大家是心服口服。

企业是以产品来说话，来证明实力的。大明厂充分满足市场所需，并引导消费，在产品的数量和质量上齐头并进。同时，注重产品的创新，先后推出了大明蓝、昌蓝布、阴丹布、乌花斜纹布等新产品。如此，大明厂迅速发展成为内地集纺、织、染三者于一体的著名企业，如日中天。仅 1939 年当年，大明厂生产各类布匹 30000 匹，产值 4326400元，盈利 205000 元。

这辉煌的成绩，作为一厂之长的查济民，自然是劳苦功高。

所以说，所有的威望或威信，都是通过实打实干出来的，闯出来的。

关于这段历史，查济民有专门的回忆：

> 我那时仅有 24 岁。所以，当时民生公司有些职工说，大成公司派来了一位"娃娃经理"。幸亏卢作孚先生从实际工作和事业效果等方面出发，不拘陈规，让我放手全权去做，使大明厂于抗战八年中，在物质条件极端缺乏，并且还遭受几次日机轰炸损毁的情况下，不但维持了生产，而且有所扩大。到抗战结束时，大明纺织染厂已积累了三四百万美元的现款，有力协助了民生公司、大成公司战后的恢复。①

在事业风生水起之时，查济民夫妇迎来了专属的幸福：1940 年夏，长女查美龙在重庆出生。因为那年是庚辰龙年，所以查济民给女儿取名为美龙，为"美"字辈。夫妇俩陶醉在初为人父人母的喜悦中。查济民非常疼爱女儿，一回家就与女儿玩，抱着她出去东看看，西看看，逗她开心发笑。

查济民做了一厂之长，拥有千百万资金的调配权等。在一般人的想象中，他应该是"风流倜傥"，出手阔绰的有钱人，凡事讲究排场，讲究品质。但实际生活中，查济民却是特别节俭，从不铺张浪费、大手大脚。查家甚至还有点"抠门""小气"的嫌疑。这主要是可恶战争大背景所导致的，同时也是查济民为人俭朴的真实体现。因为有具体的文字记载，让那些抽象或模糊的历史，具备了质感和手感：生活，是如此的真实。于是，让我们对查家，特别是对查济民、刘璧如夫妇的为人处世以及日常生活，有了非常清晰的透视。

---

① 高进勇：《查济民先生印象》，《常州名人传记》（五）第 31 页，常州市政协学习与文史委员会编，2001 年 5 月。

当时，查济民一家只住在 3 间旧平房，一间她婆婆住，一间他们夫妇住，中间一间客厅兼饭堂，举目四望，简直没有什么好家具可言。有一次，是一个风和日丽的周末。我们穿过乡下向北碚走去。当时正是青蚕豆开始上市时，我们一路走，一路摘一些青豆，剥掉壳子放在手提包里，到北碚时已有三四斤了。璧如看了非常高兴，和修文一起烧蚕豆，我则带着龙龙玩。一会儿豆子烧好了，璧如先盛一碗恭恭敬敬地送到婆婆手里，然后找了济民来，大家很快活地吃了一顿饭。济民还不时称赞味道好，查伯母也说好吃……①

虽是乱世，不时有日寇法西斯战机轰炸，充满硝烟，充满血泪，充满惊恐。但生活还要继续，还要坚持，特别是孩子降临，这是新生的希望所在，整个家庭气氛更加浓郁了。上有母亲，下有孩子，这才是"完整"的家。三世同堂，是中国人传统家庭最完美的模式。女儿龙龙咯咯的笑声，犹如温煦的阳光一般，充满家庭的每个角落。查济民夫妇十分珍惜这天伦之乐。时刻拥有感恩之心，崇敬之情，往往会使人满足与幸福。

文中一个细节尤为逼真感人，作为媳妇的刘璧如对婆婆极为尊重，一有好吃的，首先想到的是长辈，是婆婆。这是规矩，是教养。

时隔多年后，刘璧如对亲友回忆起这段历史时是如斯的：

……你们哪里知道，父亲当时要我只能用济民的工资生活，父亲不支持我钱财，但是要我在紧迫拮据的环境里能善于操持家务，让一家人过得平平安安，融合快乐。我那时只有 20 岁，还很不懂事，但是我要让济民知道，我能照顾好他的母亲，我要保证济民和龙龙的营养，每天早上要他们各吃一个鸡蛋（蛋大多数是她自己养的鸡生的），我要带孩子，一日三餐都是自己做的，家里来的客人又多，我各方面都要弄得停停当当，这样让父亲知道了才高兴。有时，我无意中做错了事，

---

① 朱永：《一位典型的华夏女性——我所知道的刘璧如》，《常州名人传记》（五）第 75 页，常州市政协学习与文史委员会编，2001 年 5 月。

正向母亲哭诉时，父亲来了，先安慰我几句，接着说，你不准备过更艰难的日子吗？好好想想我小时候的情况吧，家里先弄好了，将来才可以应付更大的局面。爸爸还意味深长地对我说："今后你过好日子的机会很多，但过穷日子的机会对你来说是不多的，现在能过好苦日子将来才能过好好日子。"①

如此，上文中提及的规矩和教养的话题，就有答案了，有出处了。

有如此深明大义的父亲刘国钧，有如此细致入微的教诲，刘璧如成为一位贤惠的妻子，孝顺的媳妇，那是水到渠成的事。

在一张摄于1941年深秋，地点在大明染织厂大门口的老照片中，我们看到温暖而端庄的一幕：查济民和母亲、妻子站在前排中间。刘璧如手抱女儿龙龙。查济民西装革履，嘴角露出难得的微笑。

从画面看，显然，这不是一张单纯的家庭成员合影。因为，在照片中，还有诸多工友，他们个个精神抖擞，并肩而立。如此组合，只有一种解释，查济民一家和工友们都是大明厂这个大家庭中的一员，丝毫没有尊卑之分，没有主客之别。而是真正的一家人，大家团结和睦、奋发有为。这在战乱背景下，显得尤为和谐，尤为珍贵。很多时候，一张历史照片，浓缩的信息胜过千言万语。

之所以说查济民是露出难得的微笑，那是因为战乱剥夺了他舒畅微笑的机会。应该说，查济民是一个比较开朗与乐观的人。但是，残酷的现实迫使他紧皱眉头，使其"不得开心颜"。作为一厂之长的查济民，不但要管理工厂的大小事务，更要担忧日寇战机的轰炸，提心吊胆，不可终日。因为那是人命关天的事。在查济民记忆里，常州大成厂被轰炸后的惨景历历在目，心有余悸。而眼下，日机在重庆更是丧心病狂，泯灭人心。从1938年2月至1944年12月，侵华日军实施无差别轰炸，对重庆及其周边城市商业区、平民聚居区实施了长达六年零十个月的狂轰滥炸，史称"重庆大轰炸"。据不完全统计，轰炸造成16376人遇难、11814栋房屋被毁，财产损失约合100亿法币。

---

① 朱永：《一位典型的华夏女性——我所知道的刘璧如》，《常州名人传记》（五）第76页，常州市政协学习与文史委员会编，2001年5月。

1941 年摄于大明染织厂门前

除了惨重的生命与财产损失之外，尖锐而巨大的炮弹爆炸声，刺耳且胆战的空袭警报声，时不时地在山城上空震荡，如阴云一般笼罩在每个人心中。本能逃生时而滋生的压抑、惊恐、慌乱、痛苦等负面情绪，长时间且高频率，它所产生的压迫感，让人抓狂、发疯、窒息。

这万恶的战争。

为有效预警北碚市民，及时躲避日机轰炸，1939 年，卢作孚从德国购买了一台铜质警报器，功率为 7.5 千瓦，它安装在北碚城区制高点龙岗山脊上。警报器所传之声可覆盖方圆十公里。救人一命，胜造七级浮屠。这一报警装置，在战时起到了不可估量的成效。抗战胜利后，这个警报器移交给了大明厂，以作报时之用。同时成为一个特定时代的见证物与象征物，寓意深刻。

但警报，只是起到预警与提醒作用，是被动的。因为它不能阻止日寇战机的轰炸。悲剧，随时随地会降临，防不胜防。

北碚遭受日寇"七三一"大规模轰炸图

1940年5月27日，北碚第一次遭受日寇大规模轰炸，造成大量人员伤亡，其中包括内迁至北碚的复旦大学教务长孙寒冰教授等。6月24日，北碚第二次遭遇日寇轰炸，中央工业试验所遭受燃烧弹，新盖的实验楼顷刻间被炸毁，清华大学部分藏书被焚烧。大明厂也惨遭人员及财产损失。7月31日，北碚第三次遭遇日寇轰炸，国民政府教育部教科书编辑委员会工作人员死伤严重。10月10日，北碚第四次遭遇日寇轰炸，大明厂再次被炸，厂房和机器受损严重。

在此，可以摘录《重庆大轰炸档案文献 轰炸经过与人员伤亡（区县部分）》（上）①一书中有关6月24日与10月10日等，大明厂遭受日军空袭人员伤亡以及财产受损情况之上报，当时悲惨的情形可见一斑。

---

① 李华强等：《重庆大轰炸档案文献 轰炸经过与人员伤亡区县部分》（上），重庆出版社，2015年7月。

大明染织股份有限公司为报告 1940 年 6 月 24 日该厂宿舍被炸伤亡情况给嘉陵江三峡乡村建设实验区署的函（1940 年 6 月 25 日）

敬启者。敝厂不幸昨午被炸，男工寄宿舍房屋震倒，压毙男工 4 人（姓名另表抄附），敬祈迅赐派员检验，以便棺殓。除一面已派急足通知该压毙男工等家属外，用特函陈，即乞查照并予备案为要。此上：

嘉陵江三峡乡村建设实验区署

三峡大明染织公司工厂
中华民国二十九年六月二十五日

大明染织股份有限公司为报送 1940 年 6 月 24 日被炸损失清单给嘉陵江三峡乡村建设实验区署的函（1940 年 6 月 28 日）

敬启者。敝厂于本六月二十四日午后 3 时被敌机轰炸，中炸弹 2 枚，燃烧弹 4 枚，正中敝厂染部及原动部，所有当时被炸情形曾经具报在卷。兹将损失清单开列，并因急于复工，不得不整理被炸部分之房屋工具各项. 对于原形不无小有变更，特此具函，请求查验证明，以便投报。此致：

实验区署

附清单 1 张

三峡大明染织公司工厂 启

嘉陵江三峡乡村建设实验区署为报告 1940 年 10 月 10 日被炸情况给四川省政府、四川省振〔赈〕济委员会等机构的代电稿（1940 年 10 月 14 日）

……十月十日午前 11 时许，敌机 27 架分三批轰炸本区北碚、黄桶两镇，低飞投弹 100 余枚，炸毁大明染织工厂织造漂染两部……

一旦空袭警报解除后，查济民每次都是冲锋在前，及时组织员工进行灭火，抢救财产。站在废墟或是硝烟中，查济民来不及伤感，更来不及擦泪，第一时间询问有无人员伤亡，及时安排抢救，接着是亲自统计受损情况等。

那时的重庆，包括大明厂在内的所有企业工厂每天都面临日机炸毁的可能。等到空袭警报一解除，工友们便进行抢修或重建，不屈不挠，夜以继日。建了又毁，毁了再建。厂房可以被毁，但重庆人民的精神不毁，意志不毁。

查济民领导的大明厂无非是其中一个不屈不挠的典范而已。

同仇敌忾，大家拼命整修或新建厂房，为了早日恢复生产，争分夺秒，不敢丝毫懈怠。

那真是噩梦般的岁月呀。但苦难也催生人的斗志和毅力，查济民在实际工作与斗争中，百炼成钢，百尺竿头。

时隔半个多世纪（1995 年）后，查济民曾填词《浣溪沙》一阕。尽情追忆这段难忘的岁月，抒发实业救国、与民族共存亡的决心和意志，以及怀念家乡，青春做伴好还乡的真挚情感。

《抗日战争时渝居忆旧》：

> 狂炸连年敌忾增，
> 誓同生死守山城。
> 嘉陵江畔织机声，
> ……

唧唧复唧唧。"嘉陵江畔织机声"，这不仅是机器发出的声响，更是心灵撞击出的怒吼。"誓同生死守山城"，实业救国，报效祖国。民族利益高于一切的信念牢牢地在查济民的心头扎根，一以贯之。

查济民及大明厂员工对日本帝国主义侵略行径的愤怒，还体现在对捍卫家国主权而英勇献身之英雄的敬仰与缅怀等方面。1940 年 11 月 16日，张自忠将军英勇牺牲后被以国葬之礼权厝于重庆雨台山。查济民除指派大明公司人员出席葬礼之外，还亲自参与敬献花圈挽联拟定等工作。大明公司的挽联倾诉了对英雄的追思和敬仰，充满了争取民族自由解放的爱国热情：

> 大江东去流不尽无量英雄无量血，
> 灵柩西返为争取自由民族自由魂。①

1941 年太平洋战争爆发，1942 年滇缅公路受阻，重庆和海口之间交通中断。1944 年，日军深入内地，相继攻占了洛阳、长沙、衡阳、桂林、柳州等重镇，重庆便失去与这些地方交通贸易线。战事失利，交通中断，致使大明厂急需的进口染料 P-X 海品蓝每担涨至 3 万余元，还极难买到，这成为大明厂生产最大的难题。巧妇难为无米之炊，大明公司不得不在较长时期内改为生产黑白交织的乌花布。进一步恶化的局势导致社会人心动荡，直接使生产受到极大影响。

1942 年初，国民政府成立物资局对棉纱实行统购，随后又成立了花纱布管制局，垄断花纱布贸易。强化行政特权或垄断管理，势必对大明公司这类民营企业生产造成极大伤害。

> ……大明厂生产急剧下降。据 1943 年报载，大明厂近几个月来，生产大减，原来每月可产布 7000 匹，现已减少 40%，工人减少 1/3，开工的织布机仅为原数的 1/2，源染房则每隔日开工一次……

在极其艰难的岁月中，查济民仍关心抗战事业，不忘社会责任。这里可用两个事实证明之。

第一个事实是查济民参加了宣传抗日救国思想的"利他社"。

"利他社"，又名"利他聚餐会"。其成立的前因后果大致是这样的：抗战全面爆发后，内迁企业在重庆成立了"迁川工厂联合会"。此时，冯玉祥在渝各工商厂矿企业的资本家代表、爱国民主人士建立了比较密切的联系，并经常请"迁川工厂联合会"和"国货工商联合会"的爱国资方人士到他的官邸"抗倭楼"聚餐，了解一些生产情况，并

---

① 《张上将自忠纪念集》，《张上将自忠传记》，1948 年。

向他们宣传抗日救国,进行爱国主义教育。随之,水到渠成地取名为"利他聚餐会"。

"利他聚餐会"于 1942 年 10 月 29 日正式成立。其宗旨是:"公而忘私,国而忘家",支持抗战救国,为社会做好事。同时,颁布三项社规:一是促进民主团结,在"利他聚餐会"开会时,邀请社会名流和进步人士作报告;二是扶植文化事业,提高社员文化思想素质;三是推行献金运动,要求社员支持节约献金救国,并提倡节约办婚、丧、寿宴招待,将节余费用作为捐献。结社主要目的是宣传抗战意义,让大家认清形势,戳穿蒋介石的阴谋诡计。查济民成为其中的骨干分子,他积极组织并参与相关活动。

第二个事实是查济民与上海立信会计学校之间的"患难之情"。

太平洋战争爆发后,日寇进入上海租界。上海立信会计学校被迫迁往重庆。1942 年初,学校在北碚租用双层小洋房六座,大平房一座进行教学活动。不久,校长潘序伦决定在重庆市区新建校舍。其造价最低为 40 万元,但学校尚有 20 万元缺口,不能开工。燃眉之急时,潘校长向查济民求援,请他做保人让学校集资或贷款。若是立信会计学校一时筹不到钱,就请查济民先垫付这 20 万。查济民为潘校长全力以赴兴办学校的赤诚之情所感动,便答应了这请求,帮助学校渡过了难关。查济民的侠义之举,赢得了学校师生的高度肯定。鉴于查济民的对学校贡献以及他的社会影响力,学校决定聘请他为校董。为此,查济民尽心尽责。

而作为一个实业家,即便是在战火纷飞,外界环境十分恶劣的年月,查济民依旧保持对前景的向往,对事业的执着。由于坚持而成为一种习惯,由于习惯而成为一种本能。而作为一个专业"战术家",其眼界和思考,其关注领域的广度和深度,总归有其过人之处,既高屋建瓴,又洞若观火。时间与经历,打磨与锤炼了查济民的综合素养。

任何行业的出类拔萃者,都是不忘初心、勇担使命的结果,都是审时度势、化危为机的结果。这可以以查济民于 1944 年在《工业生活》杂志发表的一篇文字为代表,为佐证。由此我们可以窥视查济民的战略格局,志在千里。此时,查济民的眼光聚焦在中美两个大国的棉纺业上，发表自己独到的见解。是为《中美两国棉织业的携手》一文①。请诸位注意的是，此文发表的时间是 1944 年。此时，抗战还未取得最后的胜利。国际及国内形势依旧云谲波诡，错综复杂。但是，查济民，作为一个专业人士，以战略的洞察力，揭示了时局发展的走向，指明了行业进步的轨迹。其中，对苦难中国前途的期望和预测，充满必胜的信念，充分彰显出其敏锐的眼光，爱国的情怀和乐观的精神。这充分表明，经过时代的历练，查济民由一个实业家"蝶变"成兼具"政治家"的素养和能力。这在以后的岁月中，面对家国命运与时代潮流等重要关头，查济民总是立场坚定，头脑清醒，挺身而出，最终功勋卓著。所谓"时势造人"，爱国者查济民就是一个成功的案例。

> 在未来世界复苏和繁荣工作中，中国无疑地必定要尽其最大的努力与贡献的。中国所能贡献的力量，将与战时的贡献相同，仍旧它的无限的人力；这力量，在经过美国的机械配置和调度以后，更加发扬光大。它的最显著的例子，莫过于棉纺机及其加工工业的未来。在远东这原是一个异常重要的事业。②

古人对文章的开头部分历来有"凤头"之要求。何为凤头，是谓凤头。

其观点鲜明深刻，不仅开门见山，而且高瞻远瞩。其语气斩钉截铁，毋庸置疑。"在未来世界复苏和繁荣工作中，中国无疑地必定要尽其最大的努力与贡献的"。更可贵的是，作者把未来世界的复苏和繁荣，我们中国能做的贡献，以及应该担当的使命，与伟大的抗日战争有机地联系及结合起来。中国人民前仆后继，中华民族浴血奋战，为世界反法西斯斗争取得最终的胜利，付出了极大的牺牲，作出了极大的贡献，最终必将迎来辉煌的胜利。这是一个多么顺应世界潮流的判断呀。如此睿智的预言，极大地鼓舞了纺织行业的发展和从业人员的信心，至少在一个行业内吹响了时代前进的集结号，振奋人心。这就是爱国者的

---

① 《工业生活》，1944 年第 1 卷第 3 期，第 30—32 页。
② 《中美两国棉织业的携手》，《工业生活》，1944 年第 1 卷第 3 期，第 30—32 页。

力量，这就是引领者的作用。

历史充分证明了这一结论。中国人民是有骨气的，中国人民是有担当的，中国人民更是有前途的。

风云变幻，沧海桑田。"天若有情天亦老"。即便是时过境迁，但如此观点，如此立场，还有其非常明显的现实意义及启示作用。一个成功的企业家，从来都是与国家利益息息相关、休戚与共的。

> 中国的棉纺织工业肇始于第一次世界大战的时候。可是它的健全的发展却历过一九三〇年前后世界不景气巨浪的陶冶。到一九三七年中日战争开始时，全国已有五百万枚纺锭，十万台布提，以及各种大小不同的漂白染色印花整理和加工的工厂，全部都有现代的机器设备。

> 美国在战时因为竭力在帮助我们，但如果战后永远要求美国救济，却恐怕美国也不会欢迎的。因此，我们得准备再刻苦一段时期，腾出一些力量来供建设之用。①

忧患意识，应该是企业家心中一根不可或缺的弦。

"我们得准备再刻苦一段时期"。唯有靠自己，唯有过苦日子的周密准备，才是最主动的出路。清醒的认识，准确的定位，坚定的目标，这是历史发出的宝贵回声，空谷足音。在当下，面对错综复杂的国际关系，这些话语依旧有其借鉴意义，给人启示及警示，历久弥新，振聋发聩。正如一句名言所说，"一切历史都是当代史。"

为了有效躲避日寇的轰炸，进一步实现实业救国的梦想，大展身手。刘国钧在 1940 年前后，决定去香港建厂，拓宽市场，扩大业务。

1941 年 4 月，刘国钧和长子刘汉堃二人飞赴香港，在九龙购得一处房产，创办香港大孚建业公司与广益公司，作为进军南洋、联络海外业务的窗口，并在昆明、上海、重庆设立办事处。随后，大成公司先后在东南亚的河内、仰光、曼谷、加尔各答、孟买等城市发展经销商，建

---

① 《中美两国棉织业的携手》，《工业生活》，1944 年第 1 卷第 3 期，第 30—32 页。

立起跨国营销网络。

"形式优先，形式决定了内容。"这在艺术创作中，是一种客观存在的现象。而对于经济界而言，这更是一个启发与思考。刘国钧这一具有里程碑式的思路和举措，对查济民而言，不仅实实在在地给他上了一堂如何创业及创新课，进一步激发他的思维，拓宽他的思路，也为他日后进驻香港，建立染厂等提供具体的借鉴和启发。这是榜样的力量，榜样的指引。若是从再长远一点而言，更让查济民懂得如何突破自我，抢抓时机的战略。譬如进军非洲市场，再譬如由纺织业拓展到房地产、金融业等，都是最好的证明。当然，这是后话。时间或是命运，自有它的节奏和规律，它会不急不慢地告诉你结果，也会告诉你过程。这宛如是在欣赏一部气势恢宏的交响曲。

刘国钧满怀理想的境界，忧国忧民的志趣，矢志不渝的追求，言传身教，深深地鼓舞并感染了查济民。"我就是要向岳父学习，学习他的品德，他的为人，他的作风。"刘国钧一直是查济民事业成功，更是人生辉煌的标杆。

对标，是最好的、最清醒的学习。

1943 年，抗战进入最艰苦的时期。作为大后方最重要的染纺织企业，大明公司面临诸多困难，尤其是电力不足，原材料缺乏。但是，查济民和员工想方设法，战胜困境，努力生产，为抗战事业作出实实在在的贡献。《新华日报》曾经以《大明染织厂生产近况》[1] 为题，作了专门的报道，突出其面临的困境，以此引起全社会关注及支持。

> 电力不足，原料困难。花纱官黑价悬殊。
>
> 记者走访北碚大明染纺织厂，探得该厂近况，一、该厂系前隆昌、三峡及大成三处合组而成，现有织机二百余台，发动机共一百五十四马力，每日布量在二百匹以上，闻电力关系，目前开动之机器，仅有三分之二，如电力充足，全部机器昼夜工作，生产量可增至一倍左右。二、目前该厂生产所需之棉

---

[1] 《新华日报》，1943 年 4 月 20 日。

纱，仅由花纱管制局供应，制成之布匹，亦由该局按照官价，与目前黑市价格悬殊达三倍，故花纱管制局对于该厂缴销脱余之布匹，统制显为严格。三、该厂最感困难者，厥为原料问题。现该厂每月消耗面料，至少在三十担以上，德国原料现已售至每担三万余元，国产原料亦在二万元左右，价既过昂，且不易采得，惟该厂为减少成本计，已尽可加以减产，难闻可敷一二年之难。

1944 年，日军节节败退，抗战胜利曙光显现。刘国钧期待民族工业发展前景，他认为重工业是国民经济的基础，轻工业是关键，而纺织业又是轻工业的基础，其重要性不言而喻。所以，国家要大力支持纺织业，扩充纱锭，力争在 15 年内使全国拥有 1500 万枚纱锭。其中，500 万枚可用于外销获得外汇。这是刘国钧纺织王国的"理想国"。刘国钧在中华职业教育社发表了著名的《扩充纱锭计划刍议》万言书，希望能够振兴中国纺织工业，与日商一决高下。这是极具振奋人心的倡议，同时，也是极具前瞻性的战略。此文，受到有识之士一致的好评，尤其是得到好友卢作孚等的激赏。在战乱与国难之中，有如此清醒的认识，有如此前卫的见解，这不仅是纺织行业的幸运，也是发展民族工业的幸运。但国民政府却忙于私利，对此呼吁漠不关心，视而不见。这势必导致刘国钧积极性受到重创，心灰而意冷。为排解内心的焦虑和失落，在卢作孚与陈光甫二人的建议下，刘国钧决定出去走走看看，向世界最先进的工业大国美国学习。临行前，刘国钧与查济民进行了一次长谈。就表面看，这是翁婿两人之间的意见交流。而就实质而言，这是两代胸怀理想纺织人之间的交流探讨。他们交流的主题是时局和即将启程美国之行的期望等。由当下而未来，由国内而国际，如此聚焦，如此细究，这对查济民下一步发展的启发无疑是巨大的，也是深刻的。

人生，就是由无数有形或无形的"台阶"组成。

同年 12 月，刘国钧带领青年骨干一行，并携带 100 多万美元远赴美国、加拿大等国学习。此行更关键的是，为抗战胜利后整个纺织业的全面复兴，筹备纱锭、棉花、发电机、印染机等机器和物资设备，作了实实在在的努力。

先人一步，超前布局，这是一个企业家的战略远见。

回国后，刘国钧在不同场合介绍访美心得，期盼民族纺织工业发展进步。1946 年 6 月 26 日《武进新闻》刊登《刘国钧演讲考察欧美纺织事业经过》一文。

访问团最终以《访美报告纲要》①的形式对外介绍考察结果，其中要点为："一、英美每人每小时出数比较；二、英美用人数比较；三、美国纺织厂之略况；四、美国纱厂组织；五、美国标准化经营；六、美国工厂管理；七、美国劳工情形。"

这好比是一股春风，带来万紫千红。先进国家纺织行业的历史与现状活灵活现地展示在大众眼前。他们的管理，他们的组织，他们的设备，他们的工人等，都有我们值得学习和借鉴的地方。其中，受益及启发最多者之一，非查济民莫属。因为，查济民好学、好问，好思，并运用于实际。

作为战时的大明厂，在查济民的领导下，顽强生存，顽强发展。1944 年，大明厂购买震寰内迁的一批机器和纺纱锭子，经过整理和改装，加入原有生产线中，当年安装 1000 余锭。1945 年春，大明厂棉纱部正式开工，投入生产。

在《内迁重庆合并创办的大明纺织染厂》一文中，作者是如此评价抗战后期至抗战胜利，大明公司的生产生存情况的。其中，还特别点明以查济民为核心的大明厂管理层的精神世界，画龙而点睛："他们有强烈的事业心和百折不挠的苦干精神，他们有支持抗战、坚持胜利的爱国决心。"

抗战后期，国民政府滥发钞票，使货币贬值，物价猛涨，大明厂也深受其害，他们加工所得的工缴费，是按规定的米粮官价计算，实际所用的工缴成本已超过官价的 2/5 或 1/2 以上，因而所得的工缴费不敷成本。为此大明厂与重庆各承织厂商强烈呼吁，要求当局按市价计算工缴费，以减少亏损。

官僚资产阶级还利用手中特权，在棉纱、黄金市场上兴风

---

① 《访美报告纲要》，《刘国钧文集》（附录），第 19—26 页。

作浪，利用黄金与花纱布的比价差额牟取暴利。为了免遭黄金市场和物价波动的影响，大明厂曾设专人于黄金、棉纱市场探听行情，每日以电话向厂里报告。这是民族资产阶级不甘心牺牲所采取的又一办法。

此外，名目繁多的公债和捐税也是大明厂的沉重负担。

抗战后期，大明厂处于最困难的阶段，由于大明厂的领导者都是一些具有丰富经营管理经验的行家里手，他们有强烈的事业心和百折不挠的苦干精神，他们有支持抗战，坚持胜利的爱国决心，因而在内忧外患日益深重，工厂濒临危机的时刻，仍想尽一切办法把工厂维持下去，一直到抗战胜利。[1]

抗战期间，查济民先后担任诸多社会职务，全心全意，不辞劳苦。他曾任北碚卫生建设委员会委员、北陪医院理事会理事、北碚银行筹备处董事、中华职业教育社会辅导委员、重庆国货厂商联合会监事等。

同时，与刘璧如的家庭生活也很是美满。虽然物质条件还是比较艰苦，但是一家人和睦团结，特别是孩子们健康成长，查母身体也不错。这是最令人感到欣慰的事。家庭幸福指数，直接决定一个人的心境和心态，直接影响其工作生活的质量。

在八年抗战以及后来一段时间里，璧如在家庭生活中除了尽量安排好婆婆和济民的饮食起居外，她最主要的精力放在对子女的培养教育上。她言传身教，要求孩子个个都能勤俭节约，待人和善有礼，既随和处事，又明辨是非。她要孩子从小有志气，刻苦读书，并且要学以致用的目标。她说她教育孩子是在他们 10 岁以前下功夫最多，她自己处处以身作则，所以教育孩子也容易收效。她经常把周围亲戚朋友的好事讲给孩子们听，启发他们，促进他们，使他们做到"择其善者而从之"。[2]

---

① 朱己训、钱荣锦：《内迁重庆合并创办的大明纺织染厂》，中国人民政治协商会议西南地区文史资料协会会议编：《抗战时期内迁西南的工商企业》，第 276 页。

② 朱永：《一位典型的华夏女性——我所知道的刘璧如》，《常州名人传记》（五）第 76 页，常州市政协学习与文史委员会编，2001 年 5 月。

1945 年，查济民和大明纺织染厂员工合影

"剑外忽传收蓟北，初闻涕泪满衣裳。

即从巴峡穿巫峡，便下襄阳向洛阳。"

1945 年 8 月，中华民族经过 14 年的浴血奋战，不屈不挠、前赴后继，终于打败了日本帝国主义，取得了伟大的抗日战争的全面胜利。

山城重庆更是沉浸在"喜欲狂"的气氛中。如此长时间饱受生死屈辱以及不堪忍受的压抑，终于成了过去。民众一下子释放出来的泪水、笑声和豪迈，就像大坝泄洪，何等巨大，何等壮观。

万人空巷，欢庆的锣鼓震耳欲聋，缤纷的礼炮光彩夺目。查济民拥着妻子儿女和大明厂的工友们一起走上街头，加入游行队伍，欢庆这来之不易的胜利。

在鼎沸的人群中，查济民一字一顿地告诫女儿龙龙说："今天，我们中国人终于胜利了。我最开心是你奶奶也亲眼看到了这胜利。但这胜利最终是属于你们年青一代的，希望你们好好珍惜，好好作为。"

如此的场景，如此的话语，让人刻骨铭心。查家的爱国传统就是由如此具体而清晰的内容组成。

满目疮痍，百废待兴。

摆在大明厂面前，摆在查济民眼前最迫切的问题是，接下来，该何去何从、该如何决策及定夺？这是责任感所驱动的拷问。

而所谓的责任感中往往还包含着一份睿智，一个先手。这就是体现在你比别人或一般人看得要远一点，要深一点，要早一点。

四、沪渝转场　勇担重任

随着抗战胜利，整个国家的政治、军事、经济、文化和社会等都发生了翻天覆地的变化。作为战时临时首都重庆，基本完成了它的历史使命，其地位和作用随之发生根本性的变化。1946年5月1日，国民政府正式发布还都令，宣布5月5日将"凯旋南京"。

当日晚8时整，蒋介石发表广播讲话：

> ……八年抗战，赖我全国同胞始终一致拥护抗战国策，服从中央命令，百折不回，浴血牺牲，卒能获得今日最后胜利，而且取消了一切不平等条约，涤除了我们中华民族百年来的国耻……但是回想到民国二十六年十二月十三日南京沦陷时，首都同胞惨遭大屠杀的悲剧，我们就应该痛定思痛，时时不忘我们八年来在敌人铁蹄之下所受的奴隶牛马暗无天日的生活，更不能不警惕黾勉、自立自强了……抚今思昔，务希我国全体同胞，同心一德，共同一致，务使我中华民族黄帝子孙，永永远远不再受过去八年间那样异族侵凌蹂躏的惨祸与耻辱……

但可恨与可耻的是，蒋介石国民党反动派口是心非，出尔反尔，最终没有践行"同心一德，共同一致"的承诺，而是完全不顾全国民众要求和平与民主的强烈要求，倒行逆施，不久再次引燃战火，穷兵黩武，发动内战。

抗战胜利后，重庆纺织工人为要求增加工资、改善待遇，多次举行息工、罢工和请愿斗争。1945 年 11 月，重庆豫丰纱厂工人提出增发年终红奖等要求，遭到拒绝后，于 1946 年 1 月 17 日举行罢工，坚持到 1 月 31 日，迫使厂方答应了工人部分要求。随后，大明染织厂和申新纱厂、裕华布厂、中国毛纺厂等较大的纺织工厂都因争取"红奖"而举行罢工，均取得一定经济利益，工人的待遇得到不同程度的改善。

而为了谋取及保障劳工利益，大明染织厂工人与其他在渝工厂一样，也在筹划工会组织，但遭遇挫折。于是，大明厂的 4 名员工联名向《新华日报》写信，提出申诉及抗议。为此，《新华日报》以"大明染纺厂工人组织工会受挫"① 为题，全文刊发工人的申诉信。

达则兼济天下，是查家的传统。作为查济民个人，在抗战胜利新的形势和背景下，将挑起更重大的担子，进一步实现自己的人生价值，同时又为大局或社会作出应有的贡献。

此时，有内外多种因素促使查济民离开重庆，重返经济中心上海，开始新的使命新的征程。更大的发展，需要更大的天地或舞台。

亲历了战争烽火洗礼的查济民，从当年的娃娃经理，成长为三十而立、事业有成的企业家，这是他立身之本。同时，由于战争，他不仅目睹了侵略者血腥的屠杀和侵占，给中华民族犯下滔天大罪，也目睹了人民宁死不屈的斗争，矢志不渝的精神。古老民族得以凤凰涅槃，浴火重生。这漫长的岁月，这苦难的历程，促使查济民思考与成熟，促使他勇于并善于担当与作为，促使他由一个单纯的企业家、一个赤诚的爱国者，演变发展成一个社会活动家，真正走上"前台"，直接为国家、为社会服务，不辱使命，贡献自己的聪明才智。

在上海期间，查济民广泛地接触各界，包括国民党官员、民族资本家，还有广大市民，目睹了社会的形形色色，随之其思想得到进一步的提升和发展。由于查济民的才干与贡献，使其身份、社会地位和影响力也得到进一步的确立与扩展。

---

① 《新华日报》，1946 年 1 月 22 日。

上海。

那是既熟悉又陌生的城市。时隔十几年，查济民再次来到上海。一方面，满眼是战争遗留的疮痍，物资匮乏，经济萧条。另一方面，满眼是劫后余生人们期待的眼神。期待和平民主，期待安居乐业。

1945 年 12 月的上海外滩

曾经沧海，千帆过尽。此时的查济民不再是昔日的小青年、小学徒，也不是简单地以一位企业家或工厂主的身份出现在上海。此次，查济民是负有使命而来，是准备有一番作为而来。想做事，会干事，才是做成事的基础和前提。

由于抗战期间在大后方对纺织业，对民族工业所作的卓越贡献，同时也是对民族自由解放所作的重大贡献，查济民由一位工商界著名人士转变为"政治明星"，能者多劳。他不仅被经济部苏浙皖区聘请为专门委员会委员兼染织组长，成为纱布接收大员，还应邀出席在南京举行的侵华日军受降仪式，成为这一重大历史事件的亲历者与见证人。

这是查济民的高光时刻。

1945 年 9 月初,查济民告别妻女和老母亲,只身前往上海。在特定的形势下,查济民正式登台亮相,行使职责。围绕两件大事,查济民不辞辛苦,恪尽职守。

其一,当选为专门委员会委员兼染织组长,纱布接收大员。这可以说是查济民第一次正式以政治层面公众人物形象,出现在上海滩,出现在政治舞台。这里包含了时局大背景,社会大缩影。抗战胜利后,国民政府将日伪纺织企业合并,成立了国有中纺公司,以加强对棉纺行业的统一管理,行政干预,有序推进。

查济民负责接收上海多家原是日伪经营的染整及色织、针织企业。

据有关史料记载,上海是日本在华纺织工业投资的主要城市之一,"约占日本在全中国纺织业设备能力的 70%"①,"棉纺织业的投资,共计日币 195,653,000 元,几乎占日本在华制造业投资总额的三分之一"②。根据 1940 年底"在华日本纺织同业会"的统计,日本在上海的设立的纺织工厂总数达到 30 家。

查济民的工作主要分几步走。一是对现存日伪工厂进行清理统计,在此基础上,填写接收工厂与未复工一览表。这项工作需要认真调查,仔细审核。当时有些工厂其实是名存实亡的空壳工厂,这在清册名单中需一一作出说明。二是对工厂资产进行评估统计等。工作中,查济民不仅表现出专业水平,还充分体现维护民族利益的爱国精神。

与此同时,查济民还兼任了上海内外棉第二加工厂厂务主任一职,专门负责接管、修复设备、组织复工等工作。到 1946 年 3 月,将厂移交给中国纺织建设公司,后改称上海第一印染厂。

完成这些任务与使命后,查济民离开上海回到重庆。

人不能两次踏进同一条河流。

此时的查济民已不是刚来上海时的查济民了。因为在此次接管及接收过程中,查济民耳闻目睹了国民党官员在上海上演的种种丑剧或闹

---

① 〔日〕樋口弘著,北京编译社译:《日本对华投资》,商务印书馆 1959 年版,第 36 页。

② 雷麦:《外人在华投资》,商务印书馆 1959 年版,第 370 页。

剧，直接触发他思想意识的改变及转折，触发他对时局做根本性的判断，更为未来抉择埋下伏笔。

日本战败，国民党为了抢夺胜利果实，一方面向美国政府寻求帮助，借用美国飞机和轮船等，把远在西南、西北的大批国民党军队抢运到全国各战略要地；另一方面，千方百计垄断对日受降和接收日伪占领区的权利，既别有用心，又利欲熏心。国民党政府规定，"凡收复区之党政统归陆军总司令部监督指挥接收"。并于1945年9月5日，宣布成立"党政接收计划委员会"，下设党团、经济、内政、财政、金融、外交等6个接收小组。国民政府制定了《行政院各部会署局派遣收复区接收人员办法》，派遣军政大员前往沦陷区，接管日伪政权全部公、私产，对工厂、公司、办事处、仓库、住宅等，进行查封，清点财产数额、归属、来源等。明确"该没收的没收，该归还原主的归还原主"的方针。这被当时称之为"胜利接收"。没收被日伪侵吞或抢占的资产，归还给国家或个人，这本来是一件理所应该的事。对于饱受战争灾难的国家而言，对尽快恢复经济会取到一定的积极作用。对于被掠夺被强占的民众而言，收回原本属于自己的东西，完全符合天理。但是，国民党的"接收大员"却上演了一幕幕丑剧或闹剧。这些趾高气扬的"接收大员"一到平、津、沪、宁等大城市，个个都像红了眼的抢匪，抢住房、抢汽车、抢物品、抢钱财……丑态百出，千方百计地将日伪资产收入私人腰包。如此，沦陷区"胜利"的喜悦没持续几天，就被"接收"的乌烟瘴气所遮蔽。所以，老百姓愤怒地把这批人讥之为"劫收大员"。

在"劫收"重灾区的上海，场景更加混乱。据时任上海市长吴国桢回忆，不仅是敌伪财产，连中国人的私产也被"接收大员"霸占。据《申报》的一则报道："海军查封了上海的一个仓库，并宣布其中的所有货物均属敌产，尽管那里面可能有很多商品是属于中国人私有的。在这些人得以申请发还他们的财产前，海军已经将其启封，并在黑市上抛售取利了，根本不管这些财产是敌产还是私产。"面对如此穷凶极恶的"接收大员"，上海市民给他们取了个绰号，称他们为"重庆人"（重庆是抗战时期国民政府临时首都所在地）。讽刺"重庆人"是"三洋开泰"（捧西洋、爱东洋、要现洋），是"五子登科"（条子、房子、女子、车子、馆子）。

客观而言，抗战胜利前后，不少国民对国民党政府有所期待，抱有幻想。但在接收敌伪财产过程中，国民政府官员却以权谋私、贪污腐败，弄得民怨沸腾，民心尽失。

作为同样是"接收大员"的查济民，却没有与国民党官员同流合污，沆瀣一气。他坚守读书人清廉的底线，洁身自好，奉公守法。但原本豪情万丈的工作热情，在肮脏与丑恶的现实中，被打击得垂头丧气，心灰意冷。因为，他耳闻目睹了太多国民党腐败分子肆无忌惮地滥用职权，贪得无厌地攫取汽车、洋房、黄金等贵重物品的种种丑行。查济民情不自禁地联想起少年时读过《诗经》中的《硕鼠》篇："硕鼠硕鼠，无食我黍！三岁贯女，莫我肯顾。逝将去女，适彼乐土。乐土乐土，爰得我所。"但现实中，哪里是干干净净的"乐土"呀？由此，催生查济民对现实世界清醒的认识，内心萌生远离这肮脏不堪是非之地的念头。

"这样的政府靠得住吗？"

所以，回到重庆后不久，查济民就暗暗打定主意，待到一定时机，带着家人远走高飞。

其二，在南京参加日寇受降仪式。

1945 年 9 月 9 日上午 9 时，中国战区侵华日军投降签字仪式，在原南京国民政府中央陆军军官学校礼堂（即南京黄埔军校旧址礼堂）举行。

这是一个被历史铭记的日子。中华民族从此彻底结束屈辱的历史，扬眉吐气。

据史料记载，参加受降仪式的中外官员、各界代表和记者等共计 405 人。查济民是其中之一，成为宏大乐章中一个鲜明的音符。

举行受降仪式大礼堂正门上，悬挂有中、美、英、苏四国国旗。入口处设有来宾签到处。各个入口处都有武装士兵和宪兵守卫，戒备森严，气氛严肃。礼堂内的一面墙壁上，挂有孙中山先生的遗像和中华民国国旗。遗像的下面点缀着红色的"V"字型符号与"和平"二字。礼堂正中木梁上悬挂着中、美、英、苏四国国旗。靠近遗像的一边，放有一张长桌，上铺白布，为受降席，备有五把靠椅，受降席面朝大门。受降席的对面也置有一张长桌，上铺白布，为投降席，备有七张靠椅。在受降席和投降席的后面，各站立8名全副武装的士兵警卫会场。受降席和投降席的两边，是参观盛典的中外来宾观礼席和新闻记者、摄影记者席，楼上是中外官员的观礼席。

日军投降签字仪式会场全景

　　签字仪式只有短短十几分钟。但是，为了这短短的十几分钟，中国人民经过了多少斗争，付出了多少血泪与牺牲。如今，中华民族真正扬眉吐气，血洗前耻。借用西南联大纪念碑碑文，它是最好的旁注。

　　　中华民国三十四年九月九日，我国家受日本之降于南京，上距二十六年七月七日卢沟桥之变为时八年，再上距二十年九月十八日沈阳之变为时十四年，再上距清甲午之役为时五十一年。举凡五十年间，日本所鲸吞蚕食于我国家者，至是悉备图籍献还。全胜之局，秦汉以来所未有也。①

----

　　① 《西南联大纪念碑碑文》。

好一个"全胜之局，秦汉以来所未有也"！

9月9日上午8时56分，中国方面陆军总司令何应钦、陆军参谋长萧毅肃、海军总司令陈绍宽、中国战区空军代表张廷孟、第三战区司令长官顾祝同等一行进入会场。8时58分，由中方指挥官引领日方代表冈村宁次、今井武夫等一行七人步入会场。日方代表均弓身低头、双臂贴膝，站在己方的签字台前，毕恭毕敬地向端坐对面的中方代表深深地一鞠躬后，落座聆听中方宣读"受降宣言"。之后，冈村宁次签字并盖章。9时15分，何应钦命令冈村宁次等日方代表退席，中国战区日本投降签字仪式结束。

冈村宁次等投降方代表离场时丑陋和狼狈的情景被其中一张照片定格，永远钉在了历史的耻辱柱上。据当时担任警卫任务的温州籍抗战老兵潘庭槐回忆："冈村宁次走过我身边时，他的头低了下来，都不敢正眼看我们。"这一幕，恰好被一名在场的记者拍下。

这是正义的力量，这是民族的胜利，这是和平的警示。

受降仪式后，何应钦在大礼堂发表简短广播演说：

> 敬告全国同胞及全世界人士，中国战区日本投降签字仪式已于9日上午9时在南京顺利完成。这是中国历史上最有意义的一个日子，这是八年抗战艰苦奋斗的结果，东亚及全世界人类和平与繁荣从此开一新的纪元。

亲临现场的查济民热血沸腾，他抚今追昔，感慨万千：在常州，大成公司被炸，员工伤亡。在长江，内迁途中船只被炸，机器被毁。在重庆，一次次空袭警报拉响，一次次血肉横飞的数据……

时空在查济民眼前，好像电影一般，一桩桩，一件件地再现。恍如昨日，历历在目。

此时，查济民和在场所有热爱和平、自由和幸福的人们一样，为胜利而欢呼，为民族而自豪。

所谓爱国之心，民族之情，从来不是虚无缥缈，也不是空穴来风。它是由血脉而来，由传统而来，更由现实而来、责任而来，点点滴滴，渗入血液，渗入骨髓与灵魂，建构起一个根基，一个脊梁。窥一斑而知全豹，查济民是其中的一个代表，是一个缩影。查济民的人生经历与人格修炼，仿佛就是近代史大河中卷起的浪花中的一朵。

历史往往有惊人的相似之处。

时隔半个世纪后的 1997 年 7 月 1 日，查济民亲眼见证了香港回归祖国。

作为中华民族历史上最令人振奋，最值得纪念的这两个日子，查济民不仅是见证者，也是亲历者和参与者。这是极为难得与珍贵的事呀，这又是多么光荣与幸福的事呀。

按照当时一般人的想法，抗战胜利，战争结束，和平来临，这为实业家查济民提供了一个进一步施展拳脚、实现创业理想的社会环境。查济民他踌躇满志，熟门熟路，在上海管理大明公司名下的纺织染厂，并依旧兼任远在重庆的大明厂的管理工作等。

但现实不久发生逆转。由于国民党反动派悍然发动内战，彻底地站在了全国人民的对立面，使国家和民族再次陷入动荡和战火之中。和所有热爱并希望和平民主的人们一样，查济民的失望与失落该是多么深重呀。这样的反动政府必将被人民被时代唾弃。

"逝将去汝，适彼乐土。"

为了摆脱战争荼毒，有效地发展民族工业，提升纺织业整体水准，实现自己的宏图。自 1947 年春开始，查济民着手准备迁往香港。去那开创属于自己的实业、实现理想的念头。有了这一打算之后，查济民便开始分步行动。

此时的重庆当然是查济民"根"之所在。这里不仅有产业基础，更有家庭亲朋牵绊。特别是面对大明厂这偌大一个摊子，千头万绪，查济民不是说走就能走的。必要的过渡与衔接，力求个人与企业两全其美，是此期间的工作策略和重点。查济民的工作主要是从两个方面进行。

其一，收购大明公司股份，继续投资，扩大生产。

至 1947 年夏，大明公司全部资产，包括存棉和存货及账外的黄金、美元等，共计约值美元 250 万元。作为大股东的民生公司由于要向加拿大购船，资金不足，于是决定出让公司股份。除时任大明公司经理查济民要求保留民生公司千分之五股额外，民生公司绝大多数股份退出。同时，隆昌染厂的股份也要求全部退出。这两家退出的股份全部由查济民以私人名义收购。至此，大明公司几乎成为查济民的独资企业。出于尊重，查济民仍聘请卢作孚担任董事长，自己担任总经理。公司及工厂名称也沿用不变。任何事物都具有两面性，合资自然有合资的背景与长处，而独资的好处也是不言自明。它可以最大限度地减少利益分配中可能出现的纠葛与矛盾等，这便于管理层的判断、管理与决策。事实证明，几乎"独资"后的大明纺织厂，在查济民全方位的领导下，运转良好，收益可观。到 1949 年，大明厂拥有纺纱锭 6000 枚、织布机 200 台、染色机一整套等。每年可生产棉纱 2500 件，棉布 70000 匹。

在企业高速发展的同时，查济民领导的大明公司把职工福利和权益放在应有的位置。譬如，积极组织开展丰富多彩的文艺文化活动，鼓舞员工的工作热情，提升他们的精神境界。这里，可用一个细节证明。抗战胜利后，重庆产业工人洋溢出强劲的时代精神，在当地师范院校音乐系师生的协助下，工矿企业纷纷成立"歌咏队"，利用员工工余及晚间时间进行排练。大明公司也组织参加了"歌咏队"活动。

"民众音乐指导

甲 组织　仍由民众音乐指导组学生担任，其工作为组织民众歌咏队，并利用各团体组织团体歌咏队……

先后本校组成之歌咏队有：

（甲）宪兵歌咏队

（乙）公安歌咏队

（丙）大明染织厂工人歌咏队……"①

有歌声，有欢笑的工厂，必定是充满生机活力的。以人为本，必定带来企业的向心力和竞争力。

当时，大明厂生产、经营及销售等真实情形是有案可稽的。一位记

---

① 马客谈：《中国新型师范学校》，国立重庆师范学校，1946 年，第 487 页。

者的采访，比较全面地介绍了大明纺织厂实际运作情况。

大明纺织染厂一瞥[①]

当你爬上北碚中国西部科学院博物馆门前的时候，你可以回顾头来鸟瞰北碚唯一可以代表纺织工业的机构——大明纺织厂的全景。机声隆隆，黑烟冲天，工房林立，如身入都市工厂一样。

大明厂平时极少开放。此次"双十"节特别开放了三天。可是因为连日秋雨绵绵，因此前往参观的团体及个人仍然极少。记者因系机会难得，于"双十"节下午五点，前往做一次粗略的参观。

大明厂创办于民国十六年，那时是卢作孚（现在也是他任董事长）先生的三峡纺织厂，规模较小。后来于三十六年改组，除私人集股外，主要由"隆昌""大成"两厂合并而成。于是逐渐发展，才有今天的规模。

现在该厂由查济民任总经理，朱己训任厂长。全体职工共计一千三百人，职员五十名。男工五百五十名，女工七百名。其主要生产机器：纺纱锭有六千八百锭，织布机二百台，染色机一套。动力设备方面，有二百匹发电机两座。一百千瓦、七十五千瓦、六十千瓦发电设备各一台。附设铁工、木工厂各一所，可配各种零件。

该厂现在每日能产阴丹及白、蓝、青三色宽布二百二十匹（每匹四十码即十丈零八尺），每年产纱约计二千五百件，布约七万匹。百分之六十畅销西南各省，百分之四十销本省。每年需用原棉一万二千市担，其中，百分之七十来自陕西，百分之三十来自川北各地。每年烧煤需用八千吨左右。

记者为了明了各部门工作情形，特别请托该厂人事室的康立臣先生为向导，依着纺、织、染三大部门的场址全体参观了一周。

---

① 邱林：《大明纺织染厂一瞥》，发表于《北碚月刊》第85—86页，1949年第4卷第1—2期。

这儿特别把纺织部的情况介绍一下：

该厂全部设备皆为现代化、机械化，这自然是赶得上时代的要求的，对于工人生产及待遇，康乐及求知设置，都比较不错。

七百多工人，几乎全在纺纱、织布两部工作。她们大部分是身体健康粗识文字的少女，百分之二三还是初中毕业生。结婚者占百分之三十，未婚者占百分之七十。以年在十九岁至二十一岁者为最多数。她们的待遇，以工作成绩的优良及年资论薪。底薪自几角起至一元止。大约每月自十元起，多至三十几元止。对于医药方面的设置，该厂有免费诊疗室，直接亲属也可以免费看病。中西医药都有，如本人因特殊病症住院，可各付半费。图书报章及识字班（现有女工四十名就学）的设备也比较完善。员工每日办公十小时，每月放假四天（即1、8、16、24），他们的伙食每桌四菜一汤（猪肉一斤二两）。管理极严，女工一律住宿，非经准许不得外出，生活管理员负责。对内工作管理由工程师及领班负责。警卫人士方面，对外现约三十四人，对内二十一人。

纺织染三部工作过程：

第一，纺纱。这一部的工作计划，分清棉（运用折包机、开棉机、清棉机）梳棉、并条、粗纺（分头二道）经纱、摇纱、成包七部工作，均是运用效率较高的新式机器，其详细过程，兹略。

第二，织布。大约分准备或织布两部。在准备方面，须经络筒、绕纤、整经、浆纱、穿线扣。各机器工作程序，到了织布部门，就是很单纯的织布和整理了。

第三，染整。可以比较概况的叙出它的九个程序。如下：一、原布。自单匹经成一卷，每卷规定十四。二、烧烘。将缝成之原布，经过钢板烧毛机，烧除布匹卷毛。并用清水洗净。三、煮布。烧毛后之布匹，用碱剂煮炼退色。四、染色。煮好后之布匹分别施染所带之颜色。五、烘炼。染成之布匹烘干机烘干。六、上浆。烘好之布匹经过上浆机上浆。七、拉幅。布匹上浆后，连续用拉幅机振开所需宽度。八、折布。拉好之布匹再折成规定之码份。九、成品。折成之布匹，分别检查加盖厂印，并贴上商标，即为成品。

这里既有历史渊源介绍，更有员工劳动情况介绍，其中包括对男女员工性别乃至年龄，以及饮食起居标准等的介绍，详细而具体。因为有翔实而可信的数据，还有生动的细节，生活气息扑面而来，由此，尘封的历史立刻活灵活现起来，弥足珍贵。这是中国纺织业在 20 世纪 40 年代末的一个成功缩影，乃至标本及典范。而这，正是查济民心血之凝聚，志向之凝聚。查济民就像是一位慈祥睿智的父亲，一家厂就像是一个孩子，"他"的成长及成功，就是教育与管理的结果。

查济民离开重庆之后，大明厂的大致情况也可作必要介绍。

1949 年 11 月，重庆解放，大明厂继续保持正常的运作及生产。直至资本主义工商业社会主义改造，大明厂结束私有制传统，真正脱胎换骨，开启社会主义建设模式，为当地经济发展，为纺织业发展作出新的贡献。饮水思源，这家厂最重要的基础有机器设备，更有大明厂的员工，他们曾经与查济民齐心创业，有着良好的职业素养及工匠精神。如今，工人当家做主后，自然是史无前例的一番崭新景象。这是后话了。

其二，从零开始，在香港荃湾创办兴建中国染厂。

这不仅是查济民事业的实验地，更是查济民追求的理想国。舞台更大了，剧情更精彩了，查济民当之无愧地成为主角。

由此，查济民心无旁骛，筚路蓝缕，在创业的道路上孜孜以求，开拓创新，终于成为一代知名的实业家和社会活动家，名垂史册。更难能可贵的是，查济民初心不忘，将爱国爱港爱家乡之精神发扬光大。就像《我的中国心》歌词所言："洋装虽然穿在身，我心依然是中国心。"

五、香江开拓　织就辉煌

　　1947 年，查济民 33 岁。这是男人最好的年岁。一方面，事业已有基础，头脑灵活，目光敏锐。另一方面，精力充沛，尚能吃苦耐劳。

　　相见时难别亦难。离开重庆，举家迁往香港，这是一个艰难且富有冒险的抉择。

　　此时，查济民情不自禁地回想起当初从常州撤离，远赴重庆的往事。那次抉择，其实是没有选择余地的，因为战乱，是迫不得已，是逼上梁山。而这次远离，情况要复杂得多。剪不断，理还乱。主要有 3 个方面因素：一是时局与社会大背景。当时，国民党反动派悍然发动内战，民不聊生。在如此动荡环境中求生存求发展，令人提心吊胆。二是主观意愿。固守一方，墨守成规，往往会成为井底之蛙，不会有锦绣前程。而香港，是一个大舞台，区位优势显而易见。去那创出一片新天地，甚至延伸拓展而走向世界，则"一切皆有可能"。三是亲朋及同行等的外围影响。当时，查济民的岳父刘国钧在香港已站稳脚跟，发展良好。同时，江浙沪纺织界的一些知名人士前后把企业迁往香港等地。

　　此时的查济民对成功已有深刻的理解、认识及体验。成功，从来就是奋斗出来的，从来就是"冒险"出来的。关键时刻，勇敢地闯一下，才会知道自己行不行，自己有多大能耐。

　　在特定时间段里设置一个崭新的"路标"，你才会清楚自己走了多少路，才会更期待前方的路程与内在的动力：在路上，是行者最好的姿态。

　　查济民是一个做大事的人。他不仅有魄力，有胆识，更有柔情，有温情。离开重庆而去香港，当然是一件大事。所以，他主动与家人，特别是与妻子刘璧如作了充分的沟通，以求达成共识。刘璧如非常支持丈夫的决定。夫唱妇随，琴瑟和鸣，这是成大事的基础之一，至关重要。

　　一旦下定决心，便义无反顾。查济民携带家眷，从上海港出发，前往香港。

　　时局犹如海上的迷雾一般，扑朔迷离。当然，查济民不是职业政治家，对政治也没有表现出过分的热心及投入。对于未来，他更多是凭一个企业家的直觉在思考在判断。天道酬勤，他信奉勤奋和刻苦的理念。苍天有眼，仿佛是作为回报之一，幸运之神对查济民也不薄，青睐有加。这是已被后来的事实所证明了的。

　　既是"未来"，那就是还没来，但一定会来的日子。所以，查济民不急不躁，只管运筹帷幄，仿佛胜券在握。

　　船一路往南。查济民带着长女查美龙，长子查美声等来到甲板，倚靠在船舷远眺。此时，查济民的内心有无限感慨，五味杂陈。纵有千言万语，却只汇聚成一句话：希望孩子们幸福好运。

　　这是一个父亲的祝福，也是一个时代的祝福。

　　经过几天航行，查济民一家终于来到维多利亚港。从此登上香港这块陌生而神奇的土地。

　　从海宁到杭州城求学，继而到上海打工，再到常州发展，然后是内迁重庆，这些城市都留下查济民的足迹和心血。如今，香港，成为查济民新的创业地，并成为他终生的栖息地。

　　岭南的香港，地处亚热带，四季温热，鲜花盛开，万物竞长，是一座美丽动人的海港城市，更是一座充满成长、包容、博大气质的创业地。

　　有道是，安家立业，安身立命，都强调一个"安"字。安，安全感，在一个陌生的环境中，显得尤为重要。有了"安稳"，才会有"幸福"可言。

　　查济民首先考虑的事是安顿好家，要让家人有个稳妥的住处。过上安稳的日子，是作为父亲或丈夫的首要职责。"当家人"，自该有一家之主的风范与担当。

但由于时间仓促，特别当时环境和形势等的影响，查济民一家暂时栖居在租来的一个单元房子里。生活设施等都比较简陋，最明显的不足就是这里离香港启德机场比较近，噪声比较大。据查懋成回忆："飞机降落时声音响得要命，一时间，我们彼此间的谈话只得中断。"

初来乍到，人生地不熟。不管是建厂还是生活，几乎都要重新开始。这其中遇到的困难和问题之多之复杂可想而知。尤其是语言上的障碍或隔阂，给事业及日常生活带来诸多不便。好在查济民具备了较好的英语基础，沟通交流不成问题。艰辛艰难的时光里，唯一可以依靠且信赖的是，岳父刘国钧在香港有产业基础和人脉关系等，这给查济民事业起步提供了相当的便利和帮助。当时，刘国钧在香港建有一家中型的纺织厂。亲不亲，一家人。查济民与岳父刘国钧之间的关系一直很好，彼此尊重互助。刘国钧自然力所能及地帮助女婿一家。和睦，也是一种生产力。

20世纪40年代末的香港，不管是城市规模、人口数量以及繁华程度等，远不如上海，更远不是日后闻名遐迩国际大都市的模样。当时，偌大的港岛市区只有沿海的三条街比较热闹与繁华，九龙也只有一条正街热闹一点，而正街延伸不远便是郊区了。其他偏远地区更是闭塞及原始。荃湾一带属于尚未开发与建设地区，杂草丛生，人烟稀少，被人视为"死滩荒山"。所以，当地的地价相对低廉。经过前期走马观花般的了解走访，查济民正是看中了这一点。因为，查济民手头的资金有限。若要买地，建厂，招人，哪一样不需要钱？精打细算，是创业的黄金法则。当然，查济民也不是单纯贪图便宜，他有自己的眼光与打算。因为有在重庆开厂建设的经历和经验，查济民心里有底。当初在北碚，从地基到平整，从建厂房到安装设备，查济民哪一件事不是亲力亲为？仿佛是有备而来，所有的人生积累或经验，总会有施展的机会。这既可视为回报，也可视为智慧与缘分。

一旦有了初步的意向，就需实地反复考察与踏勘。关于可行性，查济民曾多次与妻子商量，更得到岳父的支持。最后，查济民决定把自己的厂开在荃湾。

20 世纪 40 年代末的香港

这是一个极具挑战与魄力的决策。

香港与重庆，在地形地貌上有着极大的相似度，譬如平地少、山地多、起伏大，建筑大多要依山而建。查济民亲自带领专业人士，对厂址进行认真的勘察，分析利弊得失，然后因地制宜地开始规划与设计。

时不负我，我不负时。

香港纺织业的飞速发展，升级换代，业界一般认为是起于 20 世纪40 年代中后期。这里既有行业自身的因素，科技给纺织带来巨大的推动力，日新月异。同时，也有政局时代等因素，国内一些实业家，尤其集中在纺织业界，眼看国民党反动派政治黑暗，战火弥漫，导致经济萧条、货币贬值、工厂停产等重大问题，尤其是前途扑朔迷离，于是他们纷纷南迁，先后在中国香港，甚至到东南亚落脚并创业。这批人既拥有相当的经济实力和机器设备等，又网罗了大批技术骨干和技术工人，以及相当数量的管理人员。而当时，香港最大的魅力或保障就是，能给他们提供开放的市场、全球的行情、先进的设备等，尤其是比较稳定的社

121

会环境。在他们的概念中，资本逐利是唯一法则，是天经地义之事。和气能生财，和平更生财。

据史料记载，从内地迁往香港的纺织企业，最早始于1947年初。由于先行者的创举，跟进者踊跃。短短一年多时间，内地人在香港投资新建工厂数就有近1000家，从业工人约有25000名。人丁兴旺，人气集聚，自此，香港纺织迅速崛起，强劲起飞。经过黄金般的十年，到1957年，工厂数达到3300家，工人150000名。纺织业一跃成为香港经济的支柱产业。中国香港，也毫无疑义地成为世界纺织业中心之一。

当时，南迁的这些企业大多来自上海和江浙一带。他们迅速成为香港纺织业最重要的核心力量。这些纺织业家们一到香港，便安营扎寨，各显神通。在新建企业的同时，向英美国家或市场订购了大批先进的纺织机器设备，譬如纺纱、漂染、针织机等。如此，香港的纺织业进入快车道，一日千里，令人刮目相看。

此时的香港，或许是"机缘巧合"，或许是"时势造人"。

国际形势在第二次世界大战结束后，发生了翻天覆地的变化。香港经济被迫改型或转型。纺织业逐渐成为新的增长点。南迁来港的企业家充分利用香港市场与世界市场联系紧密的优势，大量进口棉花，加工制成成品或半成品，再转销到美国、英国、澳大利亚和东南亚各地。纺织业的繁荣，带动经济复苏，于是，人口大量涌入。据《香港史话》记载，1952年，香港人口已达到220万。产品外销值达6.6亿元，年盈利7300万元。

但是，香港毕竟是弹丸之地。由于受经济基础和地理环境等制约，香港纺织业的起步和发展中也是充满艰难、挑战和困难。作为纺织业的配套企业，染厂最大的问题是淡水供给问题。著名实业家安子介在回忆这一时期的历史时说："在当时，建厂是十分艰苦的。我们在九龙青山道兴建华南染厂时，经常断水。而染厂是需要大量淡水供应的。为了解决这一难题，我们只好去山上建立泵站，自行解决供水可能。"

经过两年精心谋划与筹建，1949年，查济民在租用几间旧屋及新建必要的厂房后，一家小型染厂在荃湾青山道九咪顺利建成。这就是查济民心心念念的工厂，就像自己亲生的孩子。

给你一点阳光，你就得灿烂。查家血液里流动着务实、坚韧、创业的基因，在查济民身上得到发扬光大。

名正言顺。中国人对取名很是讲究。名字往往会赋予丰富而美好的寓意。虽说这家染厂规模不大，雇用工人不多，只有 60 余名。但查济民给自己这家厂取了一个响当当的名字：新中国染厂。这可视为查济民独有的直抒胸臆，既是对崭新染厂的期许，也是对崭新中国的祝愿。在中华人民共和国成立后，为了避免港英当局对厂名可能产生怀疑及由此带来不必要的麻烦，查济民将厂名改为"中国染厂"。中国染厂，这名字几乎是一个宣言，借此向世界昭示，我们中国人有能力独立办好现代化印染厂。

中国染厂

双喜临门，令查济民信心满满的另一个因素是：二公子查懋成出生。新工厂伴随着新生命的诞生，好事成双，这就是一个好兆头。

成长，是自然界最大的法则，不管是人还是万物。而事业与家庭，就像是人的两条腿，缺一不可。尤其是事业初创时期，千头万绪，往往会导致顾此失彼的危局。此时，家庭成员之间，特别是夫妻关系等"内部"事务处理是否得当将直接影响全局。在查家，妻子刘璧如不仅承担了教育孩子，照料安抚家人的重要角色，更是替丈夫查济民出谋划策，尽力减轻其工作压力，乃至经济压力。

托罗迪尤尔说："在通向成功的路上，丈夫总是得到妻子的鼓励和帮助。"

作为在外打拼的丈夫有所不知的是，查济民几乎将所有的积蓄都投资在了开厂方面，而家里的生活开支状况等他就无暇顾及了。妻子刘璧如是一位精打细算的知性女性，按照海宁人的说法，就是"会做人家"。在一般人的概念或想象中，刘璧如的父亲刘国钧家财万贯，自己的丈夫查济民开着工厂，单凭这，查家，特别是女主人刘璧如，应该过着衣食无忧，光鲜亮丽的上等人生活。但事实却完全是另一副情景。作为主妇，她每天要张罗衣食之事，而作为母亲，她更要照顾关心孩子成长教育之事。这担子不轻也不易呀。艰苦的日子练就了刘璧如应付日常的技巧。更可贵的是，刘璧如还具有投资理财的天赋。幸运，是对独到眼光的褒奖。这里可以举一个刘璧如成功投资方面的例子。在1948年美元暴跌的时候，刘璧如机智地决定托人投资，利用差价，她赚了5000美元，这是一笔可观的资金。口袋有钱，心里不慌。有了这笔钱，可以弥补家用，特别是给孩子接受良好教育作了准备金。一个家庭，尤其是母亲，充分理解教育投资的重要性，无疑是在给家庭发展铺就了最好的腾飞跑道。时间，会源源不断地释放出红利。而最大的红利，就是孩子的成长与成功。时隔几十年后，刘璧如在相关亲朋采访时才说起这件事，说清楚事情的来龙去脉：

"1948年，济民开办中国染厂，资金很缺，但我一直到你哥哥炳明（我的字）替我赚了5000美元后，我才把留着的积蓄交给济民用。因为我在任何情况下都得留着子女的教育经费。后来龙龙拿了这笔钱到美国去读书，她勤工俭学读完了书，回来把钱又还给我，我再给麟麟读书……"从我亲自见到听到的这些例子来看，为什么她的 7 个孩子，一个个都那么突出，她在他们身上花了多少心血啊！①

就在查济民一心经营中国染厂，实现他创业理想之时，政治格局和社会背景发生了翻天覆地的变革。其中最为关键的是：中华人民共和国宣告成立。饱受屈辱和苦难历史的中华民族，从此扬眉吐气，意气风发，挺直了脊梁。查济民由衷地为新中国的成立而欣喜，而兴奋。他真心希望祖国日益强大，实业发达，人民幸福。

这其中，岳父刘国钧的爱国情怀对查济民刘璧如夫妇以实实在在的影响和鼓励。

　　……谈及新政府今后的工商政策时，刘国钧对新中国的民主政府，寄予其甚深的期望和信心。他认为，中国新民主主义的工业，将走向光明的坦途。他更相信，新政府今后必会尽力发展纺织工业。根据解放军在解放上海不久，即公布棉花免税入口的一事看，便可以充分证明，人民政府对于工业的爱护。他认为政府和经济、工商是三位一体的，政府要靠经济，经济要靠工商，而工商也要靠政府，三位相依为命，死生一致。

　　刘国钧希望团结国内有志发展中国纺织业的事业家，共同努力，发展新中国的纺织业，而且认为，这是中国今后走向工业化国家路途上的一个重要起点。他计划 5 年为一期，发展纺织业，分 3 期进行。依照这个计划实行，则 15 年内，中国便可有 1500 万枚纱锭。以这个数目的生产，不但可以供给全中国人的衣着的消费，同时还可以外销。如果每年能够有 40 亿码布出口，以每码 1 角（美元）计，也可以有 4 亿元。到那个时候，我们这个入超国一变而为出超国了。他说，因为纺织发展增产的结果，亦可多养活 170 万人……刘国钧说：他随时准备回大陆，从事发展新中国的纺织工业，只要港沪航运复通，

①　朱永：《一位典型的华夏女性——我所知道的刘璧如》，《常州名人传记》（五）第 77 页，常州市政协学习与文史委员会编，2001 年 5 月。

绝不观望，而且有 8000 万担的棉花，正在准备随时装船运沪。①

查济民创办的中国染厂就是在如此政治大背景与经济大环境下应运而生的。

中国染厂由于规模限制，不可能搞"高大全"式经营，业务要有所侧重与呈现特色。所以，查济民把工厂定位在棉布的漂白和染色两道工艺上，做专门的业务，打出专业的品牌。起步阶段，工厂每月的产量不是很大，大约 50 万码。但查济民没有丝毫的妄自菲薄，自惭形秽。因为，这工厂就像一个孩子，需要培养，需要成长。作为当家人的查济民，既有强力的责任心和使命感，更有丰富的管理经验和过人的技术本领。如此，中国染厂的成长空间很大，前途乐观。小，可以做大；弱，可以做强。

信念，是领导者的核心竞争力。

从表面看，中国染厂是一个小厂，拥有的资产资本还不够强大，但是，查济民综合竞争力无疑是深厚的，是强劲的。一是他年富力强，信心满满；二是他具有丰富的经历与经验。这些是他人无法比拟或企及的资本。这些帮助他攻克一个又一个难关，取得一个又一个成果。经过几年努力，中国染厂从站稳脚跟，到技术进步，再到人员扩充，事业蒸蒸日上，业务突飞猛进。

查济民心目中的中国染厂这一染织王国的前景越来越明晰，越来越强大。

随着事业蒸蒸日上，扩大再生产势在必行，厂区不断扩展。没几年后，在荃湾的中国染厂已成为当地区域内最大的建筑群了。工厂扩张，员工增加，人气凝聚，原本显得闭塞及荒凉的荃湾，开始显示出新兴城镇的新景象。街道、公园、商业区等随之兴起。查济民可以说是荃湾区

---

① 《香港大公报记者采访记》，香港《大公报》，1949 年 7 月 3 日。《刘国钧文集》（附录），第 30—31 页。

投资、开发和建设的倡导者与实践者，功不可没。

为了便于管理，节约时间，集中精力，避免与市区港岛之间的来回奔波，查济民与家人商议后，干脆决定把全家搬到厂区内居住，真正实现"以厂为家"的信条。

从比较繁华的市区，搬家到"乡下"荃湾，理所当然会产生落差，特别是对于爱热闹的孩子。但对此，孩子们非但没有抱怨，反而十分开心。这是因为，孩子们"终于"每天可以见到父亲了。原来，为了上班赶路，查济民每天一早就出门，孩子们此时依旧在睡梦中。而当他晚上下班回来，有时已经很晚，孩子们又入睡了。这样，孩子们可能会几天都没有看见自己父亲的人影。

在孩子们眼里，父亲查济民似乎一直在工作，在忙碌，不知疲惫。"他没有一分一秒脑袋里不在思考，事业对他而言，是一生中最重要的。"这是时隔三四十年后儿子查懋成对父亲的回忆及评价。

而现在好了，一家人"真正"在一起了。这当然让孩子们十分满足。因为，在孩子们眼里，父亲虽十分忙碌又非常严谨，但却是一个温和慈爱的父亲，整天笑呵呵的，从来不把工作上的烦恼带回家中。他们都喜欢与父亲在一起，说话，吃饭，读书，其乐融融。

很多时候，查济民下班回到家中，便和妻子刘璧如一起，召集孩子们，团坐在一起，或逐一听取孩子们的学习和生活情况。每遇孩子心烦或有心事，总是耐心开导，循循善诱。或是与孩子们念诗唱词，利用中国古典诗词进行"接龙"比赛。诸如，"燕子来时新社，梨花落后清明"——"明日隔山岳，世事两茫茫"——"茫茫江汉上，日暮欲何之。"因为是比赛，所以有奖有惩。一旦被罚，就要唱歌。每每总是笑声此起彼伏，情趣盎然。借此，查济民因势利导，告诫孩子们：我们查家是书香门第，诗礼人家，有义务与责任，传承传统文化。在查家，一家人吟诵或歌唱最多的一首词，就是岳飞的《满江红》。这首词也是孩子们外公刘国钧之最爱。顺势而为，耳濡目染，查济民夫妇对孩子们进行教育启发，"中国传统诗词中蕴含着丰富的养分，是人生观和价值观等最生动的教材。其忠孝、仁义、正直、善良，需要体会，更需要化作自己的行动，用一生去体会去践行。"

查济民40岁时

言传身教，春风化雨。

父母亲端正的品行，勤劳的习惯，善良的心智，总会给孩子留下深刻的印象和教育。一对好父母，才会孕育一个好家庭，才会培育一个（一群）好孩子。

还有一件生活小事，可以让我们知道璧如的母爱懿德。在一次生日宴会上，子女都团团围坐在父母周围，当厨房送上来一只全鸡后，子女们都说，今天是母亲的生日，我们来拣母亲平时最喜欢吃的跑、叫、啄（爪、头、颈）先给妈妈吃。济民忽然说，"且慢，你们知道妈妈为什么喜欢吃鸡爪、鸡头和鸡脖子吗？"大家把头直摇。"那是她从前为了要使你们多吃点鸡腿和鸡胸，又怕你们谦让不肯吃，才编出这句话来。"大家听了顿时默默不语，都感动得流出了眼泪。龙龙伏到她妈妈的肩头上，哭着说："我们最大的幸福，就是要使妈妈快活！"①

---

① 朱永：《一位典型的华夏女性——我所知道的刘璧如》，《常州名人传记》（五）第79页，常州市政协学习与文史委员会编，2001年5月。

劳谦君子，有终吉。

1954 年，查济民在中国染厂自行设计圆筒印花机，并大获成功，产品试销各地均获满意。于是，其业务范围得到迅速扩展。在此基础上，查济民大胆地走出两招非常漂亮的"棋路"，使工厂再上台阶。一是扩充厂房，二是添置一批先进的机器和设备。

1955 年，为了扩充业务，中国染厂在大水坑另一边扩建厂房 4 万余平方呎。是为新厂。新厂与旧厂之间建有一座小桥，使之连接，横跨大水坑，方便布匹物料运送。

在新建厂房的同时，中国染厂增添设备，主要是添置六色滚筒印花机一台投入生产，并设立花筒雕刻部及图案设计画苑，自行训练培养技术人员。此举为香港印花工业之先声。

1956 年底，中国染厂新厂正式投产，使产能增加了四倍。

更难能可贵的是，中国染厂在中国香港地区实业界独树一帜，改革创新，大力提高生产效率。中国染厂是香港第一家拥有自制铜辊印花机、引进印花机、连续染色机和自动平网印花机、抓毛机等设备的印染厂。配套齐全，功能完整，质量保证。机器设备不断更新，追求品质，追求卓越，这不仅是资金投入，更是企业家眼光和眼界的考量。

如虎添翼，今非昔比。新厂房，新设备，中国染厂年生产量比原先大幅度提高。其时，中国染厂产量连同印花、漂白、染色各类布匹等，已达 200 万码。

1957 年，中国染厂与美国纽约市的 CLUETT, PEABODY& CO. LTD 达成协议，成为全东南亚首间获得使用其专利注册之 SANFORIZED（棉布经过防缩加工的）防缩处理技术的印染工厂，使棉布质量得以全面改善。同年 6 月，中国染厂 SANFORIZED 新机器成功启用。时任香港汇丰银行经理 MR. Turner 为新机器启用主持仪式。

中国染厂由于快速发展，其经济效应和社会效应日益彰显，不仅得到众多同行肯定，还得到港英政府的充分认可。时任香港总督伯立爵士于 1958 年 8 月率领政府官员代表团，前来中国染厂考察，听取查济民等的工作汇报。

1958 年 8 月，查济民（右 4）陪同时任港督参观中国染厂

1959 年，中国染厂又添置香港第一部自动钢板印花机。同时，为了配合整理所需，更增添了电光机、刮毛机等设备。"苟日新，又日新，日日新。"查济民为香港现代纺织业的进步发展，踏踏实实地努力着。

同年，查济民创立新界纱厂。后与日本著名的日清纺织厂及日棉有限公司组成新界纺织有限公司。不久，成立全资附属公司之百老汇制衣有限公司，生产高级成衣出口。这可视为查济民在事业上重大的阶段性成果，又是一个创业里程碑。

回顾历史，令人振奋。从 1949 年开办中国染厂至如今创办新界纺织有限公司，这整整 10 年时间，从印染到纺织，查济民的纺织王国已是显山露水，有模有样了。

1959 年，查济民出任荃湾工厂联合会第一届董事副会长。此会为香港第一个区域性工业社。此时，查济民已然成为香港知名的实业家。

作为成功人士，查济民始终不忘社会责任，充分体现人格魅力和感召力。因为他明白一个非常"简单"的道理，做人当然要考虑自身利益，考虑自身发展。但这并非全部，也非唯一。积极为香港公益事业奉献爱心和资助，成为查济民人生与事业的有机组成部分。1959年，查济民出任香港最著名的慈善机构东华三院之总理，为该名下的医院和学校的发展作出贡献。东华三院（Tung Wah Group of Hospitals）起源于19世纪70年代，是中国香港历史最久远，规模最大的慈善机构。

一个传奇式的企业家，自然具有过人的洞察力和预见性。既能对行业前景进行预测或感知，又能对市场进行估计和判断。谁抢占先机，未雨绸缪，先发制人，谁就赢得主动权。主动权，意味着话语权和引领力，以及由此带来的附加值。

20世纪60年代初，查济民敏感地预计人造纤维将成为市场的潮流，大有作为。其混织品之加工整理势必日趋重要。未来即商机，潮流即商机。

1962年，中国染厂着手研究人造纤维与棉花混合织物在中国香港地区加工的可能性。于是，查济民调兵遣将，为迎接潮流的到来，抢占行业制高点，做好充分的准备工作。一是分批派遣中国染厂的技术骨干，到欧洲、美国和日本学习先进知识和技术。二是在中国香港地区之外，陆续在英国、美国和非洲等地建立无纺布厂，扩大纺织版图，扩充市场占有份额。同时在中国香港地区，与日本一家著名的纺织企业合资建立一个纺织企业。

1964年，中国染厂在荃湾厂址上扩建新厂。因为顺应采用人造纤维市场潮流，专门处理混纺纺织物，产品远销国际市场之需。

对这段历史，查济民自己是这样概述的：

> 从20世纪50年代后，我到香港经营纺织印染工业，重新从零做起，所面对的竞争是世界性的。所以，除了中国香港之外，我们陆续在英国等地设立了几个纺织厂。其中也曾在中国香港地区与日本一家最著名的纺织厂合资建立了一个纺织企业。虽然我们始终反对日本人的侵略意图，但我们不得不佩服他们的企业精神，为此，也要向他们学习。他们的经营者多数不是大股东，但他们都以企业为终身职业，把个人的事业前途

联结为一体。他们的株式会社，很像一个大家族。各种企业（包括银行等行业）和企业间，通过交错复杂的投资和贸易等关系，联结成一个庞大的网络，因此，他们有互相支援的能力，不容易倒闭。他们对外一同对付国际间的竞争，对内以国家经济发展和社会稳定为己任。我们合作对象的社长樱田武先生，就是这种经营者的典型人物。所以，他对于所经营的事业，完全从长远利益来打算。为此，他们对改良设备、提高竞争力量，引进新科技等，从不吝惜投资。我从樱田武先生那里学到了日本人对主管事业的积极态度。相比之下，也逐渐了解了欧美国家经营者对事业只图近利的问题。

有容乃大。作为一个具有远大抱负，特别是有强烈民族情结的纺织企业家，查济民在如何对待日本这一敏感国家和专业问题这两个方面，情感与理智处理得清清楚楚、明明白白。学习，向业界先进或标杆学习，向对手甚至是敌人学习，首先要有坚定且明确的立场，其次需要大智慧、大格局。

1980年，中国染厂大厦在荃湾青山道落成。

在20世纪80年代末，查济民在为中国染厂集中谋划两件大事，一是环保问题，二是新厂区建设。

早在1987年，查济民就环保问题提出明确意见，力争在20世纪90年代中期前，将中国染厂环保排污问题得到根本性解决。同时，中国染厂申请在元朗工业区建设新厂。

环保，生态，是与时俱进的理念。一个传统企业家善于不断汲取"新概念"，主动转变工作方法，这些无不表明查济民老骥伏枥之壮心。

随之，各项工作有条不紊地进行。

1992年，开始兴建元朗工业村厂房，并建立污水处理站，其标准完全符合政府要求。1993年，元朗厂房正式启用，新厂位于元朗横州工业村宏乐街50-68号，占地约48000平方米，工厂建筑面积为30000平方米。若以单一厂房面积计算，这是当时全香港制造业最大的一家工厂了，总投资时值5亿港币。新厂有4幢厂房，其中3幢为单层式设计，主要用于生产车间，另一幢为机电部、辅助动力厂房以及污水处理厂等。

查济民为之奋斗了几十载，梦寐以求的一座具有世界先进水平的高度现代化的染坊厂终于成为现实。

中国染厂元朗新厂面貌

一路风雨，一路捷报。

若是回顾中国染厂这几十年的历程，充分显示查济民卓越的领导能力和经营能力。

查济民深知经营理念、管理目标与管理方法的重要性。按照乡贤王国维三境界之学说，是由"昨夜西风凋碧树，独上高楼，望尽天涯路"到"衣带渐宽终不悔，为伊消得人憔悴"的过程。查济民明确的目标有二：一是追求更高的效率；二是追求更高的盈利。

要达成这两个目标，势必要经历三方面考验，闯过三道关。

首先是对领导者综合素质和整体能力的考验。

查济民无疑是内外兼修的实业家。对外，他敏锐地捕捉或判断市场的需求与趋势，关注世界行业走向；对内，行之有效的工作方法，别具匠心的经营策略，是取得成效的关键。

消费，绝不是简单的"买东西"与"卖东西"。消费是一种需求，更是一种品质生活，需要培育与引导。随着市场需求的演变，出现的新要求与新动向，查济民领导的中国染厂也是顺势而为，积极作为，力占鳌头。与其他传统行业一样，中国染厂早年也是以生产为主导，而逐渐转变为以顾客为主导的市场经营模式，这个"华丽转身"至关重要。生产，不再是单一的事先安排，而是要以市场的需求，以消费者的喜好来判断，来引导。同时，生产也是引领市场的先行者，而要主导市场，生产必须保持"先知先觉"的创新意识。审时度势，查济民及时调整并转变原有的经营理念，成立并加强"研究及开发部"建设，以专业的眼光对市场、对消费者进行观察，思考流行趋势，把握行业潮流。所谓运筹帷幄与未雨绸缪，就是这个意思。

研究及开发部，似乎就是一个军事作战部。它要体现最高指挥者的战略，摸准市场运行方向与趋势，谋划旗开得胜的策略。查济民亲自调兵遣将，面授机宜，布置战术。其主要有三大职责。

一是设计。设计富有创意的图案、花样及色彩搭配。充分利用计算机等现代化辅助系统，使设计工作快捷而准确。

二是布料。开发各类不同原料及混织的布种，以供顾客多样化选择。俗语道：百客钟爱百货。一千个观众眼中有一千个哈姆莱特。一千个消费者的衣服可能需要一千种面料或一千种选择。

三是手感。布料手感成为时尚和时装的焦点之一。而改良或崭新的整理技术可提高手感舒适度，增强布料稳定性。衣服是穿在人身上的，与肌肤亲密接触，所以，舒适度几乎是决定成败的关键指标。

"知己知彼，百战不殆。"透彻了解市场，了解顾客，才会抢占制高点，才会一呼百应。

中国染厂生产的优质布料，既迎合了消费者的需求，又开创性地引领市场。且行且珍惜，相辅而相成，自然会有"诗与远方"。

其次，是对工作方法或策略等的综合考验。

除了上述提及的扩大厂房、更新机器、优化硬件以及研究市场外，查济民思路清晰，要言不烦，重点抓好三大方面。其优秀企业家的内涵与风格得到淋漓尽致的呈现。一是建章立制，明确规范，做到中规中矩，各司其职。二是优化信息的传递与共享，充分实现信息化、系统化。为此，中国染厂建立了相应的管理系统部门，充分体现并实施查济民的管理理念："利用高科技的设备去增加公司在国际和区域的市场竞争力是不可缺的。有系统地处理、传递、储存和分析资料，不单是大幅度减低成本而且是大大提高工作效率。"三是建立人力资源管理部。查济民认为，人力是一种最重要的资源，人力资源是最有价值的资产。所以，对员工的培训指导，加强学习是头等大事。查济民认为："一个人的才干和潜能并不是一蹴而就的。纵然是资历和经验丰富的人才，也需要不断学习和引进最新的知识和科技。"因此，中国染厂先后分批派遣技术员工和业务骨干赴德国、荷兰和日本等地接受机器供应商的在职培训。这既让学习者在最短的时间里熟练掌握了新机器或设备的操作，熟悉了工作原理，又让他们在异国他乡，通过亲身的接触和见闻，开阔眼界，潜移默化。所以，这种培训方式对员工整体素质与能力的提高作用很大，也很明显。

查济民认为，工厂员工的工作表现往往是由"工作原动力"和"个体才干"两方面相辅相成、互相作用而产生的功效或功能。基于此，查济民在人事部门内专设"劳资关系组"，专门负责处理有关员工的培训和福利等事宜，并决定全面开设培训课程，兼顾不同员工、不同部门的特殊要求。培训员工的内容和范围既考虑"面"，又突出"点"，力争做到点面结合。重点有纯技术培训，譬如电脑操作、电话接听、销售技巧和机械工程等培训。还有工商管理课程，培训有关人员人际关系沟通、领导方法研讨以及组织行为训练等。中国染厂每年用于员工的培训费总金额都达到上百万元。对这笔看似不小的开支，查济民从来不吝啬，不小气。他说，企业自然要重视成本核算，既要算培训费的"小账"，更要算出效益的"大账"。

一个公司也好，一个企业也好，都是由员工组成的。"人"，是一个看似简单，其实最为复杂的字。人，会思想，懂情感，有情绪。怎样让不同性别、不同年龄，甚至不同肤色的人，凝心聚力，心往一处想，劲往一处使，是经营者或"老板"最值得思考的命题。因为，即使是有能力、有才干的人，在实际工作中也不一定干得好，干得出色。查济民无疑是一位高明的指挥家，在他眼里，每个员工就是一个音符，只有充分调动每个员工的积极性，才能演奏出宏大和谐的乐章。他深知，在提高员工素质的同时，培养员工对公司的认同感和归属感，非常重要。因为中华民族是一个极其推崇家庭氛围的民族。家人，才是最亲密无间的关系。真正实现"以厂为家"的意愿及目标，让每位员工从心底认可认同自己所在的企业，需要在中国式"德本管理"与西方"科学管理"的有机结合中最大限度激发员工潜能。这是一门学问也是一个艺术。关键在于围绕企业与员工两者价值取向的集成融通而构建制度保障，以及营造良好氛围的方法与措施。这其中，突出"人本"思想、淡化"工具"意识，重视并优化员工的福利事业，从心底尊重他们，视他们为"家人"的一分子，可能是一把最巧妙的"钥匙"。查济民非常重视照顾员工的福利，他充分尊重员工的合法合理权益，平等对待，平易近人。在具体实施过程中，有政策保障，方法又得当，所以效果良好。具体从三方面做好工作：一是注重员工的身心健康。健康的体魄，不仅是员工自身的"财富"，也是公司正常且高效运作的保证。劳动密集型企业，员工的身心健康尤其重要且敏感。为此，中国染厂特别设立了员工健康委员会这一组织，专门负责员工的身心健康，制定相关政策，并加强监管，做到上下通达，左右覆盖。除定期对员工进行健康检查外，还定期召开相关会议，专题商讨主要问题或出现的苗头，有的放矢，对症下药。同时，举办形式多样、内容丰富的康体活动，减少或减轻员工的工作压力等。譬如，举行圣诞节周年晚会、大型野外烧烤活动、远足游行、自助餐等活动。通过一系列活动，既加强了员工间的相互了解和友情，又倡导了乐观向上的工作氛围。二是加强食堂管理，丰富菜肴，增强营养。民以食为天。就某个角度而言，一家企业或单位食堂办得怎样，直接或间接地反映了企业的管理水平和企业的品质追求。中国染厂，充分贯彻以人为本的精神，认真做好食品供应。根据不同肤色员工东西方文化及饮食差异等特点，食堂既提供中式饭菜，也提供西式食品。主要以自助餐的形式，为员工提供色香味俱佳的菜肴和食物，充分满足员工不同的需求。有选择，就是平等尊重的体现，就是自信自律的体现。众所周知，香港物价比较高，水涨船高，饭菜原材料价格势必导致食堂成本及售价居高不下。于是，查济民明确表态食堂要做"亏本"生意，要求食堂低于成本价供应员工饭菜。特别是工作午餐，因涉及绝大多数员工，所以只是象征性地收取一点费用，最大限度地保障员工的福利待遇。同时，食堂还低价提供早餐、晚餐，以及小吃与饮品等，给有关员工提供方便。三是考虑周到，服务到位。由于厂区离市区等比较远，一定程度上存在交通不便等问题。考虑到路远员工上下班的出行和安全问题等，特别是针对因生产需要而被安排上夜班的员工，查济民特意关照人力资源部，由公司出面，在厂区附近租用住宅，为他们提供住宿，以保障员工有充足的休息时间与良好的休息环境。

真正将员工当成一个"人"，而非一部赚钱的"机器"。将心比心，以心换心。企业对员工充分的尊重与周到的服务，才能换来员工同心同德，同甘共苦的风气。在员工眼里及心里，查济民不仅是一位"老板"，更是一位"尊长"。

再次，是对高品质而可持续发展的考验。

一个企业发展的根本之道唯有一个词：品质。品质决定品位，决定前途，最终决定利润。

随着元朗新厂的落成并投产，查济民敏锐地捕捉到行业发展的脉搏和趋势。及时调整经营策略，决定致力于生产优质的时装布料。充分利用中国香港自由贸易独特的优势，自觉地和欧美时尚潮流、时装生产等挂钩，建立合作共同体。

所谓时装，简言之，就是服装的创新与创造，既赋予时代气息，又张扬个性美学。时装，从设计到发布，再到生产，最后投入市场，使之成为商品，成为潮流。其中，时装布料生产，是缘起，是基础，是根本。否则就是缘木求鱼，舍本逐末。显而易见，时装布料主要牵涉两大方面。一是原料材质，二是织造染等技术或工艺。

作为集纺织染业于一身的专家，查济民自然明白织造技术的要领组成：机器设备和技术工人。所以，引进先进的机器设备，利用尖端电脑科技来协调不同的生产工序，提高生产效率及改良生产技术是必要途径。

引进先进设备，其实是一个笼统而模糊的说法。稍微细化一点而言，设备有哪些机器组成、每台机器的功效和性能要求是什么，等等，这些都需要清楚和研究。根据优质产品需求，中国染厂技术团队进行技术闯关，博采众长，优化整合，研制出技术领先、质量稳定的设备，极大地保证了工厂的信誉及产量。

查济民与中国染厂，在 20 世纪 50 年代上半叶，还发生过一件值得记录的真人真事。它包含着时代风云、历史趋势，尤其是人心之所向。这其中有曲折，有起伏，更有考验。

忠诚于国家，忠诚于民族，这是一个企业家安身立命之本。在此，查济民又树了一次榜样，立了一次大功。

细心的读者还会记得，当初大成公司老板刘国钧曾从山东一家纺织厂高薪聘请一位工程师，名字叫陆绍云，他是当时业界的技术权威。

陆工程师的女儿陆婉珍和女婿闵恩泽早年留学美国。到 20 世纪 50 年代初，陆婉珍和闵恩泽在美国学有所成，不仅过上优裕生活，而且科研与工作条件也十分优越，他们有现代化的实验设备，与周围同事也和谐融洽。假以时日，若一直留在美国，他们很容易取得科研成果，甚至巨大成就。但此时，他们得知一个令人振奋的消息，新中国成立了，所以他们打算回到自己的祖国，亲身参与新中国建设事业。但他们这一美好愿望一时间受到严重的阻碍。因为随着朝鲜战争爆发，国际形势发生明显变化，美国社会对华人严重歧视排斥，直至迫害。不久，美国政府严格限制理、工、农、医等专业的人才离开美国国境。严峻的现实让他们的回国之路变得异常艰难，异常渺茫。但陆婉珍和闵恩泽夫妇没有气馁，更没有被吓倒。他们一方面继续努力钻研先进科学技术，收集各种技术资料，为回国参加新中国建设事业做好充分的准备。另一方面为取得回国签证进行不懈的斗争。为了冲破阻挠，早日回到祖国，他们动用了一切可以动用的社会关系。

1953 年，在波士顿的一些中国留学生成立一个组织，抗议美国政府违反人道主义原则，联名给美国总统艾森豪威尔写信，要求回国与家人团聚。波士顿的留学生组织派人到芝加哥联系。通过何炳林介绍，陆婉珍和闵恩泽夫妇也加入了这个组织。但经过一年多漫长而焦急的等待，他们仍没有得到任何实质性的消息，于是只得另寻途径。1955 年初，闵恩泽得知一位同事在香港中国染厂当厂长，便写信请他帮忙。这位同事叫潘其迪，1948 年曾与闵恩泽一起在美国俄亥俄州立大学攻读硕士学位。潘其迪与其公司董事长商量后，向闵恩泽发出聘书，邀请闵恩泽到香港担任中国染厂研究室主任。如此，陆婉珍和闵恩泽便获得进入中国香港的机会和居留权，美国移民局也没有拒绝他们的离境申请。1955 年 9 月，陆婉珍和闵恩泽从旧金山乘坐威尔逊总统号邮轮来到离大陆咫尺之间的中国香港。

陆婉珍闵恩泽夫妇有所不知的是，中国染厂的老板是查济民。

查济民得知是昔日同事兼好友陆绍云的女儿与女婿到来，当然非常开心，非常欢迎。求贤若渴的查济民，对这样难得的人才寄予极大厚望，希望他们留在中国染厂安心工作。面对父亲的世交，陆婉珍没有回避，实话实说，她直截了当告诉查济民，他们来香港只是跳板，目的是为了回到内地，参加新中国的建设事业。

知晓了事情前因后果的查济民，深明大义，由原先的竭力挽留，变成积极支持。他主动斡旋，不遗余力。最后，与香港《大公报》主编费彝民等一起联合出面相助，才使问题得以彻底解决，圆满成功。

陆婉珍夫妇于 1955 年 10 月顺利回国，参加社会主义建设事业。

与他们一起搭乘同一列火车从香港回祖国内地的还有另外一对夫妇，他们就是大名鼎鼎的海宁女婿钱学森与他的妻子蒋英。

很多时候，历史比小说还精彩。

六、投资非洲　合作共赢

成功的企业家，首先是一个脚踏实地的实干家。但这并不排除"异想天开"冒险因子的活跃，并付诸实践。

冒险，绝不是胡来或蛮干，它不仅是技术活，更是智力题。冒险，也不是纯粹的率性为之，而是情理之中，预料之外。

当然，冒险精神，不等同于冒险主义。

中国染厂全体员工上下齐心，经过十几年的努力，成功地将营业范围多元化，逐步发展成为一个跨国企业。

众所周知，非洲是个"黑"大陆，也是个"白"大陆，因为盛产棉花，优质棉花。

在撒哈拉沙漠以南、赤道以北的西非地区为非洲优质棉的重要产区。西非近20个国家或地区中有12个国家产棉。这里不仅种植棉花的国家多、棉区面积大，而且棉花品质较高。这主要得益于该地区得天独厚的自然气候条件：产区西面和南面比邻几内亚湾，北临撒哈拉沙漠，地区纬度较低，终年高温，日照条件优越，最低月的平均气温都在20摄氏度以上，棉花终年都可以生长。天时地利，除了气候适宜，其生长的沙性土壤也是得天独厚。

西非的棉花产量，约占非洲总量的65%。西非棉花比较优质，棉花颜色偏乳，适合纺机织纱，一般可纺40支的纱。

资源就是资产。当然，资源变为资产，需要经历转化或转变。其中，人肯定是最主要且关键的因素。

查济民眼光独到，判断精明，他早就预计香港并非长远发展工业之

地。这是由它的空间、资源和人力等限制所决定的。香港毕竟只有
1100 平方公里。英雄用武，是需要相应的平台或条件的。清醒的认识，
理智的决断，让查济民下了先手。他在立足中国香港之外，开创性地在
欧洲的日内瓦设立分公司，使资本市场开拓到海外。敢为人先，勇立潮
头，这漂亮的一手，无疑传承了海宁人敢于"抢潮头鱼"的风范与特质。

道生一，一生二。

20 世纪 50 年代中，查济民把目光投向遥远的非洲，尝试涉足于非
洲棉花贸易生意。这事情缘起于"英联邦"共同体的一次贸易会。原
先属于英国殖民地国家，包括非洲的尼日利亚、加纳等国，都参加了这
一共同体。中国香港也是其中的一员。虽说大家都是这个共同体内的成
员，但彼此间却存在巨大的生产力差异或政治及种族偏见等。所以，在
当时香港业内，几乎没有与非洲做生意的。

但查济民另有想法。在这次贸易会上，查济民主动与西非相关国家
的人员进行了接触，了解棉花销售行情。双方坦诚交流，达成基本共
识。随后，查济民重点与尼日利亚进行了试探性的棉花贸易，并获得了
成功。

为了寻求合作，扩大出口，1963 年初，尼日利亚派出一个招商团
到访中国香港。其间，他们开展多种营销及推介活动。随后，主办方向
香港纺织界发出诚恳邀请，欢迎大家到西非观光、考察或投资，并成功
组成一个小型访问团。由于中国染厂在中国香港及亚洲地区的重要地
位，查济民自然而然成为到访尼日利亚考察团中不可或缺的一员。这是
查济民第一次踏上非洲大地。

机会总是留给有准备的人。

虽说查济民走南闯北，见多识广，但到了非洲还是惊喜连连，感慨
万千。所谓不看不知道，一看"吓"一跳。

尼日利亚，或者说西非，带给查济民的惊喜及兴奋，远远超越了他
的预计或设想。查济民原先的各种猜测和假想，顷刻间烟消云散，眼前
是豁然开朗。

查济民 50 岁时

商机无处不在，丰富而巨大。这里既有丰富的原材料，又有潜在的巨大消费市场。

查济民如获至宝，大喜过望。追根究底，以求水落石出，这是查济民作出决断前的必修课。据查济民的观察与了解，这里老百姓的穿衣方式非常特别。一件衣服，一般要用一块七八米长的布做成。如此，布匹的需求量自然较大。同时，当地还有一个"奇特"的现象，"这里的有钱人，他们不太相信存钱，因为钱可能会贬值。有了钱，最主要的投资或消费就是买布，一匹一匹地买，有的还一大堆一大堆地囤积。"在当地人的观念中，布匹就是财富的象征，就是生活的保证。

这给查济民以深刻的感受及启发：学无止境。虚心好学，处处留心，也是把生意做大做好的要素。你看，在非洲，若不了解当地的风俗及习惯，只是走马观花、浮光掠影，而不作深入了解与分析，就不可能发现商机。

另据查济民了解，尼日利亚除了是全世界第二大产棉国家以外，大概还有几十亿英镑的外汇储备，这个国家其实"很有钱"。

用联系的眼光看问题，透过现象看本质，这就是"慧眼"。对于有着丰富专业经验与经营头脑的查济民而言，这里明摆着一个事实：当地，"前"有丰富的原材料，"后"有巨大的消费群，"中"还有充裕的资金。这三者看似单独，互不关联的轮子，但只要"搭一个车桥"，进行棉花贸易、兴建棉纺加工及制造业，制造布匹，再制造服装。若是让这一"前"与一"后"间有机地连贯起来，联动起来，这一"中"成为燃油与动力。这条利益链一旦成功地运转起来，就像一辆开动的列车，势不可当。以此赚钱盈利，那不是板上钉钉的好事吗？

如此，查济民得出的结论是：这是一个创业发展的好地方，新起点。为求稳妥，查济民决定进一步扩大棉花贸易，视实际情况后，再作其他投资。

回到香港，兴奋不已的查济民在第一时间和夫人刘璧如及子女等进行沟通和商议。家人完全赞同查济民的决策："机不可失，时不再来。这样好极了，先人一步，我们应该到那边去做棉花生意，开出一片新天地。"刘璧如补充道："投资非洲，也是为当地发展做实实在在的事，合作共赢，才是两全其美。"

说干就干，快马加鞭。在业界大多数人对非洲大陆还抱有成见或偏见，对非洲潜在市场的认知尚处混沌之时，查济民开始与尼日利亚、加纳、多哥等国家进行棉花贸易，并建立了良好的合作机制与人脉关系。此次抢滩成功，意义深远。对于香港棉花贸易与纺织生产而言，这虽不是第一个敢于"吃螃蟹"的人，但属于开拓性的先行者。查济民在非洲的成功尝试，鼓舞及带动了香港业界特别是华人陆续在非洲大陆投资建厂等。几年后，逐渐形成一股"中国风"，给西非经济社会的发展注入崭新的活力与动力。

事实比想象得还要顺利及圆满。

和非洲棉花贸易成功，极大地鼓舞了查济民的干劲，更开拓了他的思路与举措。20 世纪 60 年代中，查济民决定在尼日利亚投资纺织厂。套用第一个登上月球的宇航员阿姆斯特朗的一句名言：对于查济民，这也许是一小步，而对于非洲纺织业的发展，却是一大步。一个业界领头人物的战略及布局，举足轻重，带来的连锁反应几乎是不可估量的。由此，全世界的专业目光开始聚焦非洲，资金、技术、设备、人才等大量涌入，非洲纺织业开始进入革命性的腾飞与升级的通道。由此带动或助推了当地市场日趋兴盛，使民生就业机会增多，生活条件随之得到改善。投资的最大法则是大家有钱赚，实现共赢。在非洲成功投资，于查济民而言，是锦上添花，而于非洲而言，则是雪中送炭。

在尼日利亚等非洲国家，查济民享有极高的威望与声誉。

从另一个角度而言，尼日利亚民众或是西非民众，通过查济民等华人在非洲投资等，开始直观地了解了中国人，对中国产生好奇与好感。查济民等在尼日利亚开厂、办公司等实实在在的投资，给当地经济建设起到积极的促进作用，解决了相当数量的劳动力问题，提高了他们的经济收入。同时，一家企业或是一家公司，就是一个鲜活的文化符号，传递出中华文明的元素，折射出中华文化的魅力，这有效地促进了中华文化与当地文化的传播与交流。

尼日利亚原是西非比较落后的农业国家。独立后，其社会形态和经济结构没有发生根本性的改变，基本保持传统样式。一个国家经济发展除了国民自身努力外，一靠国际形势和环境，二靠政策和规划。查济民进行实地考察，调查分析，综合评估。他知道，只有充分考虑国际形势和行情，细致分析在非洲建厂的利弊得失，谨慎预测市场潜力和走向后，才能作出决定。毕竟远在非洲，空间距离造成的不可控因素很大。再有，兴建工厂实业，千头万绪，千军万马，派谁去主管，如何掌控等诸如此类，这些都是问题，都需要周密而全面的思考谋划。所以，这中间的综合评估、时间沉淀，显得必要。做大事，急躁是大忌。

初创时期的艰苦与坎坷是一般人难以想象的。时隔多年后，查济民有以下回忆：

> 毫无疑问，非洲是一个潜力巨大、前景广阔的市场，但我们当时开辟这个市场时也付出了不小的代价，吃了不少苦，受

了不少累，非常人所能想象和理解。我清楚地记得，在卡杜拉工厂基建时期，面对的是一片荒原，吃的是当地人的木薯，喝的是带泥沙的水，住的是简易的木板房，白天火辣辣的太阳烤得人的皮肤脱下一层又一层，晚上凶狠的毒蚊叮得身体上的脓包一片连一片。为了抢工期，白天晚上连轴转，有的同胞累得倒在地上就打呼噜。同在香港的工作和生活条件相比，用一个天上和一个地下来形容，一点也不过分啦。可我们中国人从来就是以吃苦耐劳著称，当地非洲人感到钦佩不已。如果当年我们不是迎着困难开创事业，今天就不可能在非洲占有纺织市场的份额，也不会拥有今天的这种实力。

查氏在尼日利亚的纺织厂

犹如十月怀胎，瓜熟蒂落，1964 年，中国染厂正式在尼日利亚中部城市卡杜纳兴建一家纺织印染厂，是为查氏尼日利亚联合纺织印染厂。这家工厂占地 76 英亩（约 30 万平方米），拥有纱锭 33600 锭、织机 2235 台、员工 6000 人。这是尼日利亚最大的纺织厂，也是非洲最著名的工厂之一。

现代化的厂房，先进的设施，优厚的待遇。查氏尼日利亚联合纺织印染厂，无疑成为当地建筑物的标杆，当地劳动力争相加入的乐园。

成功可以复制吗？

这，肯定不是一个能打包票的话题。而查济民却是个"例外"。因为他一直保持独特眼光，勤奋努力的传统。这是他创业兴业的经验与习惯。扩大胜利果实，行稳致远，完全符合他的个性。

随后，中国染厂在加纳、多哥等国兴建纺织印染厂，总数达到8家。这些企业都成为所在国纺织行业的龙头，在这些国家经济中占有举足轻重的地位。同时，从整体上，提升了非洲大陆的行业水准。作为棉花最大产地的非洲，一跃成为世界棉花贸易及纺织业进出口的重要基地，真正实现从原材料到加工、成品、销售等一条龙产业链。

艰辛的足迹，坚实的路标，查济民领导的中国染厂在非洲的投资及发展可圈可点：

1966年，查济民在加纳投资兴建纺织厂，厂址设在加纳沃尔特省阿克松博。工厂设有纺纱、织布、印花、蜡染等多条生产线，年生产印花布100万米，蜡染布50万米。产品畅销整个西非地区。可喜的是，企业取得长足进步，到21世纪初时，已发展成加纳规模最大的纺织公司，为当地提供了1500多个就业岗位。

1971年，查氏集团在尼日利亚当时的首都拉各斯，兴建尼金化纤纺织印染厂。

由于查济民在中国香港地区乃至在非洲、美洲、欧洲事业蒸蒸日上，其社会名望和影响力也与日俱增，如日中天。1971年，查济民获得香港"太平绅士"（Justice of the Peace，简称JP）勋衔。

当时，查济民在香港政界商界交往的领域越来越大，跻身于"高层"圈子。最直观的表现是，有几任港督先后到访中国染厂，对查济民的事业和为人表示褒奖。譬如，1974年，时任港督麦理浩爵士在查济民的陪同下，参观工厂，了解产品。到20世纪80年代，港督尤德爵士夫妇也到中国染厂访问。

　　1978年，查氏集团在尼日利亚北部的古绍和丰图阿各办一家工厂。因为这两座城市的译名与中国的名城"姑苏"（苏州）和"丰都"的发音相近，所以，查氏集团干脆把这两个工厂分别称为"姑苏厂"和"丰都厂"。人生中最难割舍的莫过于乡情和乡音。如此命名寄托了对家国的思念之情，巧妙而传神。

　　喜事连连。

　　1980年，查氏集团在尼日利亚卡杜纳兴建两个工厂。

　　随后，查氏集团在多哥北部卡拉兴建一家工厂。

　　1988年，中染国际有限公司在香港交易所上市。

　　1989年，查氏尼日利亚联合纺织印染公司成立25周年。查济民夫妇出席庆祝活动。世间有一种酒，最是美妙，芬芳馥郁，令人陶醉，那就是"庆功酒"。酒宴上，老夫妻俩四目相视，互道祝贺。

1994年，尼联纺织有限公司成立30周年庆祝晚宴

　　到21世纪初，查氏集团在尼日利亚卡杜纳有3家工厂、在拉各斯有1家、在古绍和丰图阿各有1家、在加纳有1家，在多哥卡拉有1家。在非洲的工厂一共有8家，职工超过2万名。

这些工厂的主要产品有全棉、人造纤维等多种混纺织物。染色有喷射染色、卷染、连色染色、独特的拔染等。印花主要是蜡印，单一印花最多可达 12 种颜色。各厂有明确的分工及侧重。譬如，有的专做服装，有的专做家纺布。

查氏尼日利亚联合纺织印染厂是这 8 家工厂的总管理机构。除工厂企业外，其下属机构很多，重点涉及服务产业，下设大饭店、俱乐部、高尔夫球场、游泳场等。配套齐全，功能优异，充分展示查氏企业的品位和品质。

如今，尼日利亚是除南非之外拥有华人投资制造业最多的非洲国家。经过几十年的打拼与洗牌，形成了在尼日利亚华人"四大家族"："查、董、李、陈"。具体是指，1964 年查济民创办的查氏集团、1967 年董纪勋创办的董氏集团、1964 年李关弟创办的李氏集团、1963 年陈兆民创办的华亨集团。

1997 年 9 月 21 日，世界银行在中国香港举行集团年会。国际货币基金组织召开"亚洲投资者在非洲的机会"研讨会，查济民受邀出席非洲发展论坛，并作《亚洲人在非洲的机遇》主旨演讲。

结合自身企业在非洲发展的经历与成功经验，查济民指出："……我们当中的许多人在亚洲建立了工厂。我们可以很容易地将我们在这一领域的知识和经验传授给非洲，而且这一进程并没有什么不同。1964年，在尼日利亚北部，我们开始第一次非欧洲而是在非洲投资生产。今天，我们雇用了 18000 人加工棉花和涤纶。我们的工厂在尼日利亚、加纳、多哥和刚果（金沙萨）等。产品现在出口整个非洲。我们在 33 年中每年都盈利……我们的经验表明，技术和现代设备对生产率至关重要，这就是为什么我们今天的生产力和成本之间的平衡更接近亚洲水平。我们在培训和机械、降低盈亏平衡和提高质量控制方面重新投资……"

接着，查济民提出建设性意见："……世界贸易组织和世界银行的人，今天在这里是一个特殊点。由于大多数非洲国家没有足够的当地市场，因此需要增长中的经济。我们必须理解对进口采取保护措施的必要性，并准备支持像西非国家经济共同体（西非经共体）这样的区域经济共同体（西非国家经济委员会）的成立，为这些国家建立巨大的市场。我真诚地希望沿着这些路线追求的东西将得以实现。人们可能会听到关于非洲在自己周围筑起保护主义篱笆的抱怨，但我相信，当当地经济和工业强大到足以独立时，这些篱笆自然就会倒下。"

1997 年，在中国香港举行世界银行集团年会上演讲

历史不会忘记这些架起友谊桥梁的设计者与建造者。那是从无到有的开拓，继而是从小到大的进步。这里，凝聚着汗水、智慧和友谊。

交流，是了解的起点。互助，是友谊的基础。双赢，是合作的结果。

作为中国人，在查济民身上凝聚或是浓缩了中华民族勤劳、智慧、乐善等美德。鲜活个体所产生的辐射力和影响力是强烈的，也是生动的。如此，非洲广大民众乐意亲近中国人，乐意信任中国人，对中国人抱有好感，抱有友情。

尼日利亚于 1971 年 2 月 10 日同我国建交，是非洲国家中与我国建交比较早的国家之一。在同年 10 月召开的联合国第 26 届联大会上，尼日利亚等 26 个非洲国家投赞成票，为中国成功重返联合国作出了帮助和贡献。

查济民被当地人誉为"非洲纺织大王"。事业成功，直接激活查济民血液中诗性的基因。他曾多次赋诗，抚今追昔，抒发情怀。譬如，于 1987 年，他写有《瑞士飞西非旅次》一诗：

> 剑戟群峰耀雪涛，
> 地中海接碧天高。
> 翱翔大漠三千里，
> 竞业他乡兴也豪。

只要是创业，就不怕万里之遥，就不怕千辛万苦。

当然，查济民没有局限于个人成功的陶醉中、享受中。因为，在查济民内心，始终保持着一个初心、一个原点、一个圆心，那就是家国，那就是魂牵梦萦的故乡。"这令我到底惦着江南了"，这是朱自清在名篇《荷塘月色》中的句子，也是查济民挥之不去的念想：改革开放前的家乡还没有完全摆脱落后与贫困的羁绊。而这正是查济民念念不忘之所在。万里之遥的非洲都去投资，都去助推当地经济发展了，而近在咫尺的家乡，却还未有实质性的举动与报答。这令查济民寝食难安，愧疚自责。

> 恍惚江南三月花，
> 富民无计望京华。
> 闷雷惊怵梦中客，
> 浪泊椰林千里沙。

诗言志。

查氏创业，济民成功。

查济民呀，查济民。查济民反反复复念叨着自己的名字，陷入沉思之中。

　　"济民"怎样才能"名副其实"？怎样才能为家乡"富民"而多尽一份心、多出一份力？这是查济民一直在思考并一直在探索践行的人生命题。

　　可贵的是有这份心。而可喜的是，这份心终究会生根、开花、结果。

七、成功跨界　完成嘱托

但凡到过香港的人一般都会知晓一个说法：离岛。所谓离岛，就是指香港岛以外的大小岛屿。在香港，离岛一共有 260 多个，其中面积最大的岛屿叫大屿山岛。

香港大屿山岛

大屿山岛位于香港西部海域，面积为 141.6 平方公里，大概等于两个香港岛的大小。这里地势以山地为主，最有名的是凤凰山，其最高处海拔 935 米，是全香港第二高峰。登高望远，全岛尽收眼底，有"凌绝顶"之称。山下有罗汉寺，寺内的罗汉洞及罗汉泉，景色迷人。山的西面有宝莲寺和"天坛大佛"，北面有清代海盗张保仔的古堡，东南是海岸，那里有香港海岸最长的海水浴场，叫长沙湾浴场。

大屿山岛海岸线漫长曲折，港湾与沙滩、山脉与流水，自然景观和历史古迹交相辉映。山溪下有小块平坦土地。人口最集中的地方是大澳镇，位于海岛的西南面。

花开两朵，各表一枝。

在 20 世纪六七十年代以前，大屿山岛仿佛还沉醉在古老的童谣中，养在深闺无人识。一块"璞玉"的价值关键在于两方面：一是自身显现或潜在的价值。就是说，你应该是一块玉，一块"隐藏"的玉，而不是一块顽石。二是遇见伯乐。非但识你、懂你，而且有能力改变你命运的轨迹，使你焕发应有的光芒，体现应有的价值。当然，命运的"贵人"似乎是可遇不可求，需讲究缘分和机遇。如此，邂逅，就是一种诗意或禅意。

终于等到你。幸运的光芒终于机缘巧合地降临到大屿山岛，使之光亮起来，通透起来。有道是，近水楼台先得月，这月光自然来自香港这"城里"。城里的月光把梦照亮。

从 20 世纪 60 年代中后期开始，韩国，中国台湾，中国香港，新加坡经济相继推行出口导向型战略，重点发展劳动密集型加工产业，取得了巨大的成功。在较短时间内实现了经济腾飞，一跃成为亚洲发达富裕的国家或地区，时有"亚洲四小龙"之说。到 20 世纪 70 年代，香港更是一路领先，成为世界瞩目的商贸中心、金融中心。

再说另一枝。

在香港经济起飞的同时，查济民已真正实现了人生和创业的巨大成功。所谓创业价值，不仅仅是财富、资产等，这些数字的如何变大，甚至几何级增长的表现。一个成功的创业者，就某种角度和意义而言，他应该是一个思想者、一个战略家和战术家，有鹰一般的目光和眼界，有虎一般的机敏和力量，把握时机、主动出击、成功获取。

一个看似偶然的机会，不仅使查济民创业边际得到革命性的突破，成功跨界，其产业领域突飞猛进地得到丰富。更关键的是，查济民爱国爱港的思想、家国天下的情怀得到淋漓尽致的流露及表现。这不仅实践了古往今来作为读书人一以贯之的理想和追求，更表现出作为诗礼人家查家特有的质地和气息。名门之后，果然是名不虚传，不同凡响。

从此，大屿山岛与查济民，两个原本没有任何交集，风马牛而不相及的名字紧紧地联系在了一起。由此，开创出一个世外桃源般的胜地，滋生出地产界的境界和诗意。

查济民是在怎样的情形下投资大屿山岛房地产和旅游业的开发呢？

儿子查懋成后来曾说过这样一句话："进军房地产领域并非在商言商的战略，而是家国情怀下别无选择的孤注一掷。"[1]

有一个成语很有意思，叫作"好事多磨"。

一般而言，一蹴而就，顺风顺水的成功似乎最让人皆大欢喜。但现实中此类"好事"出现的概率并不高。绝大多数是在历经磨难，"多磨"后才争取得来的"好事"。而这些"好事"更具有故事性、戏剧性，曲径通幽，引人入胜。有道是，沧海横流，方显英雄本色。所谓的"英雄人物"总是在危急关头恰到好处地出现。如此，剧情陡转，才情淋漓，高潮迭起。

当然，事实远比一出戏剧来得复杂、曲折、晦涩。而其中的一个特点更令人难熬，那就是"漫长"。舞台时间和现实时间，是有天壤之别。

大屿山岛与查济民之间的故事，还得从起因说起。有前因，才会有后果。

而复盘，让过往一一再现，总让人感慨万千、思绪万千，也给人启迪和思考。

当时，有个名叫王永祥的香港商人创立了香港兴业公司。

---

[1] 孙婉秋：《一个海宁旧族的家国情怀——专访香港兴业国际副主席兼董事总经理查懋成》，《国际金融报》，2019 年 10 月 25 日。

香港经济腾飞，人才荟萃，百业兴旺。有道是，安居才能乐业。于是，房地产业自然是如日中天，成为获利最可观的香饽饽。

1973年，雄心勃勃的香港兴业公司计划在大屿山岛开发房地产。把房地产业从市中心的港岛引向离岛，开辟新的空间，这不得不佩服开发商投资的眼光、智慧和勇气。

经过前期勘察，评估和预算等，开发商心底的蓝图基本绘就。

似乎一路都是顺风顺水，志在必得。三年后的1976年，香港兴业公司与港英政府签约购买下大屿山岛一块面积达6.5平方千米（650公顷）的土地，这大概相当于香港岛（80平方千米）总面积的8%。"此地块是全香港面积最大的单一私人开发土地，可谓空前绝后。"①

大计划，大手笔，才能赢得大利润，大收获。期望，是走向成功的原动力。

按照开发者的意图，这块地将打造成旅游胜地兼及房地产开发。这个项目最初的名字不得而知。自查氏接手后，查济民亲自将该地块项目命名为愉景湾，大名鼎鼎。为了便于叙述，以下就直接称这块地为"愉景湾"了。

有了地，在房地产开发商眼里，就像拥有了一张白纸，就能画出一幅最美最好的图画。这是多么令人神往的愿景呀，仿佛所有的美好都近在咫尺。

"知己知彼""看菜吃饭"。

这是两句富有哲理性的话语，前者更为人熟知，为"百战不殆"之前提，出自《孙子兵法》。而后一句作为生活常识，似乎更有意思、更为形象：吃饭时要视菜肴的多少，决定吃饭的节奏与进度。千万不要出现"菜"先被吃完了，而"饭"还没吃完或没吃饱的尴尬境地。

在开发愉景湾这件事上，开发商就是陷入这种"尴尬"之中，即对整个工程难度及周期等要素估计不足，产生投入误判，导致进退维

---

① 上海第一财经传媒集团有限公司编著：《未艾方兴：从大中里到兴业太古汇》，中国建筑工业出版社2019年版，第90页。

愉景湾旧貌

谷，骑虎难下。

当时，大屿山还没有进行大规模的开发和基础设施建设，整个岛屿还处在比较闭塞的原始状态。没有配套的市政工程，甚至连道路交通和水电煤气等必要设施也缺乏。就地理位置而言，愉景湾就是一个荒僻的渔村或山村。所以，若在此开发建设，单就前期基础设施建设，就会是一笔巨大的开支。这势必大大增加开发成本、延长工程周期。由此，投资额度和风险加大势必成为事实。市场和行情等不可控因素就会如阴影般潜伏或弥漫。而对此，投资者当初却没有足够的预见及高度的重视。任何的"先天不足"，都往往会导致畸形或流产。

"怕啥就来啥。"

根据墨菲定律，这项投资的事实走势就是无可奈何地走向不尽如人意的一面。投资者不久即陷入资金短缺的泥淖，香港兴业公司出现严重的财务危机。恐慌，带有强烈的传染性，一旦滋生，很难控制及驾驭。按照资本市场惯例，出现资金问题，最直接、最有效的途径就是找银行借钱。好在香港兴业公司算是大公司，并拥有偌大的地产资本等。若以此地块作抵押贷款，解决燃眉之急，照理说应该是问题不大的。

但事实并非如此。当时香港本地的多家知名银行似乎早就有"预见"和"共谋"一样，他们一致认为这项投资风险极大而拒绝贷款。几经碰壁后的开发商其信心受到极大的刺激与伤害。

"病急乱投医"，是一种本能的选择。在慌乱而急迫寻找资金支持之时，香港兴业公司终于找到了一根"救命稻草"。从苏联莫斯科纳罗尼银行（Moscow Narodny Bank）得到 3000 万港元贷款。其代价是把这一地块产权，还包括项目开发主体公司香港兴业的大部分股份作抵押。据查，莫斯科纳罗尼银行是苏联在英国境内设立的一家银行，属于苏联海外资产。莫斯科纳罗尼银行在香港等地设有分公司。

贷款到账，好像及时输血一般，前期的危机与恐慌暂时解除，开发工程继续进行。开发商似乎可以松一口气了。

毫无疑问，房地产属于高回报行业，充满利益诱惑。但其投资大、周期长、变数大，市场变幻莫测，所以它也是高风险行业。

贷款，都是有明确期限的。

到 1977 年 4 月，香港兴业公司向莫斯科纳罗尼银行贷款 3000 万港元马上到期。而当时，由于开发项目还在开发建设之中，远未成为可销售的商品，资金自然无法回笼，这直接导致无法偿还贷款。于是，香港兴业顿时陷入债务纠纷中，面临破产。换言之，莫斯科纳罗尼银行随时可以通过以股抵债方式掌控兴业公司，这当然包括对愉景湾这一地块的所有权与处置权等。

众所周知，自 20 世纪 50 年代末起，中苏关系逐渐恶化。到 70 年代中叶，两国关系仍未得到改善。在此大背景下，愉景湾地块的股权，其实是产权性质，立刻变得敏感起来、关键起来。至此，它就不再是一块简简单单的商业用地了。直白地说，若是愉景湾地块被苏联银行实际掌控或所有的话，带来一系列负面影响和事实状况，都将是无法预测的，后果堪虞。据说，苏联有关方面一直"高度关注"此项动态，早就开始打如意算盘了。他们曾放出风声，一旦获得主动权，愉景湾变成他们实际掌控的地盘，就在此地建立所谓的"海员疗养院"。如果此意成为事实的话，此地便成了苏联在中国香港的立足据点。潘多拉魔盒一旦打开，带来的情况或后果将变得更加错综复杂，很难意料。

这是涉及领土主权与完整，国家安全等大是大非问题了。

这问题明摆着是棘手的，错综复杂又险象环生。因为问题出在中国香港本土，而当时中国香港还是由港英政府管辖，所以中国政府不便直接插手或出面。最稳妥的方案是委托合适的人选，选择合适的方法，破解难题，以圆满地解决问题。

谁是合适的人，又怎样破解？此时，调兵遣将成为首要任务，人选问题重于千钧。

"解铃还须系铃人。"既然此事发生在香港，是由地产引发的纠纷，所以由香港地产界人士出面解决比较妥当，那样合情又合理。经过前期谋划，中国政府决定委派费彝民①出面与香港有关人士商量对策。费彝民时任香港《大公报》社长。此人，首先在政治立场上爱国爱港，这是根本所在。"天下至德，莫大乎忠。"忠诚，在任何时代，都是最高品质之一。其次，在阶层地位上，他承上启下、人脉广泛，作为牵头人或是联络人，是最合适的人选之一。接到这一特别任务后，费彝民便展开卓有成效的工作。但开始时，工作并不顺利。"经过多次咨询、沟通与协商，香港一线开发商没人愿意接盘。"资本家往往是很"实际"的，一般不会从国家利益等高度来看问题。眼看这买卖非但不赚钱，反而会赔本甚至惹上大麻烦，所以大家都摇头拒绝。就在看似山穷水尽之时，费彝民与查济民取得了联系，请查济民出面解决难题。

于是，在危机或僵局中出现了"柳暗花明"的转机，随之春暖花开，豁然开朗。

费彝民是怎样与查济民取得联系并委以重任的呢？这中间不得不提到在港的另一位查姓：查良镛，即大名鼎鼎的作家、社会活动家金庸。金庸在《大公报》任职多时，与费彝民算是至交。正是通过金庸这座"桥"，查济民获知这一消息，以及事情的来龙去脉。至此，费彝民终于找到了那个"对"的人。

---

① 费彝民（1908.12.22—1988.5.18），中国著名新闻工作者。笔名执中、夷明。江苏吴县（今苏州）人。1952 年至 1988 年，任香港《大公报》社长。

"对"的人，在"对"的时间里，运用"对"的策略，取得最后的胜利，那一定是志在必得，水到渠成。

考验人思想立场以及眼光格局的时刻到了。

一般情况下，人的一生中，面对大是大非，真正称得上是"赶考"的机会其实是不多的。更何况所谓的"机会"也往往是稍纵即逝，不以你我主观意志所决定所左右的。

作为久经沙场的成功商人，查济民当然清楚这一事件中利益和风险关系。他清醒地知道，愉景湾地块，明显是一块难啃的大骨头。其潜在的地理优势虽然基本明了，得天独厚、令人神往。但其风险，特别是前开发商前车之鉴犹在眼前。漫长的开发周期和无法估量的前期投入对于公司资金与策略都是极大的考验。这其中的变数与风险实在太大太多了。一旦折戟，就可能使前几十年的全部积累和努力都化为泡影，万劫不复。

三思而行，三思而行哪！

若是从规避风险或"省心省事"而言，查济民完全有理由装聋作哑，或是听之任之。若非得找一个推诿的理由，那这个理由太明显，也太充分了：查济民不是一个地产商，他从来没有涉足房地产业。意思很明确：这不关他的事。

但作为久经考验，拥有一腔爱国热血的查济民深知自己肩负的责任和义务。首先，自己具备这个经济实力或资本保证。其次，自己拥有这个信心及能力。而最关键的是，查济民有一颗报国之心，勇于担当，善于担当。值得称道与感动的是，查济民的这一决定，得到了妻子刘璧如与孩子们的充分理解与大力支持。"与子同袍"，既是一句古诗，又是一句历久弥新的诺言。查济民，再一次义不容辞地站在了维护大局利益的风口浪尖，交出了一张沉甸甸的有仁有义、有勇有智的答卷。

点赞。

对此，儿子查懋成有过非常明晰的答案。

那时，愉景湾是一个荒岛，道路、水电，甚至连码头也没有。我父亲不会笨到看不出其中的风险。但是，为避免这块香港最大的私人开发土地落入外商手中，香港一些有识之士四处奔走，寻找投资者。①

舍我其谁？

于是，查济民挺身而出，一诺千金。

此时，查济民正在尼日利亚视察工作，来不及和亲属或亲信等进行面对面的商量。查济民当机立断，果敢决策。简单而言，是与留在香港的刘璧如通气，让妻子先出资 3000 万港元，解决与莫斯科纳罗尼银行纠纷问题。

时隔多年后，查懋成在接受记者采访时，是用这样一句话来概述这件事情，还原父亲当时的决定。其潜台词极其丰富，但话语却是一目了然：父亲是"倾家荡产去买地"②。

"倾家荡产"，意味着风险之大，可能前功尽弃。又意味着背水一战，别无选择。因为，在查济民眼里，这是一块含义非同一般的"地"。

1977 年 5 月，在还款最后期限到来之前，查济民出资还清了香港兴业公司向莫斯科纳罗尼银行贷款的所有款项。当然，这中间有很多的手续和环节，环环相扣，惊心动魄。这既是和时间的赛跑，刻不容缓，更是实力和智慧的较量，斗智斗勇。其中的险象环生和大功告成，在后文会有必要的追述。

快刀斩乱麻。

如此，果断且成功地处理好关键的"外部"矛盾，不留下丝毫的后遗症，干净利落。接下来便是全力以赴处置的是"内部"问题。其实，就时间而言，这两者几乎是在同时进行，双管齐下，齐头并进，实际中各有侧重罢了。

---

① 孙婉秋：《一个海宁旧族的家国情怀——专访香港兴业国际副主席兼董事总经理查懋成》，《国际金融报》，2019 年 10 月 25 日。

② 孙婉秋：《一个海宁旧族的家国情怀——专访香港兴业国际副主席兼董事总经理查懋成》，《国际金融报》，2019 年 10 月 25 日。

解决"内部"问题也不轻松，不容易。

问题是明摆着的。最主要集中在三大方面：一是资金巨额。在一个近乎原生态的荒岛开发房地产与旅游业，其投资巨大不言而喻。试想，依据规划方案开发岛屿，首先要造码头、要申请开辟航线，继而要准备船只等。其次，岛内要平整土地，要修建道路，要配套供水、供电、供气等基础设施工程。如此，没有上亿甚至几十亿的资金，怎么启动，怎么运转，怎么完工？二是风险巨大。动辄上亿甚至几十亿的资金，这些可都是真金白银，来之不易。不要说是投资受挫，就是有点风吹草动，也会让人惊心动魄。三是专业知识和能力等的缺乏或不足。隔行如隔山，虽说查济民是一位杰出的实业家、企业家，但这之前，他没有涉足过房地产业，所以对房地产开发、建设等没什么直接的经验或心得。

如履薄冰，战战兢兢。

所有的困惑、不解、猜疑、质问等，一时间都聚焦到查济民脸上。不光是查氏企业或是家族内部为查济民担忧，连亲朋好友及社会各界也都为查济民捏一把汗。因为这个风险太大了，太明显了。

何必呢？

这真是一场战役。查济民犹如一位军事指挥家，对此已经过周密的思考、客观的预测。对此战役如何取胜已基本成竹在胸，作战蓝图基本落地。所谓高屋建瓴，了然于心，是也。接下来便是排兵布阵，发号施令了。

首先，是寻找最合适的合作者。以此借梯登高，补齐短板。针对自己对房地产业不熟悉的短板，要由一个"外行"迅速转变为"内行"，所谓"最合适"的合作人选，非专业人士、行业翘楚莫属。"千军易得，一将难求"。寻找合适的人的确是件难事，一旦自己一方觉得合意或满意，对方的态度也还是一个未知数。所以，合作并非易事。它要以心甘情愿，以"两情相悦"为前提和基础的。时髦的说法，叫作"合作伙伴"。

众里寻他千百度。查济民的目光最后对焦到一个叫胡应滨的人身上。此人来头也不小，他是被誉为香港"的士大王"胡忠的儿子，时任中央建业有限公司掌门人,那真正是房地产行业的风云人物及行家里手。在此还可插一句话,胡应滨兄弟叫胡应湘,也是香港著名实业家,任合和实业有限公司主席。此人是著名港珠澳大桥建设的倡导者。

强强联合,从来就是丛林法则,就是王道。

查济民亲自出面,和胡应滨商谈。一个是晓之以理,深刻阐明此举的政治意义和经济价值。一个是深明大义,直接表明坚定立场和合作态度。如此,合作意向迅速达成。

在大是大非面前,特别是涉及国家主权、民族利益时,不含糊、不犹豫,坚定立场、坚决捍卫,这是作为一个中国人该有的立场和姿态。这就是爱国。

前文已述,此时的主要矛盾是还款。最后期限是一天天在逼近,刻不容缓。查济民犹如一位儒将,运筹帷幄,决胜千里。他分三步走,非常漂亮地完成前期所有的任务,按部就班,节节胜利。

至关重要的第一步:1977年4月底至5月初,查济民和胡应滨共同出资,联合成立丰利有限公司(简称"丰利公司")。丰利公司所做的第一件事便是收购香港兴业八成股权,借此成为最大股东及实际掌控者。然后如数偿清莫斯科纳罗尼银行的欠款。釜底抽薪,彻底解决后顾之忧。

乘胜追击的第二步。新旧交替,过渡衔接虽势在必行,但时间是越快越好,程度是越深越好。为便于公司的统一运作和管理,减少不必要的周折和麻烦,1978年2月,丰利公司再次出资,收购香港兴业剩余的两成股权,偿清原公司全部债务。至此,丰利公司完全收购并掌控香港兴业。如此,及时而全面地保证了政令通畅,执行有力,监管到位。

大功告成的第三步:1979年,经过充分的协商和评估,查济民买下胡应滨手里持有的丰利公司股份,从而全资拥有公司股权。查济民决定继续沿用"香港兴业"这一名号进行运行。就品牌而言,"兴业",无疑是一个吉祥喜庆而生动贴切的名字。从此,香港兴业注入崭新内涵,赋予时代使命。抢占行业和地域的制高点,香港兴业一举成为全亚洲发展最大单一私人土地的开发商。

其次，是寻找最合适的管理者。

偌大的公司，特别是将要运作偌大的项目，最高管理者的重要性不言而喻。就传统模式和要求而言，在决策者眼中，管理者应具备的最高素质或核心标准只有一个词：忠诚。"放心"，就是做人做事最直白的真理。

知子莫若父。

查济民要求远在尼日利亚打理家族纺织业务的查懋声，回到香港。父子上阵，集中精力，排除万难，合力开发愉景湾。作为父亲，查济民的心思很明朗、决策很明白、期望很明显。

作为主将，查懋声曾有如此回忆：

> 当年站在山顶瞭望，山坡下尽是荒芜野地，只有两个小村庄，人丁寥落。然而，我们所见，却是迥然不同的一幅大胆宏图——这片山麓海岸，最适宜发展新概念的住宅社区。自此，查氏将发展重心由纺织业转向地产业务。[1]

1977年，查懋声再次听从父亲之命，返回香港，开拓愉景湾项目。

此时，查懋声突然间完全明白了父亲当年派遣自己远赴非洲创业的用心良苦。查懋声15岁就离开家庭，独创天下，先后到澳洲和美国完成学业。年轻时代已具有独到的营商眼光，早在20世纪60年代中期就开始在美国加州拓展地产生意。后，听从父亲之命，赴非洲参与纺织、印染工厂业务，为家族的纺织业务开辟了一番新天地。

经过在非洲的实际锻炼及操练之后，年富力强的查懋声进入事业的黄金期。"这份工作，奠定了查先生工作勤谨，自奉甚俭的品格。"[2]

此时，查济民63岁，查懋声35岁。父子的年龄组合真正可以说是黄金搭配。父亲历经波澜，宝刀不老。儿子事业有成，年富力强。

我们虽然可以从以下两段文字中，可以读出当时"惊心动魄"的部分现实，以及查济民查懋声父子"力挽狂澜"之魄力。当然，这仅

---

[1] 《一同缅怀查懋声先生绚烂的一生（1942—2020）》，第3页。

[2] 《一同缅怀查懋声先生绚烂的一生（1942—2020）》，第4页。

愉景湾工程建设中

是对历史的回顾，已经省却了诸多细节和沉重。当时有滋有味的事实与进展，远远比这追忆来的复杂紧张以及生动丰富。

　　那时的大屿山仍是一片荒芜之地，水陆不通，这是一个即使有经验的大型开发商都不愿意碰的项目。面对被戏谑为"现代版愚公移山"，父亲依然没有动摇决心。兄长查懋声受命领军愉景湾项目，凭借他的革新思维，我们创造了亚洲首个可持续发展的环保小镇，包含多项"首创"的概念及"唯一"的纪录，这个传奇故事一直为人所津津乐道。①

　　查济民购入愉景湾股权后，随即从非洲召回在当地主理纺织业务的长子查懋声。放眼荒芜山野，全无地产开发经验的查懋声毫无惧色。他以超前的视野，创新的态度，从地块先天地理限制和后天政策规条中另辟蹊径，矢志将这片人烟零落的荒

---

　　① 上海第一财经传媒集团有限公司编著：《未艾方兴：从大中里到兴业太古汇》，中国建筑工业出版社 2019 年版，第 13 页。

野打造成为亚洲第一个环保小镇。[①]

再次，是寻找最合适的资金来源。

由于项目开发资金巨大，其来源和配比等是最重要的一环。香港兴业主动与香港上海汇丰银行（简称"汇丰银行"）和万泰制衣（国际）有限公司（简称"万泰制衣"）联系磋商，诚邀加盟，作为股东，参与开发。最终得到几乎完美的占比：二八分开。其中，查氏家族占股80%，汇丰银行、万泰制衣各持股10%。

汇丰银行，大名鼎鼎，无须赘言。万泰制衣，也是赫赫有名，如雷贯耳。万泰制衣创始人叫田元灏。田氏家族被称为香港"江南四大家族"之一，与董建华家族、荣智健家族、唐翔千家族齐名。

前期基础设施建设可能是最烧钱的环节。从建造码头开辟航线到平整土地，再到道路建设，仅仅是第一和第二期工程的基建，查济民就花费了10多个亿的资金。在此基础上，奋力精进，快马加鞭，一幢幢花园别墅，一排排公寓大厦依次建造。充分体现以人为本的理念，区域内全面设计并呈现现代化配套设施，高端化、品质化、艺术化相结合。

艰辛的付出，终于迎来收获季节。

我们完全有足够的理由与热情，为之欢呼，为之致敬。这不仅是查氏企业投资项目华丽转身散发出的光芒，更是查氏精诚团结，殚精竭虑的胜利。

1980年，愉景湾第一期开发项目竣工。优美的环境，高端的设施，人性化的配套等，其产品自然得到市场的青睐，消费者的追捧。一经开盘，楼盘就告售罄。一时间，开发商和业主皆大欢喜。

查懋声说，愉景湾由梦想变成可能，全凭开拓创新精神。这些素质，今天依然是我们的企业信念。[②]

在此同时，查济民不忘社会职责，热心公益。查济民每年向红十字会以及相关医院、灾区等捐款捐物。譬如，1982年香港仁济医院筹款

---

① 上海第一财经传媒集团有限公司编著：《未艾方兴：从大中里到兴业太古汇》，中国建筑工业出版社2019年版，第93页。

② 《一同缅怀查懋声先生绚烂的一生（1942—2020）》，第6页。

晚会上，查济民与尤德爵士夫妇等一起出席。查济民致辞，表示爱心捐资。

愉景湾新貌

再接再厉。愉景湾第二期工程按部就班地进行。

1985年，第二期项目如期开盘。

但此时，外部环境较之第一期交付时市场已发生了剧烈变化。简言之，由于全球经济处于滑坡阶段，香港经济也面临极大的震荡与考验。而此时，一个有关香港明天的大事件更是举世瞩目：中英政府就香港回归问题的谈判已摆上议事日程。毋庸讳言，当时此事前景未明，这让相当部分的香港市民对于投资房地产等自然产生举棋不定、彷徨观望的心态。于是，香港房地产行情一直处于低迷、动荡，甚至濒临崩盘的阴影中。愉景湾第二期的销售情况，远低于预计与期望。

情况很严重，前景不乐观。

这自然让投资方很着急。

问题的严重性及复杂性不仅在于如何处置第二期，也牵涉接下来的工作怎么开展？

是继续做，还是暂时不做？

计划开工的第三期，无疑充满扑朔迷离，前景堪忧。

第二期滞销及冷场，势必直接影响或出现回笼资金问题。资金流动，业内喜欢将其比作一根链子，即资金链。若是其中一节断裂或出现机械问题，导致整个链条失去动力传输，势必造成难以估计的损失。当时"危急"或"危险"的情形也许只有内部或是高层少数人知道详情。若干年后，查懋成在回答《国际金融报》记者采访时，才局部解密。他几乎用了"惊悚"而简洁的语句回答，直截了当地表明当时公司面临的严峻考验："当时公司濒临破产。"①

就在这紧要关头，查济民显示出杰出商家的头脑和思路，针对云谲波诡的市场和暗流涌动的行情，他统筹兼顾，运筹帷幄。

牵一发动全身。

错综复杂的矛盾中，显而易见的是，人的因素至关重要。牵牛要牵牛鼻子。一颗聪明的头脑，不仅会带来与众不同的思考和谋划，更会带来行之有效的策略和方案的可能。而所谓人才，也必须在大风大浪中搏击，在沧海横流中沉浮。其亲身的体验与实践，以及由此获得感悟、智慧与经验，才是安身立命之根基。

在中国传统文化语境中，关键时刻，儿子的作用和效能无与伦比，不可替代。

1985 年，受父亲召唤，查懋成从美国回到中国香港。在此之前，他已从斯坦福大学取得工商管理硕士，并在硅谷打拼，渐入佳境，前途无量。

毅然放弃已有的基业和成就，回到香港，参与父兄的事业，成为命运共同体，这不仅是父亲的召唤、家族的召唤，更是事业的召唤。人生的价值，在合适的事业中才会得到最大化呈现。

查懋成立刻全身心地投入工作中。

没有调查，就没有发言权。

查懋成与管理团队一起，进行全方位、多角度地调研，充分结合国际形势，特别是房地产业的实际，审时度势，然后重新审视项目的合理性和可行性。

很多时候，回到原点，审视初心，不仅需要魄力与勇气，更多需要

---

① 孙婉秋：《一个海宁旧族的家国情怀——专访香港兴业国际副主席兼董事总经理查懋成》，《国际金融报》，2019 年 10 月 25 日。

的是心智与慧眼。

经过调查研究，头脑风暴，管理团队达成共识：愉景湾项目最初的定位需要及时调整，然后作出新的谋划。

因为，项目原先的定位存在偏差或问题已成为不争的事实。

在大屿山岛开发房地产，遵循扬长避短的总原则显得格外重要。因为，其短板或劣势是存在的，譬如远离市区，交通不便，基础设施缺乏等。但其优势更是明显，风景优美，环境怡人。基于此，项目的第一期和第二期都将其定位为度假区。核心意思是说，这里的房子一般不是用来"常住"的，而是周末以及逢年过节等来度假，来休闲，来放松的第二家园。

但实际情况并非如此。从第一期和第二期等早期入住业主意愿情况表明，业主中绝大多数的真正需求是以此为居住地，开启真实而具体的日常生活模式，讲究柴米油盐，享受天伦之乐，而非临时性或间断性的度假与浪漫之地。

如此，原先定位而设计及规划的侧重点或功能区，即对所谓"特色"或"亮点"等的打造和强化，与业主的实际需求、实际情况是存在偏差与距离的。再加之外部经济环境的负面影响与制约，身不由己。这内部与外部诸多因素的影响，以致楼盘滞销现象出现，那是情理之中，在所难免了。

一旦找准问题或矛盾的根源，才是成功破难的前提。

于是，对症下药，查济民父子领导的团队，从最高层开始，自上而下，对愉景湾项目的开发重新进行定位。明确以宜居为根本，重点对设计理念、功能效果等进行调整。力挽狂澜，大刀阔斧，从项目布局、凸显风格到交通设施、综合配套等全方位进行改造，升级换代。简言之，一切从业主实际所需设计、建设及管理，打造高品质的宜居家园。真正实现"来了，就不想离开"的境界，"诗意地栖居。"

在市场经济时代，任何产品都需接受市场的检验，消费者的认可。查济民父子领导的团队其苦心经营的成果会是怎样的情形呢？

令人期待的愉景湾三期，其神秘面纱终于在8个月后揭开。

事实胜于雄辩。

销售业绩就是最好的商业广告。

愉景湾三期开盘当天，前来或购买、或咨询、或观赏的人群，摩肩接踵，人山人海。第一批投放市场的房源，当即宣告售罄。意犹未尽的消费者对接下来的楼盘表现出极大的兴趣与热情。

大获成功。香港兴业扭转乾坤，打了一个极其漂亮的翻身仗。从此，愉景湾成为宜居而品质的代名词，真正的高端气质，高尚品位。

失败的理由也许有千万条，而成功的理由可能只有一条。

这一仗，堪为经典。其可圈可点，值得总结的东西很多。其中之一显而易见，理念为先，设计理念是建筑的灵魂。因地制宜，从实际出发，不仅挽救了愉景湾三期，使得大屿山岛开发建设的整体工程逆势而上，更让兴业国际走上更加稳健的上升通道。其名声与利益，在此一役获得双赢，皆大欢喜。

百炼成钢。就对个人考验与锻炼而言，查懋声、查懋成等查氏第二代，在实际工作的大风大浪中搏击展翅，翱翔蓝天。

有一种成功叫后继有人。

飞龙在天。

到 20 世纪 90 年代，查济民名下拥有三个大集团公司，即以经营纺织和染整业为主的中染国际公司，以经营房地产为主的香港兴业国际集团公司，以投资和控股为主的名力集团控股有限公司。

作为房地产业之翘楚，香港兴业公司在愉景湾继续上演"连续剧"，亮点纷呈，吸人眼球。

2000 年，由香港兴业国际独力承担，香港唯一私人兴建和管理的愉景湾隧道开通。隧道建筑期 23 个月，耗资 5 亿港元，全长 630 米。这是被港人誉为"愚公移山"般的远见、魄力和毅力。以此，将北大屿山岛之道路和铁路网、飞机场等相连接，彻底打通了社区与外界的陆路交通，构建成快捷、便利的交通网，四通八达。另外，香港兴业国际在岛上建立了 19 条内外巴士线路。另外还有 24 小时轮渡。

如今，若是从香港中环码头乘坐查氏集团控股的兴业公司所属的高速轮渡出发，不到半小时就可以抵达愉景湾。轮渡出海不久，便可远远望见掩映在山坡间的建筑群，色彩斑斓，中西融合，兼有南欧风情和风格。登岸，就是一处中心广场，宽阔大气，热情温馨。围绕大广场的是功能齐全的服务设施和琳琅满目的商家。从百货公司到餐厅、酒楼、银行、医院，再到小学、幼儿园，以及公共花园、绿地，游泳池、球场等一应俱全。

广场既是集合场地，又是分流分散的起始地。从广场经环山大道，分别可以通往各村落，每家每户。

从愉景湾山顶鸟瞰，真是一幅诗意的画卷：面朝大海，春暖花开。

愉景湾犹如一个巨人，伸展两个强有力的手臂，把湾内的所有的一切，保护在温暖的梦境中。

愉景湾人造沙滩

海湾沿岸，是一个干净细致沙子堆成的金色沙滩。海浪拍打，海风阵阵，传来孩子们欢乐的嬉笑声。这其实是一个人造沙滩。当初，开过眼界的查懋声主动向父亲建议，在此兴建一个巨大的人工沙滩。经过反复的比较和论证，查懋声最终决定花费2000万元，从广东某地购买30万立方米优质沙子，科学而艺术地铺就在沙滩。如此，昔日荒芜的沙滩

"旧貌换新颜",其景观与功能均发生了翻天覆地的变化。

在海边或是半山坡,一栋栋花园别墅若隐若现,绛红色的屋顶,翠绿色的树叶,相映成景。除了别墅,这里还有 10 至 20 层不等的公寓房,秀气挺拔,物有所值。

尤为称道的是,愉景湾在整体格局大气与局部美观外,充分考虑舒适和品质,使之符合美学理念,回归人之天性,体现天人合一。这是真正的"人间天堂"。愉景湾建有占地 200 英亩的高尔夫球场,400 米长的海水浴场等。沿着山路,拾级而上,便是一片万亩山林,郁郁葱葱。

作为一个品质优越、宁谧清净的绿色社区,愉景湾是亚洲首个环保城。它对环境保护几乎达到苛刻的程度,譬如整个社区内禁止私家车通行,代之以污染较少的公共大巴和高尔夫球车。这既环保绿色,又便捷业主,两全其美。

> "善待每一块土地,尊重历史人文的延续",是由我父亲、香港兴业国际集团创始人查济民博士提出的企业立身之本,多年来一直指引着香港兴业国际的前进方向。[①]

海岛生活最重要的生活必需品就是干净的淡水。愉景湾在设计时,就充分考虑到这个必要因素。因地制宜,就地取材,查氏决定在山顶建造一个水库。围山筑坝,建造成一个坝高 75 米的水库,蓄水量 350 万立方米,能保证 25000 居民生活用水。这是全香港唯一一座私人水库。

筑巢引凤。优美的环境,高端的设计,品质的配套,自然赢得认可和口碑。

前三期入住居民达 15000,其中半数以上为华人。

积善之家,必有余庆。

1991 年 9 月 3 日,中英两国签署《关于香港机场建设及有关问题

---

① 上海第一财经传媒集团有限公司编著:《未艾方兴:从大中里到兴业太古汇》,中国建筑工业出版社 2019 年版,第 13 页。

的谅解备忘录》。根据条款，香港机场从原有九龙城区的香港启德国际机场，迁移到新界大屿山岛以北的赤鱲角。所以此机场也称为赤鱲角机场（Chek Lap Kok Airport）。

新机场工程于 1992 年正式动工。新机场位于大屿山岛以北的人工岛上，面积为 12.5 平方千米。人工岛包括原赤鱲角岛、榄洲以及填海所得的土地。初期计划定于 1997 年年中完成。

1998 年 7 月 6 日，新机场正式运作。

机场（客运大楼）至愉景湾码头有直接班车（DB02R）通行，非常便捷。

香港国际机场搬迁至大屿山，这对大屿山岛的开发带来天大的喜讯，属于重大利好。水涨船高，与赤鱲角一山之隔的愉景湾，其商业价值与开发前景得到前所未有的提高，其"额外"或"意外"的红利，滚滚而来。

时间证明了这一切。

历经 40 余年的开发，愉景湾从一个几乎是不毛之地发展成为香港最大的住宅社区。截至 2019 年，整个湾区已经开发到第 18 期，已拥有 2 万多常住人口。

愉景湾的故事显然没有结束，是一个进行式。

"未艾方兴，一切，才刚刚开始"。[1]

面对有记者以"愉景湾还会开发多少期"的提问，查懋成笑而不答，只是给出了一个专业数据，让大众想象："愉景湾目前的容积率为 0.16。"[2] 这数据在房地产业，更不用说是在建筑密度极高的香港，那么小的比值，几乎是不可想象的。

在香港，对建筑容积率，政府是有明确规定的。大致分三个等级。港岛、九龙等为第一区，规定为 10 以下。新区为 6.5 以下。即便是第

---

[1] 上海第一财经传媒集团有限公司编著：《未艾方兴：从大中里到兴业太古汇》，中国建筑工业出版社 2019 年版，第 15 页。

[2] 孙婉秋：《一个海宁旧族的家国情怀——专访香港兴业国际副主席兼董事总经理查懋成》，《国际金融报》，2019 年 10 月 25 日。

二与第三区，也分别是 5 与 3 以下。

显然，在这片群山环抱的土地上，想象的空间还很大，也很多。令人期待与神往。单就开发房地产而言，明显地透露出极高的经济价值，丰厚的回报。

佛教中有个词，叫作"福报"。福报，不是无缘无故的。"福报，有福报的来处！"①

这"福报"或许是对查氏父子及兴业国际在涉及国家和民族利益关键时刻挺身而出的"义举"，在经济价值层面的褒奖或回报，看得见，摸得着，得得到。超前预判，果敢决策，大额投资，高额回报，是对他们过人眼光和智慧等的充分肯定。

"功夫在诗外。"在这个世上，很多"东西"的价值可以被量化、被标价。但有些"东西"却无法用金钱来衡量。

有一种价值，叫无价！

至高无上。譬如国家利益，譬如民族大义等。

关于愉景湾当初发生的一切，其背后其实还有许多鲜为人知的"故事"或"背景"。时隔多年之后，查济民才解密其中的部分内容。他用一句话道出了其核心之真相："办好了这件事，总算对得起周总理了！"当初，对愉景湾地块问题的正确处理方法等，周总理是有明确指示的。

要对得起周总理的嘱托，要对得起祖国与人民的嘱托。

这，就是爱国者查济民的心声和行动指南。

---

①　星云大师：《迷悟之间——福报哪里来》。

八、福泽乡人　情系故里

有情有义，情深义重。我们中华民族是一个重情重义、知恩图报的民族。

一个成功的创业者，首先应该是一个有节操、有情怀的人。有道是"侠之大者，为国为民"，"工商"之大者，亦如此。大至情系国家与民族，小至铭记故土与乡人。"老吾老，以及人之老；幼吾幼，以及人之幼。"反之，谓之忘本，谓之不义。但凡忘恩负义之徒，历来为人鄙视与唾弃。

走南闯北，奋发有为，建功立业，继而衣锦还乡、荣归故里，这是多少男人渴望的圆满结局。这又是一个极其复杂的人性心理和社会现象。很显然，这其中包括证明、展示，甚至不乏炫耀的成分，但更多的该是分享与共享。泽被世人，特别是乡人，造福一方，圣贤说"独乐乐"不如"众乐乐"，这既是一种境界，更是一种满足和幸福。所谓金杯银杯，不如乡亲的口碑。

就如此辉煌及满足的人生轨迹而言，查济民就是一个身体力行的典范、万众仰慕的楷模。

远望可以当归。

自从抗战爆发，远赴重庆，特别是20世纪40年代定居香港之后，查济民似乎一直没有时间或机会回到家乡海宁。显而易见的因素至少有两个：其一是父亲早逝，而母亲接在身边，在袁花，除了兄弟同辈及侄儿辈，他们已各自成家，没什么特别需要尽职尽孝的长辈了；其二是众所周知的政治原因、社会背景等因素的制约与羁绊。很多时候，个人力量实在是微不足道的，无能为力的。

但是，不回来不等于不想念，不回来不等于不向往。家乡海宁，故土袁花，始终是查济民魂牵梦萦之所在。他时常用袁花"土话"（方言）向孩子们讲述袁花的一草一木，讲述查氏的历史，让子女们清楚地知道：他们的故乡在海宁，那里是他们的根。只要条件允许，不管年纪大小，不管地位高低，都要回家乡走走，去祭拜先人，去看望族亲，去感受乡情。

乡愁，是每个中国人心头的一块琥珀。

特别是每当过年及清明等传统重大节日，查家一定会按照家乡风俗习惯行祭祖先之礼。之所以要举行这些仪式，要这么认真，表达了查家对故土的追思，对乡人的祝福，包含了游子一腔热血和深情。因为查济民清楚地知道，自己有一天也会年老，也会离去，但是民族礼仪不能丢，家族传统不能丢。以身作则，就是对孩子最好的传承。

其中，对查济民个人及家人影响和触动最大之事，莫过于1950年秋，岳父刘国钧决定携岳母等毅然从香港回故乡常州，参与新中国建设事业，把自己的后半生与祖国发展和进步紧紧地联系在一起。岳父的这一举动，不仅是其个人行为，更是代表一种传统，一种潮流：报效家国，是炎黄子孙的职责。想当年，新中国成立之初，有多少海外赤子回到祖国，积极投身国家的建设事业，并功勋卓著。刘国钧就是其中的代表之一。1956年，刘国钧当选为江苏省人民政府副省长。

临行前，刘国钧与查济民进行了多次深刻的交流，推心置腹，事无巨细。因为，家庭内部有人不太理解刘国钧这一举动的深刻含义。实话实说，查济民当时也是"一知半解"，眼光没有看得那么远，本质没有看得那么透。试想，一个像刘国钧这样的"成功人士"，"突然"间要离开条件优越的香港而回到内地，这势必造成很多人心中的不可理喻。而刘国钧认为，其他人对此理解不透彻也许不要紧，但对查济民一定要解释说明清楚，不能使其存有丝毫的疙瘩与疑惑。因为在刘国钧心中，查济民也是一个干大事的人，其重任在肩，所以寄予厚望。于是，刘国钧详尽而深刻地分析了各方面因素，重点分析了两种情况及可能。一是自己留在香港发展的前途及可能，二是回到祖国内地后的发展前途及可能。刘国钧特别强调自己归国的决定是正确的，更是应该的。"我从常州起家，在上海、重庆以及香港发展，最终叶落归根，回到故乡常州，这是最好的回报，也是最好的结局。如今，新中国需要纺织业，需要纺织人才。纺织事业在国内肯定将成为最重要的工业部门，因为国内有一个四五亿人口的市场。"查济民认真辨析着岳父的教诲，这些思想，这些思路，对查济民触动很大，使其对家国，对事业，对个人的功绩等，有了更透彻、更全面的理解。最后，岳父谆谆告诫查济民，待到时机比较成熟的时候，回到内地，回到家乡去走走看看，尽"一份孝心"，尽一份职责，做力所能及的事，也是应该做的事。"归根结底，我们都是中国人，我们是喝家乡水长大的。报答故乡，理应如此。个人的所谓成就，只有与家乡与祖国联系在一起，才有意义和价值。"查济民点头接受岳父的训导。

后来的历史事实充分证明，查济民同样是一个具备了像刘国钧那样情怀、那样眼光的爱国者。他，不仅传承了岳父这一代人爱国爱家乡的传统，更使之发扬光大，卓有成效。

"风萧萧兮秋气深，美人千里兮独沉吟。望故乡兮何处，倚栏杆兮涕沾襟。"中华民族对故土的感情及依恋，是最为深沉、持久，也是最为含蓄的。

其实，任何思想感情都可以是具体的，是细节化的。查济民身处中国香港，事业有成，但心系故土，爱国爱乡，赤子情深。这里先用两个小故事证明之。

其一，是发生在 20 世纪 50 年代末 60 年代初。当时，内地部分地区遭受三年自然灾害，局部地区程度还比较严重。在中共中央《关于建国以来党的若干历史问题的决议》中有这样权威的说法："我国国民经济在一九五九年到一九六一年发生严重困难，国家和人民遭到重大损失。"

即便是"鱼米之乡"的江南，也遭遇了吃不饱饭的大问题。由于此时媒体远没有如今的发达与便捷，信息传播的准确度、速度和幅度等非常有限。但远在香港的查济民通过一些渠道或多或少地了解到一些消息。听闻家乡灾情，他心急如焚，忧心忡忡。为家乡人民暂时的困难而寝食难安。他反复思考怎样主动而有效地为家乡做一点实事，特别是见效快一点的实事。若是从这个角度思考，那么尽快恢复农业生产，特别是恢复粮食生产，能让乡民吃饱肚子，当然是最有效也是最紧迫的实事。于是，查济民及时召开家庭会议，集思广益，让家人一起谋划出点子。最终，查家决定捐献给家乡一些在当时最为先进的复合化肥，帮助家乡尽快恢复粮食生产。1962 年初，查济民准备好 30 吨进口复合化肥，准备从香港运往家乡海宁。查济民与家人的想法很实际，也很细心：一来是化肥对于粮食生产最重要，最管用，对恢复粮食生产等可以起到立竿见影的效果；二来是这样的"礼物"一般不会引起什么猜想或猜疑等，特别是不会与"政治"牵连什么关系。从这个细节，可见其用心良苦。紧接着，他到处托人，寻找关系，希冀事情得以圆满成功。

但查济民向当时家乡有关部门迫切地表达这一心愿后，却遭到了"礼节性"的回绝。由于受极"左"思想影响和干扰，查济民这一诚意竟付之东流，未能实现。

实话实说，面对这样的结果，查济民内心一时间很是不解，很是沮丧与沉重。

虽然受到挫折，但查济民赤子之心始终不变，对祖国对家乡依然一往情深，时刻关注。在家中或是其他公众场合，他和夫人及家人经常表达同一个心愿：愿意为家乡海宁、为故土奉献一份义务，一份责任。

查济民内心明白，时机总将有一天会成熟，会降临。万事，只要有心，就像有一颗种子，在适当的时机总会破土而出，终会茁壮成长。

时间到了 1979 年冬。

查济民从报纸和电视等媒体中，关注着祖国政治经济形势变化。改革开放，科学春天，他为祖国走上经济建设为中心的道路而倍感兴奋，充满期待。

近年底的一天，查济民非常"意外"地收到一封来自故乡海宁袁花的来信。

看到信封上故乡袁花的字眼，那是久违的心跳，查济民一时心潮澎湃，他急切地拆开来信。

在此，可以各表一枝。

先说家乡一方。

这封信是由袁花镇新伟大队党支部书记查银发代表村民写给查济民的。新伟大队原名新生大队，1978 年改为新伟大队。2004 年与袁郊村合并改为新袁村。当时，新伟大队有 7 个生产队，总共约 500 户农户。

这可不是一封普普通通的信件。这里包含着时代变化的大背景，包含着家乡民众对美好生活追求的迫切，包含着对香港同胞真挚呼唤的情感等。

春江水暖鸭先知。

1978 年 12 月 18 至 22 日，中国共产党十一届三中全会在北京举行。全会中心议题是讨论把全党工作重点转移等重大命题，决定从 1979 年起，把全党工作重点转移到社会主义现代化建设上来。

据时任袁花公社新伟大队党支部书记查银发介绍，这封信就是在这个大背景下产生的。当时，海宁县委工作组在袁花指导农村工作，而浙江省委工作组正蹲点海宁县黄湾公社。近水楼台先得月。1979 年冬，在一个雪天，查银发等人来到黄湾，亲自听取省委工作组对农村工作的最新指示与指导。省委工作组在谈话中特别提到可以利用借助海外和港澳关系，积极争取外资搞家乡建设。"在香港，不是有查济民和查良镛（金庸）吗？这是你们袁花的宝贵资源，可以好好借力呀。"

听到如此"指点迷津"的说法及定调，大家自然是茅塞顿开。回到新伟大队后，经过反复商讨和思考，新伟大队班子一行人，最终决定向香港著名企业家，同时又是新伟大队的"游子"查济民抛出橄榄枝，给查济民写一封信。

在信中，查银发代表全体村民对查济民表达三层意思。一是表达对查济民这位久离故土乡贤的问候。这里既有查氏一脉相承的血缘情缘，也有乡亲恭桑敬梓的桑梓之情，那是割舍不断的情愫。二是简要叙述家乡近年来发生的变化与进步。为了壮大集体经济，增加农民收入，提高农民生活水平，大队也在"苦思冥索"找脚路。作为破天荒事件之一，

1975 年，生产大队兴办了一个小型五金厂，为杭州张小泉剪刀厂加工螺丝。但这个五金厂规模非常小，只有五六个工人。同时，大队里还在筹建电子厂等。这是世代农民朝社队工业迈出的第一步，其意义和影响不容小觑，希望得到查先生的指导和帮助。三是发出诚挚邀请，恳请查济民在合适的时候回到家乡袁花，在故乡的土地上走走，看看。

信的内容基本拟定。接下来却遇到两个难题。一是有人提醒，香港那边使用的是繁体字，所以，这封信也必须使用繁体字书写。于是，村里专门请来一位会繁体字的老先生，请他誊抄。二是收信的详细地址不知该怎么写。这可一下子难住了查书记一行人：查先生到底住在哪里呀？好有人提示，查济民不是每月给其嫂子汇款吗？那张汇款单上肯定有具体的联系地址。听到这个启发，大家兴奋得手舞足蹈，拍案叫绝。因为一旦方法对路，原先那些困难或问题都被迎刃而解了。

投石问路。

于是，一封发自海宁袁花的信，寄往似乎远在天边的香港。因为，那里有一个声名卓著的游子叫查济民，有一个让乡亲们寄予厚望的乡贤。

纸短情长。

那一行行字眼，仿佛就是一幅幅画面、一声声呼唤。似乎是失散了几十载的亲人再次取得联系，互诉衷肠。这真是家书抵万金，乡情重千斤。

再说查济民一方。

接到这封来信，查济民反复看了两三遍。一股热泪顿时涌上眼眶，那里包含着惊喜、激动、兴奋与欣慰。

"家乡来信啦！"

"乡亲们邀我回家呢。"

"我要去看望查家的先人。"

查济民欣喜地与家人分享，并郑重其事地表示：赶紧回到家乡去。因为，那里安葬着自己的祖辈，那里生活着自己的亲属。那里的一草一木，一人一物，都凝聚着乡情。妻子刘璧如和儿女们也表示，希望早日跟随查济民一起去家乡袁花，以及去外公家常州。

"我们还没有回过家乡海宁，还没去过外公家常州呢。"

儿女们七嘴八舌地表达出遗憾的同时，更表达出强烈的心愿，希望早日去家乡看看。那里是根，是故土。

土地，是具有灵性的。家乡的土地，最终会给游子飘忽不定的脚以落脚的地方：踏踏实实。

查济民当即打定主意，来年清明节前后，回故乡袁花。

机会终于来临。1980年庚申猴年初，浙江省人民政府在香港举行春节招待会。作为知名乡贤，查济民应邀出席会议。会上，查济民主动向浙江省政协副主席汤元炳明确表示，希望能在清明期间回到内地，回到故乡海宁袁花，祭祀先人，看望乡亲。这一提议，得到相关领导积极回应：欢迎查先生回到内地，回到家乡考察走亲。

在得到肯定答复后，查济民便给远在海宁的二嫂写信。在信中，查济民主要说了两层意思，一是转告查银发等乡亲，今年清明节准备来袁花扫墓。二是请嫂子准备好祭祀用的一些物品，主要包括三条大鲫鱼，三斤瘦猪肉，还有是马兰头、豆腐干等。有鱼有肉，有荤有素，完全符合江南祭祀之传统要求。查济民的心思非常缜密，做事非常务实。

接到来信，乡亲们当然是喜不自胜，奔走相告。继而，精心准备，提前三天，村里派人对查家老屋里里外外进行大扫除，并准备好八仙桌和凳子等。村里决定在查济民老屋开两桌：两张八仙桌并排，并专门请来厨师做菜。

唯有诚心诚意，才能换来诚心诚意。

等待，翘首期盼。

1980年4月18日，查济民等在浙江省政协有关同志的陪同下，终于向阔别40多年的故乡海宁，向出生地袁花进发。他们从杭州出发，刚进入海宁地界时，查济民就时不时地摇下车窗，向前方张望，并深深地吸气，家乡的味道通过缕缕春风，长驱直入，弥漫在游子的心头。

"还有多远，还要几分钟到？"

清明节，江南已进入绿肥红瘦的时节。满眼都是葱绿，满眼都是生机。

近了，近了。

汽车终于驶入乡村公路，老家真的到了。

"少小离家老大回，乡音无改鬓毛衰。"

村口两边，早已挤满了自发而来的村民，真可谓"人山人海"。乡亲们热切地期待着，议论着。而查氏族人，查银发和社队两级干部代表则站立在人群前面。

一下车，查济民首先向嫂子以及查氏长辈深深鞠躬，以示极大尊重。

"嫂嫂好，我回来了。"

说出这句话时，查济民眼角明显湿润了。随即，查济民与社队干部一一握手问好，感谢大家对他嫂嫂以及亲人亲属的照顾。

1987年，查济民和嫂嫂亲切交流

从村口走到老屋，最多是一百米路。按照平时的步伐，两三分钟就到了。但由于查济民几乎是与乡亲们一一招呼、一一问候，而遇到年长的，他们之间几乎就是相互辨认的过程了，通过几十年前的一个细节或是一件趣事，激发彼此间的回忆，然后就是感慨万千。所以，这一路走了一二十分钟。而作为游子的查济民，这一段路，居然走了半个世纪。

到老屋门口，查济民没有急于进门，而是沿着老屋四周走了一圈，边走边向嫂嫂垂询，并仔细地察看，一一辨认。眼前的一草一木勾起查济民埋藏多年的记忆，那些远去的岁月，一下子苏醒过来，鲜活起来。

走进墙门，查济民仿佛回到了少年时代，亲切而温暖，因为院子格局和老屋基本陈设大致保持原样。

当他看到当年自己出生的那张大床后，特意向嫂子请求说：其他的旧东西可以清理，但这张大床以及院子里爷爷留下的两棵桂花树帮我留下，照看好。

在老屋，查济民用袁花土话热情招呼查氏长辈等，一一请他们入座。

此时，屋内满是亲情在倾诉，在弥漫，血浓于水。几十年光阴所造成的空白，需要找到一个共同点才能弥合，才能合拍，才能填满。

而屋外，更是人头攒动。闻讯而来的村民在老屋外围观，比过大年还要热闹，朴实的情感自然显露。查济民不时出来与乡亲们招呼示意，微笑颔首。这和蔼可亲的笑容，这发自肺腑的问候，一下子拉近了查济民与乡亲们的距离。亲不亲，一家人，熟不熟，家乡人。这样一位大老板，一个闻名海外的成功者，却是如此的谦逊、低调，真诚，乡亲们内心自然也是感到踏实，感到欣慰。乡亲们用非常本分的语言来描述查济民：他还是姓"查"，还是保持了查氏的传统和风骨。

他，是自己人！

在做好相关准备工作后，查济民带领家人，去祖坟扫墓祭拜。

在墓前，查济民恭恭敬敬地跪拜，这不仅是对查氏先人的祭祀和祭拜，也是对膝下这片土地的深情。这是最朴素，也是最真挚的表达方式。哪怕几十载时间，哪怕几千里空间，都不能阻隔一位游子对脚下这片土地的依恋和牵挂。

扫墓结束后，查济民一行在当地政府领导陪同下，走访了袁花老镇区。当他们走过海宁二中门口崇教寺古井时，查济民特意走近，仔细观望一番。而在市河边，查济民站立在卖鱼桥中间，向身边的人指点着，深情地回忆起半个世纪前的往事。那时，查济民坐船，都是从这船埠头出发，或去杭州求学，或去上海打工，最后是远走他乡。"逝者如斯夫。"这一走，就是几十年的光阴。查老一时感慨万千，唏嘘不已。

"回来了，回来了。"

而眼前，终于回到故乡，过往的一切都变成好奇，变成话题。家乡的气息，再次涌上他的心胸，而家乡的新貌，更是激荡起游子的心绪。

一边走一边看，查济民向大队干部询问新伟大队的情况，特别是村民收入，以及生活状况等。联系上次来信等背景，查济民重点询问队办企业情况。

当得知队里准备筹办皮件厂意向，但苦于资金等问题制约时，查济民当即表示，决定捐资 2 万元，帮助村里筹办新伟皮件厂。这无疑是雪中送炭。有了启动资金，村里才可以把蓝图变为实际。

当晚，查济民一行前往硖石。查济民和查银发等坐在一辆车内。在开往硖石途中，查济民叫司机开得慢一点，并把车窗摇下，便于自己向外观望并辨认。经过金敉庙时，查济民还特意让司机停一下车。因为查济民清晰地记得金敉庙昔日庙会的情形，热闹非凡。少年时有好几次他曾与小伙伴步行前来，土话叫作来"轧闹猛"，他们看戏文，买点心，做游戏。

"今夕何夕"。瞬间，记忆深处天真烂漫的少年时光与现实之间进行了有机对接。场景是改变了，那个少年也变成了老人，但这片土地还是依旧，气息还是依旧。于是，沉睡的历史画面一下子复活起来，并赋予崭新的活力，交融蓬勃。所谓激活，大概就是这个情景吧？

随后，查济民和大队干部在车里聊起市场经济、经营理念、企业管理等话题。查济民时而是耐心解释，时而是谆谆教诲。他告诫大家，要艰苦创业，要奋发图强，要脚踏实地，切忌一夜暴富的赌徒心理。最让队干部感到亲切的是，查济民保留了一口袁花土话，原汁原味，既没有居高临下的骄傲，又没有"诲人不倦"的压力，极为平易近人。

在硖石，查济民与相关领导以及富顺昌袜厂等代表进行交流座谈。

授人以鱼，不如授人以渔。

对于新伟大队，查济民的捐资无疑像是开启一个奠基礼，查济民的启发和指点无疑更像是指点迷津，使人茅塞顿开。查济民这一善举，既开启了大队级经济转型模式，更使农民，特别使大队干部开阔了眼界，坚定了脚步，带领人民走上致富之路。从另一个层面而言，中断了几十年的联系，如今再一次自然地连接。故乡，不再是遥远的梦想，也不再是陌生的熟悉。改革开放大潮，让港澳同胞、台湾同胞、海外赤子，有了起航的新港湾，新航线。由此，查济民与故乡的联系更紧密，感情更深厚，投资更加大。查济民，以拳拳赤子之心全方位开启践行"济民"内涵的实际行动，功德圆满。

回到香港，查济民几乎是"迫不及待"地向妻子刘璧如和子女们倾诉在家乡的所见所闻，绘声绘色，眉飞色舞，倾诉查氏亲属的温情和牵挂，倾诉乡亲们的热情和期待。查家上下，也为查济民思乡之情得到真实落地而倍感喜悦。

与此同时，查济民还在公开场合，结合亲身经历，向香港工商界宣传内地改革开放的环境和机遇，呼吁并鼓励大家，去内地投资，去家乡投资，做一个有情有义的炎黄子孙。有道是榜样的力量是无穷的。查济民这般"现身说法"以及"登高一呼"，极大地助推了香港各界与内地、与各自家乡的联络与投资。

1998年12月9日，香港浙江同乡会联合会在香港君悦酒店成立，查济民出任名誉会长。

所有的疑虑都已烟消云散，所有的通道都是畅通无阻。查济民和故乡之间再次开启"亲密无间"的模式。

从那年起，查济民每年回海宁，回袁花。特别是清明节，一定回来扫墓祭拜。或带着妻子，或带着子女。"慎终追远，民德归厚矣。"中华传统文明是一种礼乐文明。而查家是非常看重规矩和礼仪的名门世家。"仁"，是一个家庭的核心概念。有了"仁"才会有深沉的"敬"与"爱"。

令人感动的是，在查济民谋划回故乡海宁的同时，查济民与刘璧如也在谋划回常州。因为常州是妻子与岳父的故乡，它被查济民亲切地称为"第二故乡"。从20世纪30年代便开启了查济民与常州之间的善缘。常州成为查济民夫妇回到国内去的次数最多的地方之一。这里从三个侧面反映查济民和刘璧如的足迹及心思。所谓"乡贤"或"贤达"，就是以实际行动而赢得的。其一是热心公益。心中有大众，利益众生，造福一方，这是古今乡贤最明显的标志，或修桥铺路，或扶贫济困。譬如，1982年，常州修缮文笔塔，查济民、刘璧如伉俪欣然出资34万元人民币。其二是资助教育。孩子代表未来，心中有孩子，捐资助学，这是乡贤回报故乡最好的礼物，未来可期，功德无量。譬如，1989年，查济民刘璧如夫妇为实现其父刘国钧办职业教育的心愿，捐赠创建常州市刘国钧职教中心，培养造就有理想、有技能的一代新人。其三是投资办厂。心中有实业，实干兴邦。实干，才是走向富裕走向小康的康庄大道。譬如，1996年，查氏与常州国棉二厂合资成立常州名力纺织有限公司，投资总额2959万美元，注册资本1418万美元。

1987年9月23日，查济民再次回到袁花。时值丹桂飘香，天高云淡，气温渐凉，这是江南最舒适的日子，查济民的心情也格外舒畅。品尝家乡菜肴，叙说家乡风情，时而在庭院闲坐，时而招呼乡人，这是神仙一般的生活。对于劳碌大半生的创业者查济民而言，此时，是最为享受的时光，悠闲而轻松，温馨而满足。

但查济民还是没有"真正"闲着。看到院子里还有空间，于是他提议栽种树木。种树，可是有讲究的活儿。"文以载道"，种树也是有寓意的。查济民亲自去苗圃选树种，买回两棵名贵的玉兰树。在院子，查济民亲自动手，与工友一起把树木稳稳当当地种下。一棵树，就是一个希望。查济民高兴地对陪同的人说："愿我们的友谊常在，让我们的事业像玉兰那样茁壮成长。"这美好的祝愿，说出了大家的心里话，得到了大家的共鸣。乡亲们说，就把这两棵玉兰叫作"兴业树"吧，寓意百事俱兴、兴旺发达。这命名寄托了乡亲们对美好未来的渴望，朴实且真挚。查济民听了喜笑颜开，连连说好。查济民告诫大家说，"十年树木，百年树人。种树，是为了期待开花结果。而培育一个产业，特别是培养下一代人才，我们更要有目标，有愿景，勤奋踏实，才会成材成

在故居亲手种植玉兰树

功。希望大家多种树，多培养人才。"

令人惊奇的是，这两棵"兴业树"仿佛通灵性一般，比一般的玉兰长得更加粗壮挺拔，枝繁叶茂。更令人欣喜的是，在"兴业树"成长的同时，新伟村村级集体经济有了飞跃式发展，村民乡亲的生活和收入等也是芝麻开花节节高。当然，让村民们最欣慰、最自豪的是，新伟村教育得到很大提高，村民的孩子有的考入重点高中，有的考取重点大学，人才辈出。孩子，作为后起才俊，既是一个家庭发展的动力，也是一域发展的核心竞争力。

此时，查济民在故乡袁花开启了投资"旋风"。随着改革开放形势不断深化和发展，查济民对家乡经济建设投资一年比一年多，其投资企业如雨后春笋。查济民告诫乡亲们，家乡发展，产业结构需要调整优化，工业、农业、商业，都要齐头并进。其中，工业是龙头，是主导。工业强镇，袁花要因地制宜，以打造纺织业科技基地为目标，建立比较系统的纺织工业产业园，以拳头产品赢得市场份额。

积小胜为大胜。查济民在家乡投资办厂，捷报频传。

　　这里不妨以时间为轴，简要罗列相关企业的兴办过程和兴旺之形势。这都是实实在在的投资，真心诚意地助推。

　　1986 年，查济民投资港币 100 万元，与家乡袁花镇合办"袁花丝织有限公司"。这是查济民在家乡海宁投资建设的第一家企业。主要生产真丝绸缎。其产品远销日本、美国等国家和中国香港地区。兴办丝织公司，既是查济民之擅长，他积累有半个多世纪的经验，又是充分考虑到江南"丝绸之府"优越资源之条件。如此，因地制宜，得天时地利，所以袁花丝织有限公司一经投产，便顺利进入正常生产与销售之中。

　　随着对家乡与对内地了解的深入，查济民真切地感觉到，不光家乡袁花在发展、在变化，祖国各地也是只争朝夕，埋头苦干，改革开放春风吹遍神州大地。"忽如一夜春风来，千树万树梨花开。"历经磨难的祖国终于插上腾飞的翅膀。为此，一直践行"实业兴国"理想的查济民，感到莫大欣慰。1988 年，查济民仿陆游《示儿》而写作《借放翁句告儿孙》一诗，表达了期望家国科技进步，百业兴旺，人民幸福之心声。

2002 年，查济民视察海宁新海新纺织有限公司

1987 年冬，查济民出资 550 万元，引进一套英式万锭纱锭设备，与袁花镇工业公司合资兴办"海新纺织有限公司"，注册资金 870 万元。公司主要生产销售各类化纤纱线、混纺纱线。从项目规划开始，一直到机器安装、调试，直至试产，查济民亲自顾问。回到袁花后，查济民夫妇第一时间来到车间，与工程师、安装技工等交流。并一再关照，设备安装要有"百年大计"的思想，要保质保量，切忌马虎草率。在试产成功后，查济民兴奋不已，就像回到当初在大成厂创业时的激情中，完全不像是一位古稀之年的长者。因为查济民知道，公司一旦正式投产，就会给家乡带来可观的利润，就能给家乡建设给乡亲们带来实实在在的帮助与好处。

为此，他赋诗一首抒发心意，《回乡办厂有感》："得失无求建海新，家乡欲聚未然薪。满途荆棘芟难去，惭愧浮生号济民。"极"左"思潮等干扰已排除，家国转入经济建设为中心的高速轨道，查济民自加压力，决心做一个名副其实的"济国济民"者。其志向，其情怀，其气概，跃然纸上。

2003 年，公司改为"新海新纺织有限公司"。

创业史还在继续，丹心谱还在演绎。

1993 年，查济民投资 15 万美元，与海宁丝绸公司、袁花镇合资兴办"花溪制衣有限公司"，与袁花丝织厂连接成一条龙生产线。从丝织到制衣成品，均为出口，为国家创造外汇。另外，还创办了海宁纺织综合企业有限公司、海宁新高纤维有限公司等。

与此同时，查济民还在省内外投资办厂，四处开花。譬如，2000 年，收购濒临破产的杭一棉厂，成立杭州一棉有限公司。在江苏省，投资创办常州名力纺织有限公司、常州港华化工有限公司、东台名力纺织有限公司。在广东省，投资创办中山市大同纺织有限公司、英陶洁具有限公司等。另外，还在四川、重庆等故地投资。

由于投资规模、生产设备、管理能力、产品质量等均有相当的水准与保障，在家乡袁花的这几家企业经济效益都有不俗表现。这既为地方经济带来了"源头活水"，极大地促进了地方基础设施建设。也为国家创汇作出了实实在在贡献，有力地支持了"四个现代化"建设事业。

特别是海新纺织有限公司，其业绩尤为突出。公司坚持"持续、创新、高效执行"的企业精神和"团队合作、全程服务、实现共赢"的经营理念，"以质量创品牌、以创新求发展，向客户提供持续不断改进的产品和服务"的质量方针，为客户创造良好效益。20世纪90年代中，这家公司就进入嘉兴市"百强工业企业"，同时还跻身浙江省"三资"最大企业行列。年营业额1000万元。1999年，公司被评为浙江省行业最佳经济效益企业，人均创利税2.4万元。同时被嘉兴市评为现场管理先进企业。公司曾连续6年被评为信用AAA级企业。

良好的经济效益源源不断地滋润着一方土地和村民。随着村级经济不断壮大，道路、桥梁、路灯等基础设施得到根本性改善和提升。农民收入也有实质性增加。这其中，有查济民一份付出，一份功劳。乡贤最大的满足莫过于因为自己的努力、自己的能力，能为乡人做一份贡献。

令人感动与感慨的事一直在上演：查济民明确表示，这些企业所获利润中属于他的份额，他个人分文不取。这些钱或用于投入再生产中，更新机器设备，或是捐资于地方建设，造福乡亲，或资助孩子们读书上学。

查氏集团同仁俞国屏道出了查济民投资家乡的真实目的：来家乡开厂，绝不是为了自己挣钱，而是为了家乡多出人才，经济走上繁荣。

"大家好，才是真的好。"

"好人那!"父老乡亲都为有查济民这样的乡贤而自豪，"好人有好报。"

唐代大诗人白居易说："圣人非不好利也，利在于利万人；非不好富也，富在于富天下。"

很多时候，金钱就是一台鉴别仪，一台分析仪。在利益、在金钱面前，个人的理想、境界、品德、胸怀、格局等一目了然。

查济民说："作为企业家，应该以办好事业为目标……赚钱只是一个市场经济中的指标而不是目的，对事业成败的责任感和如何使事业健康发展，才是最重要的。金钱作为物质或知识产权的交换媒介，将它转化为资产……经济才能有所成就，广阔、长远的经济建设才成为可能，才能对国家、民族作出较大的贡献。"

在查济民心中，国家和民族就是指南针。

1994 年 11 月，查济民从北京开会回到家乡。他顾不上休息，第一时间就指示，去海新纺织有限公司看看，去家乡新建的马路和桥梁等看看。

查济民夫妇在车间

面对家乡日新月异的进步，面对村民生活翻天覆地的变化，查济民倍感欣慰，"有如此好的政策和环境，大家只要勤劳勤奋，只要肯想肯干，一定会过上好日子的。"

他在与时任海宁市委书记沈雪康交谈中，高兴而自豪地说："海宁是我的故乡，近几年海宁和大陆其他地方一样，经济发展很快，我每次来都有一种新的感受。"查济民表示，在家乡海宁将继续扩大投资，为家乡建设出力。

在考察海宁几家工厂后，查济民决定新的投资项目。首期投资 500 万美元，在家乡袁花独资创办一个集印、染、纺机配件和纺织生产为一体的公司。这既是查济民一以贯之热爱专业之所在，也是他孜孜以求的梦想，在家乡海宁兴办具有世界行业竞争力的先进企业。

1995 年 7 月 21 日，海宁纺织综合企业有限公司（简称 HTA）成立，注册资金 1430 万美元，查济民首期投资 500 万美元。经营范围包括生产销售纺机配件、化纤坯布、无纺布及印染加工，纺织原料（棉花除外）、纺织制品等。

2000 年，查济民在家乡投资 4400 万美元，创办海宁新高纤维有限公司。

2005 年，查济民又在家乡投资 2600 万美元，创办海宁新能纺织有限公司。

海宁新高纤维有限公司

如此频频大手笔出手的人，在一般人的概念中，他必定是一位大老板，其生活一定是豪华无比，让人羡慕。但在乡亲们眼里，查济民却是一位"亿万富豪、俭朴清廉"① 之人。

查济民是著名的爱国实业家，家财万贯，身价千亿。对国

---

① 中共海宁市纪律检查委员会编：《清风廉影　海宁历史人物廉洁故事》，中国方正出版社 2010 年版，第 227 页。

家对他人往往慷而慨之，一掷千金，但对自己却特别"吝啬"。

查济民生前每年总要来家乡省亲或视察工厂。每次来袁花，总是那么低调，不喜张扬，不愿麻烦当地政府。一件浅灰色的夹克衫已穿了多年，见了人总是笑眯眯的，老少和气，没有一点架子。难怪乡亲们都说："查济民不像个有钱的大老板，倒像个老农民。"每次来袁花，查济民不进饭店受招待，总是悄然来到"海新纺织有限公司"的食堂，由食堂炊事员给他炒点家乡土菜。他说："我最喜欢吃的就是皮子炒青菜、马兰头炒豆腐干。"

不忘本的查济民。

查济民十分清楚，加大投资与建设固然重要，但一个地方或是一个产业核心竞争力在于人才。唯有重视教育，培养人才，才是百年大计，才是可持续之道。

在海宁，查济民亲自至少有七次捐资，给家乡教育事业添砖加瓦，助一臂之力。

饮水不忘掘井人。查济民始终牢记在家乡接受的启蒙教育，因为这是他学业的起点，开智的起点。当查济民第二次回故乡时，主动问及当地小学办学情况，问及当年自己上小学任课老师及他们后人的情况等。当听到村里小学办学条件还比较简陋时，当即决定资助故乡小学校园硬件建设提升工程。1984 年 3 月，查济民捐赠 10700 元，专项用于袁花新伟小学校舍屋面及门窗等的翻修改造。就此比较彻底地解决了校舍破旧的老大难问题。从此，教室不再漏雨，光线更加明亮。1995 年，查济民再捐赠 12 万元，用于新伟小学校舍扩建工程，进一步完善了校舍及辅助用房等。这两次工程，极大地改善提升了该校的硬件设施，从而为乡村学校教学水平大幅度提升，创造了优越的教育环境。所谓"积善成德"，育人，乃是最大的"善"，最深的"德"。

20 世纪 80 年代，随着"尊重知识、尊重人才""科学技术是第一生产力"等理念的广泛深入传播，全国高考制度的恢复、各类人才培养举措的强化，进入高校特别是名校成了亿万青少年的共同梦想，他们勤学苦读，全力以赴，在高考这座"独木桥"上展开激烈竞争。家乡海宁的莘莘学子在攀登的征程中也是争先恐后，你追我赶。为了大力激发师生潜能、开创教育佳境，创造脱颖而出机制，1985年，查济民赠款10万元，在袁花设立"查济民奖学金"，其中有一项是专门奖励新伟村品学兼优的学生和潜心任教的教师。1992年9月，他捐赠20万元，在袁花镇中心学校设立"查子琴奖学金"（子琴，系查济民先父之号），奖励考取大中专院校的学生，以及毕业后回到家乡工作的毕业生。这些奖项，无疑具有"及时雨"功效，极大地助推了培育人才，报效家乡之风尚的形成及光大。

1996年，查济民夫妇视察海宁市高级中学

当然，查济民捐资兴学的善举不仅仅限于家乡海宁。他在浙江宁波、临安，江苏常州、太仓，湖南益阳，广东中山，以及上海、重庆等地，或投资兴办企业，或捐资资助办学及修复名胜古迹，或出资赈济受灾民众，如此等等。

对于海宁市高级中学师生而言，"查济民"则是一个朝夕相处，极其熟悉而温暖的名字。他，仿佛就是这个大家庭中的一员。既像是一位睿智的长者，博学深邃，又像是一盏明亮的"灯火"，照亮前程。因为，学校图书馆之名是以查济民命名的。

事情是如此起因的。1994年10月，查济民偕夫人刘璧如返家乡海宁考察时，了解到浙江省一级重点中学海宁市高级中学的阅览室不能满足师生学习需求，查济民当即决定捐资100万元，用以建造现代化图书馆。经过精心设计与建造，该图书馆于1996年3月竣工。图书馆占地面积6248平方米，功能齐全，设施先进。其中，阅览室分别设有教师阅览室与学生阅览室等。宽敞明亮的空间，端庄雅致的布置，为师生学习与研究等提供了良好的条件。

为了不忘查济民先生的恩德，让海高师生与查先生始终相伴，激励见贤思齐、砥砺前行、才子辈出，图书馆被命名为"查济民图书馆"。由原全国政协副主席、著名科学家钱伟长为"查济民图书馆"题写馆名。

穿越历史，唯有书香。泽被后学，功德无量。

弦歌不辍，薪火相传。

亲情，是融入血液的基因，是割舍不断的纽带。而亲情，总是与一方水土联系在一起的，结合在一起的。查家的家国情怀，与家乡海宁的故事还在上演，还在继续。

"我们兄弟姐妹在父母的教育下爱国爱家乡。家父虽已过世，但我们家族会尽全力继续走他的路。"[1] 查济民长子查懋声如斯说。"我们永远是海宁查家的人，我们的根在海宁。"

查家是这么说的，更是这么做的。实际行动是最好的证明。这对于新袁村的村民而言，可能是最具发言权，感受最真切的。为了秉承查济民先生的遗志，以关爱家乡老人，回报桑梓为宗旨，2013年，查氏集团决定在新袁村给全村老人发新年红包，以实实在在的举动，给家乡老人以实惠、以祝福。众所周知，农村老人，是最勤劳、最节俭，也是最需要关怀的一代人。查氏集团在年底通过红包的形式，让老人多了一份

---

① 《查济民诞辰100周年座谈会举行各界名人忆查老》，中国新闻网，2014年4月14日。

期待，多了一份"惊喜"。而这一创举，也为营造敬老尊老良好风尚，为乡村文明建设添加了温暖的色彩。

新年红包金额从 200 元到 3600 元不等。具体发放标准是，60 到 70 周岁的老人每人 200 元，70 到 80 周岁的老人每人 300 元，80 到 90 周岁的老人每人 500 元，90 到 100 周岁的老人每人 1000 元，100 周岁以上的老人每人 3600 元。每到年底，辞旧迎新之际，查氏集团会与村里沟通，确定发红包的日子，然后按照村户籍人口中 60 周岁以上老年人的人数，确定发放红包数量。2013 年当年发放 16 万元。2014 和 2015 年分别发了 17 万多元，2016 年发放了 19 万多元。而到 2020 年，发放金额达到 23.25 万元。

到 2020 年，这项活动已持续 8 年，累计发放总金额达 150 多万元。

人与人之间的差别，往往源于是否有"这份心"。

据查氏集团同人俞国屏介绍，"20 世纪 80 年代查先生便在家乡投资，现在我们仍有好几家企业开设在新袁村。多年来家乡的父老乡亲给了我们极大支持，我们一直在思考如何对他们表达感谢之情。查氏集团发放新春红包就是传承查济民爱国爱乡的理念，热心社会公益事业的举措之一。"

查氏集团一年一度为全村老人发敬老红包的日子，好像过节一般的喜庆与热闹。因为这是一份真诚的心意，一份衷心的祝福。2020 年，全村共有 818 位 60 周岁以上老人收到新春红包。新袁村党委书记张涛表示，查氏集团八年如一日的坚持，为新袁村营造了爱老助老的良好社会氛围，引领村风村貌持续向好。

在新袁村，随便问一位父老乡亲，他们都对查济民先生充满感激，充满敬意。

"查老先生是我们村的骄傲，他为家乡的发展作出了重大贡献，全村人都感谢他，纪念他。"

村民许士康的话，代表了村民的心声。

有口而皆碑，不容易呀。

九、桑麻耆宿　求是一生

十年树木，百年树人。

查济民深谙这个古训的内涵。人才培养需要时间，需要优质资源，需要一流硬件。

浙江树人大学于1984年创办，它是我国最早成立的全日制民办普通本科高校之一。学校在创办过程中曾遇到资金困难等问题，以致影响工程进度。在汤元炳的介绍下，查济民得知了这一情况后，主动伸出援助之手，慷慨解囊。1986年春，查济民从百忙中专程赶到杭州，在树人大学首任校长周春晖陪同下，实地察看校址，参与教学大楼规划讨论。在基本了解实情的前提下，查济民决定捐资400万元，随后又增加60万元，用于建造一座6700平方米的教学楼。这无疑是"雪中送炭"之功效。为了纪念查先生的这一善举，弘扬捐资助学之良好风尚，浙江省政协决定将树人大学一幢教学楼命名为"查济民楼"。建成后的教学楼挺拔端庄，室内窗明几净，设施先进。师生们纷纷表示，要以勤奋学习，潜心工作的姿态，回报查济民助学初心。

杭州，树人大学，查济民楼。

从此，在查济民助学"版图"上，在查济民思绪中，杭州，又多了一个牵挂之地、期待之地。热心教育，期望孩子，那是最具前途，最富诗意的事业。在以后的日子里，查济民曾多次莅临树人大学，并在学校相继设立"查济民奖学金""查子琴基金会"等，以此奖励优秀的学生与教师，倡导良好的学风和教风，使其蔚然成风。

1986年1月，暨南大学教育基金会在香港正式注册成立，查济民出任理事。1987 年向该基金会捐赠 23 万港元，2006 年再次捐赠 100 万港元。

1989 年，查济民刘璧如夫妇捐资 100 万美元，在常州成立刘国钧职业教育基金。此外，他们还捐资 500 万港币，在中国科学院南京土壤研究所与香港浸会大学联建实验室惠联大楼。

1992 年，查济民捐资 6 万元，在海盐南北湖风景区建造一座"尊师亭"，纪念查家后人、20 世纪二三十年代在南北湖办学的著名乡村教师查开良先生。亭子虽不高大，更不豪华，但其象征意义却鲜明而深远。尊师重教，助力教育，成为查济民善举进行曲中最为亮丽激昂的音符，融入"教育强国"宏大的时代旋律之中。

作为对母校浙江大学报恩之情，查济民更是不遗余力。1996 年 10 月，查济民捐赠 400 万元，建造浙江大学之江校区求是堂。随后，查济民和查懋声父子俩开启更多合作项目，支助浙江大学高品质发展。

关于高品质发展，查济民认为唯有专业发展，惟精惟新，专心致志，才是高品质发展的基础与前提。而查济民的本行乃至起家的专业就是纺织业。对此，他是一见倾心，一生钟情。

从 20 世纪 30 年代至 90 年代，这漫长的半个多世纪，查济民一直为中国民族纺织工业，倾注心血，殚思竭虑，耕耘不止。

值此新旧世纪交替之际，查济民既回顾历史，又展望未来。他深信，随着科技日新月异，纺织业将发生翻天覆地的变革，将取得突飞猛进的成就。把握方向，预测前景，这从来就是"先行者"的姿态。热爱纺织事业，具有强烈民族纺织情结的查济民，在心底一直有一个强烈的念想：围绕纺织专业成立一个专门的基金，以此扶植科技创新，培育专业人才，助推行业进步。经过漫长的酝酿与论证之后，时机终于成熟，"瓜熟蒂落"。1992 年，查济民决定出资筹建香港桑麻基金会。这是众望所归之举，因为此时的查济民是业界风云人物，实力浓厚，资本丰富，由他出面组织，自然是最合适不过的了。同时，这又是自加压力之举，本该颐养天年的查济民怀有老骥伏枥之心，摇旗呐喊，奔走呼告，为民族纺织业跻身世界先进行列，出谋划策，亲力亲为。

人，是要有一点精神的。

一个人专心于一件事，纯粹且坚韧，这就是事业。查济民之于纺织业的故事，就像一个坚贞纯洁的爱情故事，告诉我们很多道理。

基金会以"桑麻"命名就体现出其良苦用心。因为我国纺织业手艺及工艺起源于桑与麻。这两种植物是大自然恩赐给中华民族的礼物。在四千年以前的华夏，就已经掌握了植桑、育蚕、制丝、织绸等技术。同时，种麻采葛，为绤为绤，制造生活用品，特别是用于服装，遮体保暖，这是中华文明最为显性的展示。出土文物发现表明，我们的先人对桑麻的制作及利用属于世界领先。我们可以骄傲地说，中华民族不仅是桑麻种植与生产的起源地，更是技术发展进步的高原地。随着生产力不断提升，我们的祖先不断发现各种天然纤维，并不断改善纺织染技术，从而开发出系列纺织品种。到两汉时，纺织产品除自给之外，还通过丝绸之路，大量输往西亚、中东，直至欧洲等地。桑麻，特别是丝绸，成为东方文明的代名词，成为亚欧贵族的追捧物，典雅而高贵，奇特而神秘。

历史需要传承，传统需要弘扬，创新。查济民深知肩负的使命：不仅要做一个出色的"接力手"，还要做一个出色的"助产师"，让古老的纺织业脱胎换骨，升级换代，迅速追上世界潮流，并再次成为世界纺织专业与行业的领跑者。而成立一个基金，以比较稳固的组织及各项机制为保障，特别是资金和人才的保障，可以为桑麻专业发展保驾护航，出谋划策。以"桑麻"作为基金会之名，可谓意味深长，又语重心长。桑麻基金会之宗旨在于，以中华民族光辉且厚重的纺织史，号召纺织界从业人员和专业学子，发扬爱国传统，重视科技创新，努力探索，潜心研究，为使我国从纺织古国、纺织大国跃进为纺织强国而奋斗。这是几代纺织人的光荣和梦想，奋斗与追求，任重而道远。

在逐步明确创办桑麻基金会宗旨和发展愿景之时，查济民清晰地表达了自己独到的意见，既实事求是，客观公允，又寄予厚望，充满期待。

查济民说："现代机器纺织工业自19世纪兴起以来，是很多工业化国家早期的主要工业。到本世纪50年代，因工资上升才逐渐为新兴的国家所代替。因此，在社会上有夕阳工业的雅号。我国的纺织工业，在中华人民共和国成立后到改革开放前，曾经对国家财政作出重要的贡献。目前虽然局部有些困难，可是这些困难都是由于管理和技术力度不够所产生的。"

"中华民族有五千多年的发展历史。我们的祖先以丝绸和苎麻做衣服。这在史书中早有记载。两千年前的汉代，中国的丝绸曾以丝绸之路而驰名于西方世界。直到六百年前的宋元时期，棉花种植传入后迅速推广，成为又一重要纺织原料。上面所说的纺织工业，就是以棉纺织工业为代表。本世纪 50 年代后兴起了化纤，尤其是合成化纤改变了纺织业的面貌。第一代化纤，主要是代替一部分纺织原料；第二代化纤，有的改变了实用的性能，有的更改变了传统的发展工艺，无纺无织布已经有一些'搞'到我们身上来了，但是它的发展还不至于此，方兴未艾。"

"桑麻基金会的设立，就是要追溯中国纺织工业的历史，并且肯定纺织工业是和粮食一样重要，将永久存在。但是要发展就需要在科技、教育两方面着手。我们要研究如何提高纺织品的科技成分；对老祖宗传下来的传统原料，例如丝麻如何改善为利用，得以在国际竞争中立足、称雄；对新生的纺织科技争取世界性领先。例如数码图像可以通过计算机直接印花到纺织品上，超细或复合纤维可以直接喷丝成布，化学助剂加工在纺织品上可以改变它的实用性能等等课题已经开始。我们要鼓励我们的科技人员，朝创新、改进的方向发展。提高科技水平要靠人，奖励是我们培养人才的重要部分。希望桑麻基金会能在这方面作出一些贡献，和大家一起努力，把夕阳工业的夕阳，推到好似北极圈夏季的夕阳，几乎没有天黑就现出了朝阳。"

这不仅是对行业与专业发展的乐观态度，更像是一首激情澎湃的诗作，吹响中国纺织业走向世界前列的集结号。

查济民亲自担任基金会主席。桑麻基金会依据章程，设立受托人制度，聘请海内外著名人士担任高级顾问。基金会运作模式是：年初召开一次受托人会议，制订年度计划，包括财务预算、奖励的评定，颁奖大会时间、地点等。

桑麻基金会成立时，查济民慷慨解囊，捐资 200 万元港币。随着业务开展，查济民不断增加捐赠，基金总数在不断攀升。

我们不妨以几个时间点为序，摘要说明事实：1996 年增加 500 万元港币，1997 年增加 300 万元港币，1998 年和 1999 年，每年分别增加

500 万元港币，至 2007 年，基金已扩大到了 3000 万元港币。同时，在查济民的感召下，部分香港团体也有资助。众人拾柴火焰高，这是对纺织行业发展的支持，对查济民为人的肯定，更是对民族工业走向世界的贡献。

桑麻奖主要设立奖学金、奖教金、科技奖、杰出青年学者奖等奖项。奖励对象分别是：品学兼优、热爱专业的学生，献身纺织教育事业、成绩卓著的教师，以及对纺织行业科技进步作出突出贡献的工程技术人员。学生、专业教师、专业技师（工程师），这三者涵盖了纺织业发展、技术进步最核心的群体。可谓抓住了纺织业现代化的"牛鼻子"。

桑麻基金会每年主要做三方面的事情。①

一、依照桑麻奖学金、奖教金条例，评选奖学金、奖教金获得者。从 1994 年开始，基金会先后在具备特色纺织专业的天津工业大学、东华大学、浙江理工大学、北京服装学院、西安工程大学、武汉纺织大学和江南大学等七所大学设立奖学金。1994 年，奖学金设特等奖、一等奖、二等奖和三等奖这四个奖级，奖金分别为 1000 元、600 元、300 元和 200 元；奖励人数一般在 90 人。其后，奖金基数不断提高，到 2018 年，奖金分别提高到 10000 元、4000 元、3000 元和 2000 元，人数增至 300 多人。自 1998 年起，在上述七所大学设立奖教金。奖教金也由最初的 6000 元增至 10000 元。

二、依照桑麻基金会科技奖评选条例，评选科技奖获得者。基金会于 1997 年开始设立桑麻科技进步奖。1998—2001年又增设桑麻纺织青年学者奖，先后有 7 人获奖，共发放奖金19 万美元。2002 年起，设立桑麻纺织科技奖，奖励对象主要是中青年科技工作者，大幅度提高奖金额度。特等奖、一等奖、二等奖的奖金分别为人民币 10 万元、5 万元、2 万元。2008 年分别调整为人民币 10 万元、6 万元、3 万元。

---

① 毕国典：《走过 27 年不凡路，讲述香港桑麻基金会的故事》，《纺织服装周刊》，2019 年 9 月 24 日。

三、召开桑麻奖颁奖典礼。颁奖典礼在上述七所学校轮流举行，主要议程是：各方领导讲话、宣读获奖人名单、颁发奖状奖金、获奖代表发言和学术交流等。查济民任职期间，虽年事已高，但他几乎是每年到会，为获奖代表颁奖，并满怀深情向获奖者提出殷切期望，要大家爱纺织，爱国家，奋发图强。大会之后，查济民还亲自参加相关座谈会，认真听取会议代表对基金会工作的建议和期望。查济民和蔼可亲的态度，虚心诚恳的语言，平易近人的作风，给每位代表留下深刻的印象。女儿查美龙接任基金会主席后，继承了父辈的优良传统，事无巨细，亲力亲为。为基金会高效运作，使其发挥更大的作用，千方百计、殚精竭虑，倾注了满腔的心血和热情，付出了极大的辛劳和智慧。查美龙在中国香港及世界多个国家或地区投资、建厂或贸易，一线工作可谓千头万绪，日理万机。即使在百忙之中，查美龙主席坚持参加颁奖典礼等重大活动，到会亲自向获奖者表示祝贺，向长期参与和支持基金会工作的同人们表示深深的谢意。如此诚恳、谦逊的姿态，充分彰显出查氏家族精神，令人肃然起敬。

薪火相传，蔚然成风，可赞可叹。

在此，我们以时间为轴，以2000年新世纪前后为起点，择要回顾桑麻奖颁奖活动及相关新闻。以此展示查济民及其后人的足迹与风范。这些得奖新闻背后，是一个个有成就有故事的人，他们或是崭露头角的学生，或是年轻有为的青年学者，或是事业有成的专家等。他们站在领奖台，得到桑麻基金相应奖项，不仅得到荣誉，得到奖金，更得到新的动力。这对他们的鼓舞是巨大的，影响是深远的。这些奖项的获得，更促进了他们的工作，他们的人生与中国纺织业发展的紧密度。因为，人生的高光时刻，往往是最强劲而持久的"兴奋剂"，会释放出无穷的斗志。

所谓"领军人物"，不仅决定行业发展的速度，更决定行业进步的方向和前途。人才就是生产力，就是竞争力，就是民族纺织业振兴希望之所在。如此，查济民、查美龙、查氏集团对中国纺织业发展进步可谓劳苦功高，可谓功勋卓著。

1997年12月28日，"桑麻纺织科技奖在京颁发"。①

由著名实业家、爱国人士、香港特别行政区"大紫荆勋章"获得者查济民先生创办的香港桑麻基金会，日前召开了本年度的桑麻纺织科技奖颁奖会。北京服装学院黄关葆等13个单位的14名中青年科技工作者分获一、二等奖。

查济民先生是我国纺织界元老，从30年代初至今，为发展纺织工业倾注了大量心血，成绩卓著。他认为科技进步和培养人才属当务之急，并为此在1992年创办了基金会。

2001年与桑麻基金会国内受托人于天津工业大学

2001年度香港桑麻基金会颁奖典礼在天津举行。

2003年度香港桑麻基金会颁奖典礼在北京举行。时值桑麻基金会

---

① 《人民日报》，1998年1月5日，第4版。

十一年庆，查济民亲自到会，并发表热情洋溢的讲话。

非常欢迎各位莅临今天的盛会。转瞬间，桑麻基金会已办了十年，共奖励了两千多人次的优秀学生和近百位有贡献、有成就的老师，还有一百位优秀的科技人才获得桑麻科技奖，而且每年的桑麻科技奖参选项目中，高新技术比重迅速增加，体现了"科技兴纺"的宗旨。我想借此机会向桑麻基金会的顾问、受托人、捐款人等全体同人表示衷心的感谢，感谢你们在这十一年以来坚持不懈的努力和支持，令桑麻会有今天这一点微薄的贡献。

近几年来，我们国家的纺织服装行业实现了持续快速的发展。有资料显示：从去年8月至今年8月，中国向美国出口的纺织、服装产品总量达27.8亿平方米，首次成为年度输美服装第一大国，我们中国成为推动世界纺织产品、服装贸易的火车头。这一方面是顺应了全球纺织服装产品的生产供应链逐步向亚洲，尤其是向中国转移的趋势。另一方面也是由于国家多年来的持续推动，激发了中国纺织行业的巨大潜力与活力。

不过，目前纺织企业的经营并不平坦，有一些新的因素：棉花等原料价格今年以来大幅度上涨。国内纺织设备猛增，据说棉纺纱锭数量增加约1500万枚以上，无梭布机和印染能力也相应增加，化纤设备已达到世界几个第一。在出口方面，也由于国家降低出口退税率及美国正酝酿限制部分纺织品进口等因素而变得困难。形势并非上佳，竞争将会更加激烈，纺织企业要生存并取得发展，除了提高效率外，科技含量，无论在品质、成本还是在推销等方面，都愈显重要。我们国家虽有丰富的原料和优秀充足的人力资源，能以较低的生产成本生产较高质量的产品，但是也应该看到，中国纺织业要在激烈的国际竞争中稳固地保持世界纺织品、服装贸易领先地位，仅仅依靠资源的优势不足以争取到新的市场空间，必须提高产品质量、设计、技术含量和附加值，树立起自己的品牌，开发中高档次的市场，以高新技术开发更多新产品，迎合市场需要和增强对市场的应变能力。

2007 年 3 月，查济民先生谢世。桑麻基金会主席一职由其大女儿查美龙女士接任。查美龙秉承查济民先生之遗愿，将爱国精神发扬光大，将基金版图扩充添彩，大幅度增加投入，使基金会的功效和影响力进一步扩展。查氏集团于 2008 年捐赠 1500 万元港币，使基金会总额增至 4500 万元港币。

"在实际工作中，查美龙更是亲力亲为，为基金会的发展出谋划策，废寝忘食。"一代人有一代人的使命、一代人的作为。这是桑麻基金会的幸运，也是热爱纺织事业者的福音。

学生代表向查美龙主席献花致敬

实事求是而言，有钱能办事，能办更多的事，能招更好的人。最为显著的是，基金会提高所有奖项奖励标准，以此倡导科技创新，人才为本的理念。自此，查美龙不仅继承了查济民开创的桑麻事业，继往而开来，更把事业推向新的高度，新的辉煌，积极助推中华民族伟大复兴，积极助推古老纺织业焕发青春。查老先生九泉有知，也会欣慰而笑的。

2008 年 11 月 1 日，2008 年度香港桑麻基金会颁奖大会在北京服装学院举行。

2009 年 11 月 6 日，2009 年度香港桑麻基金会颁奖大会在东华大学举行。天津工业大学焦亚男的课题"复合材料组合支架用三维整体编织碳纤维预制件的研制"等 5 个项目获一等奖。查美龙专程出席颁奖典礼并发表热情洋溢的讲话。她对获奖者表示热烈祝贺，对在座的青年学生提出殷切希望，以振兴民族纺织工业为己任，以科技创新为突破口，刻苦钻研，争创佳绩。

2012 年 10 月 19 日，2012 年度香港桑麻基金会颁奖典礼在西安工程大学举行。苏州大学生物技术与生态研究院教授徐世清等 5 人荣获桑麻纺织科技奖一等奖；西安工程大学张辉教授等 35 人荣获奖教金；北京服装学院学生王菲菲等 294 人荣获奖学金。

2013 年 11 月 2 日，2013 年度香港桑麻基金会颁奖典礼在北京服装学院举行。周华堂的课题"百万吨级 PTA 装置工艺技术及成套装备研发"荣获特等奖，孙平范的课题"全自动电脑针织横机关键技术及产业化"等 4 个项目获得一等奖。

2014 年 11 月 22 日，2014 年度香港桑麻基金会颁奖典礼在东华大学举行。

2015 年 10 月 31 日，2015 年度香港桑麻基金会颁奖典礼在浙江理工大学举行。

2016 年 11 月 5 日，2016 年度香港桑麻基金会颁奖典礼在武汉纺织大学举行。武汉纺织大学化工学院权衡教授等 18 位荣获桑麻纺织科技奖。武汉纺织大学服装学院尹敏等 40 人荣获桑麻奖教金，天津工业大学学生连伟涛等 341 人荣获桑麻奖学金。

2017 年 11 月 10 日，2017 年度香港桑麻基金会颁奖典礼在天津工业大学举行。

2018 年 10 月 26 日，2018 年度香港桑麻基金会颁奖典礼在江南大学举行。基金会决定设立"桑麻学者"奖项，并从 2019 年起，桑麻学者评选将取代桑麻纺织科技奖，每年评选 4 位桑麻学者奖。

2018 年度，有 2 人获得"桑麻学者"殊荣，他们是天津工业大学肖长发教授和武汉纺织大学徐卫林教授。此外，为了表彰纺织行业院士们长期以来在纺织技术创新方面取得的卓越成就和作出的重大贡献，香港桑麻基金会和中国纺织工业联合会决定授予季国标、郁铭芳、周翔、孙晋良、蒋士成、姚穆、俞建勇等 7 位中国工程院院士荣誉桑麻学者称号。

2018 年，荣获香港桑麻纺织科技奖的共 11 名，其中一等奖 3 名、二等奖 8 名。45 名教师荣获桑麻奖教金，377 名同学荣获桑麻奖学金。

2019 年 11 月 8 日，2019 年度香港桑麻基金会颁奖典礼在西安工程大学举行。查美龙到会并致辞。会上，中国纺织工业联合会原会长王天凯宣读 2019 年香港桑麻基金会获奖名单。共有 376 名同学获得奖学金，45 名教师获得奖教金。

从查济民到查美龙，桑麻事业欣欣向荣，再上层楼。

限于篇幅，这里的叙述只能是一再浓缩，一再压缩，只能凸显几个关键词，凸显中心要素。而这简短文字背后，却包含着极其丰富的内容。因为，每一个场景都是具体的，都是丰满的。每一个会议，从主席台到整个会场，无不洋溢着欢声笑语，无不充满着振奋激昂。倡导创新，表彰先进，激励人才，主题明确而集中，气氛热烈而高昂。在座的每一位，都成为中国纺织业发展和进步的参与者、亲历者与见证者。

自 1992 年创立至 2019 年，桑麻基金会已走过 27 个年头，累计奖励 7703 人次，颁发奖金 2843 万人民币。[①]

桑麻基金会，为中国特色社会主义建设事业，特别是为我国纺织事业发展，跻身世界行业领衔者行列，为纺织人才培养，都作出了里程碑式的贡献。专业不会忘记，历史不会忘记，祖国不会忘记。

这 7000 多名获奖者遍布全国各地，大江南北。他们或是业界精英，或是专业人才，或是技术骨干，他们的年龄与身份等虽不同，但有一点却是相同的，即，为了祖国的纺织事业，他们在各自的工作岗位上，兢兢业业，奋发图强，都有骄人成绩，都有杰出贡献，并在具体的工作岗

---

① 毕国典：《走过 27 年不凡路，讲述香港桑麻基金会的故事》，《纺织服装周刊》，2019 年 9 月 24 日。

位上，带领鼓舞更多人一起前行。

> 查济民先生从事纺织工业已有 60 多年历史，对我们内地的纺织工业有着深厚的感情。他尊重科学、尊重人才。他认为科学和人才才是纺织工业发展的根本。为了支持内地纺织工业人才的茁壮成长，他牵头成立了桑麻基金会，用于奖励优秀的科技工作者及在校的大学生，为我国实施科技兴纺的方针办了一件最大的好事。查济民先生和他的同事们播下的种子必将会在祖国纺织百花园中开花结果。①

如果说桑麻基金会是一个专业奖项，只限于纺织行业，体现查济民一生钟情纺织、助力纺织工业与科技的发展、寄予年青一代纺织人于厚望的话，那么，"求是"奖则是一个范围更广的科技综合奖，一个更大的布局、更大的视野、更大的希冀。这成为查济民后半生最重大的决策，最重要的事业，从而充分体现查济民热爱国家，热爱科学，期望民族富强腾飞的伟大抱负。

如此，"桑麻"和"求是"，各有侧重，各有特色，积极助推国家科学发展，科技进步，人才成长。

功莫大焉。

1993 年，查济民想为祖国发展助更大的力，搭更大的台，结更多的果。作为一名信奉"实业救国""实业富国"的实干家，查济民首先想到的是科技的重要性。现代化进程中，国家发展靠科技，科技进步靠人才，人才辈出靠培养。于是便有了重奖科技人才、营造良好育人机制和氛围、创造先进的科研条件、促使更多人才脱颖而出的念头。为此，查济民与诺贝尔奖获得者杨振宁教授等交换意见，集思广益。一个科技奖的成功设立，至少要具备三方面要素：一是有足够的资金保障；二是有公认权威专家的把关评审；三是有一流科学家的认可及申报。查济民明确表示，基金会的全部资金由查氏家族提供，而基金会的组成、运作和奖励方法等，则由杨振宁这样既有成就又关心中国科技发展进步的著

---

① 中国纺织总会会长石万鹏在 1997 年桑麻基金会颁奖大会上的讲话。

名科学家负责，以保证奖项的权威性和学术性。该奖项旨在起到"雪中送炭"之功效，辅助国家科技事业进步，助推科学家研究成果早日呈现及落地。在查济民的人生概念中，"国家"和"人才"是两个至高无上因素，缺一不可。基金会拟以"求是"命名。在查济民内心，一张蓝图早已酝酿完成，一份忠诚即将大白于天下。

据杨振宁回忆，当时听了查济民的这些想法后，他深为感动，便情不自禁地联想起好友邓稼先等人的清贫生活，想起当时中国一批最杰出科学家的工作条件还比较落后与简陋，亟须改善与提高，于是欣然应允。杨振宁非常赞赏并赞同查济民的设想，并就相关具体问题多次进行商讨，最终达成基本共识。于是，由杨振宁出面邀请好友陈省身等大科学家担任基金会的顾问团队。①

经过前期准备，至 1994 年夏，基金会各项工作条件基本成熟。查济民正式出资 2000 万美元，创立香港求是科技基金会。以此积极助推中国科学研究及中国教育事业发展，奖励为中国科技和教育事业发展作出突出贡献的人才。

"求是"之名，源自浙江大学前身"求是书院"。查济民以"求是"命名，既是为进一步弘扬浙江大学一贯奉行的求是传统，又是表达了对母校的真挚情感。滴水之恩，当涌泉相报。因为，"求是"蕴含着一种精神，科学的精神、爱国的精神。

求是基金会聘请 5 名国际资深教授或知名科学家担任顾问及评委。他们是：国际知名数学大师、美国加州伯克利大学陈省身教授，物理学家、诺贝尔奖得主、美国纽约州立大学杨振宁教授，物理学家、中国科协主席、全国人大常委会副委员长周光召教授，化学家、诺贝尔奖得主、中国台湾"中央研究院"院长李远哲教授，医学界国家知名专家、美国加州大学简悦威教授。

世界一流学者，才具有一流眼界和学术标准。评委阵容，往往是设奖品质与保证等最直观的显示。

---

① 宁睿：《杨振宁"求是奖"背后的故事：1996 年就曾重奖屠呦呦》，www.sohu.com/a/342897955_178822。

查济民和求是基金会顾问合影

　　基金会每年向一批在自然科学领域取得卓越成就的国内学者颁发高额奖金，以此激励更多杰出人才，特别是年轻学者崭露头角，建功立业，形成热爱科学、报效祖国之时代风尚。

　　5 名顾问经过谨慎而严密的审核后，于 1994 年初夏首度评选出 10 位在数学、物理、化学以及医学等科技领域中有杰出成就的中国资深科学家，他们获得 1994 年 "求是杰出科学家奖" 奖项，每位获得奖金 100 万元。

　　1994 年 8 月 22 日，香港求是科技基金会在京举行颁奖仪式。一时间，国内外科技界的目光迅速聚焦。

　　光荣呀，在祖国科学领域默默奉献而功勋卓著的科学家终于走到台前，接受求是基金会颁奖，接受祖国人民的致敬。他们是共和国的功臣，是时代的楷模。

　　由香港实业家查济民先生筹款建立的求是科技基金会，今天在北京钓鱼台国宾馆举行颁奖仪式，奖励十位杰出科学家。

国务院总理李鹏到会向获奖的科学家表示祝贺。获奖科学家是：吴文俊（数学家）、邓稼先（理论物理学家，已故）、周光召（物理学家）、于敏（理论物理学家）、任新民（航天技术专家）、梁守槃（航天技术专家）、屠守锷（航天技术专家）、黄纬禄（航天技术专家）、钱人元（化学家）、陈中伟（医学专家）。①

在这首批获奖的科学家中，任新民、梁守槃、屠守锷、黄纬禄，这四位科学家的名字也许不为普通民众所熟知。但这四位是我国航天事业的元勋，他们在我国长征系列火箭等重点型号产品的研制和航天发展规划中，作出了杰出贡献。被业内尊称为"航天四老"。从"幕后"到"台前"，他们几乎坚守了大半生，奋斗了大半生！

查老表示，对这些科学家表彰，就是对祖国无限忠诚者的表彰，就是对科学孜孜不倦追求者的表彰。

1994 年 8 月在"求是杰出科学家"颁奖会上致辞

李鹏总理主持颁奖仪式并发表讲话。

李鹏在讲话中说，中国是一个发展中国家，实现四个现代化，要经过长期艰苦的努力，但我们坚信，中国要富强，中国一定能够富强。使中国富强起来，从根本上说，要依靠科技进步。李鹏衷心感谢查济民先生倡议成立求是科技基金会，高度

① 《人民日报》，1994 年 8 月 23 日，第 1 版。

赞赏他爱祖国、爱科学的精神，认为这不仅是对获奖的十位老科学家杰出贡献的表彰，而且是对广大科技工作者的鼓舞。[①]

万里、王光英、卢嘉锡、李沛瑶、朱光亚以及方毅、张爱萍、张劲夫和基金会顾问周光召、陈省身、杨振宁、简悦威，国务院有关部委领导和部分专家、学者 300 多人参加会议。

国务委员、国家科委主任宋健在颁奖仪式上指出："查济民先生真诚关心着祖国的建设事业和科学技术的进步，他曾促成首次将微型计算机引入国内，为祖国现代化建设贡献良多。现在，查济民先生又在不辞辛劳，多方奔走，发起设立求是科技基金会，用于奖励在国内工作的有重大成就的科学家以及资助祖国科技与教育事业的发展，这是一项功在当代、利及子孙的美好事业。"

查济民和夫人刘璧如及家人出席颁奖仪式。

会上，查济民夫妇向首期获奖者表示祝贺。查济民仿佛自己也得奖一般，心花怒放，满脸笑容。因为，只有真正尊重科学及尊重科学家的人，才会有如此发自肺腑的真诚与敬意。同时，查济民还向媒体特别强调，要以此为契机，加强对年青一代的教育引导，在全社会积极营造追求科学，热爱学习，争先恐后的气氛。

自此，求是基金会有条不紊地开展工作，卓有成效，享誉海内外。

1995 年 9 月 16 日，香港求是科技基金会年会在北京大学电教中心举行[②]。国家科委主任宋健主持颁奖仪式并发表讲话。北大校长吴树青到会祝贺。当年的"求是杰出科学家奖"颁给在遗传学领域作出重大贡献的著名生物学家谈家桢教授。本次会议上还决定，在首期设立"求是杰出科学家奖"的基础上，增设"求是杰出青年学者奖"和"求是杰出科技成就集体奖"等奖项。使"求是"这一奖项的覆盖面与侧重点均有体现及落实。

面向工作在基础科学研究第一线中青年科学工作者而设立的"求是杰出青年学者奖"，每年奖励 20 位从事数学、物理、化学和生物医学

---

① 《人民日报》，1994 年 8 月 23 日，第 1 版。
② 《人民日报》，1995 年 9 月 17 日，第 2 版。

研究的青年科学家。每年奖金 1 万美元，连续奖励 4 年。当年获得"求是杰出青年学者奖"的有丁伟岳、张泽、来鲁华、孙方臻等 20 位中青年科学家。应基金会顾问、中科院院长周光召的倡议，基金会特设"求是杰出科技成就集体奖"，每年奖金 20 万元，连续奖励 5 年。当年获得"求是杰出科技成就集体奖"的是在黄淮海平原沙地农业综合治理和开发作出巨大贡献的中国科学院兰州沙漠研究所延津试验站。

对青年学者的尊重与提携，对科研团队合作精神的鼓励与倡导，正是"求是"奖的初心和价值引领。

查济民会同顾问周光召及几十位科学家出席颁奖仪式。查济民不仅是求是科技基金会主席身份，更像是一位和蔼可亲父辈的身份，对获奖的年轻学者表示祝贺，并表达对获奖者早日成就大业的期望。结合自身的成长历程，查济民深深地体会到，被人肯定、被人期望，那是一件非常美好的事情，又是极其鼓舞人心的动力。如此情形，令人联想起同是查氏族人金庸在参观海宁高级中学时的题词"行见人才如潮自此涌出"的意境，可谓异曲同工之妙。

1996 年，获香港浸会大学工商管理荣誉博士

1996 年 8 月 30 日，香港求是科技基金会在北京中国科技会堂隆重举行"杰出科学家奖、杰出科技成就集体奖和杰出青年学者奖"的颁奖仪式。[①]

> 中国工程院院士、上海第二医科大学终身教授、血癌病理专家王振义教授荣获本年度杰出科学家奖。马志明、王恩哥、冯守华、刘进等 20 位教授分别代表数学科、物理学科、化学科和生物医学科荣获杰出青年学者奖。"青蒿素"及《中国生物志》分别荣获杰出科技成就集体奖。

有一个细节值得注意。在本次荣获集体奖中，新闻稿只出现了"青蒿素"研究团队。其领衔者在当时也许并不特别出名。可是，在时隔 19 年后的 2015 年，其首席科学家获得诺贝尔生理学或医学奖，成为首获科学类诺贝尔奖的中国人。她的名字叫屠呦呦。

据香港《大公报》报道称，"求是科技基金会"奖项是屠呦呦获得的首个境外奖项。当时，查氏集团在非洲尼日利亚设厂，工人数以万计，但每年都有工人死于疟疾，查济民非常痛心。对此，查济民有过专门回忆："……我清楚地记得，在卡杜拉工厂基建时期……白天火辣辣的太阳烤得人的皮肤脱下一层又一层，晚上凶狠的毒蚊叮得身体上的脓包一片连一片。"所以，当查济民获悉屠呦呦团队在进行青蒿素治疗疟疾的研究后，立即斥资相助，雪中送炭，度人度己。1996 年经杨振宁、周光召等评委决定，把杰出集体奖 100 万元港元奖金颁赠给屠呦呦团队。单就时间而言，求是基金会的这一举动，比诺贝尔奖早近 20 年便洞悉了此一研究成果的重要性，堪称独具慧眼。也再次证明，求是基金会奖项的学术含金量。

1997 年 4 月 20—21 日，求是基金会在美国加州三藩市湾区伯格亚图市召开董事及顾问会议。会议除讨论会务以外，经 5 名顾问审慎评选，一致通过定出本年度"求是杰出奖"名单。共选出 20 位在数学、物理、化学及生物医学各领域的青年学者获"求是杰出青年学者奖"，又定出颁

---

① 《人民日报》，1996 年 8 月 31 日，第 2 版。

发两项"求是杰出科技成就集体奖"。予以"人工合成胰岛素"之研究发展工作有杰出贡献的科学家共9位,总奖金人民币150万元;予以"地球早期生命演化与寒武纪大爆发的见证"中对参与此项获得国际重视之发现及研究工作,而作出贡献的科学家,定出其中8位,集体奖金人民币100万元。会议还一致通过颁奖大会定于9月17日在浙江大学举行。

如约而至。9月17日,求是基金会第四次颁奖典礼假浙江大学体育馆隆重举行。这是香港回归祖国后,查济民首次回到美丽的杭州。

人逢喜事精神爽。

此次颁奖地点设在浙江大学,查济民感到特别兴奋与满足。回到母校,故地重游,虽时隔近70载岁月,但查济民依旧感觉十分亲切,往事历历在目。他偕同夫人刘璧如、儿子查懋成及金庸等一起出席仪式。家人、亲人、朋友在一起,自然格外地亲密而甜美。

会前,查济民特意邀请夫人刘璧如一起,在浙大校园走走看看,重温昔日之美好时光,那是青春与汗水交织的岁月。

而眼下,成群结队的青年学子中间,这对头发银白的老夫妻,携手扶持,边说边笑,特别显眼,而成为另一道风景。

查济民的回忆,激发及激活了妻子尘封的记忆。

此情此景之下,刘璧如向查济民娓娓道来,叙述其昔日接受父亲刘国钧的教诲,以及日后的思考实践。刘璧如自青年时起就胸怀大志,重视教育,注重培养人才。她经常说:"个人的事业成功与否,除个人自身努力奋斗外,关键是以祖国的繁荣昌盛为前提,因此,不管身在何方,要热爱祖国,要养成良好的品格,要树立求是创新和勇攀高峰的精神,努力学好科学文化知识,培养健康的体魄和健全的人格,为祖国的强盛努力奋斗。"

本次颁奖大会新闻通稿中一再强调"弘扬求是传统,爱国重教,为科学昌明、民族振兴作出更大的贡献。"

李鹏、乔石委托专人打电话向颁奖典礼表示祝贺。

李岚清向颁奖典礼发来贺电。李岚清在贺电中向全体获奖者表示祝贺,向求是基金会的创立者查济民先生及各位顾问表示谢意。李岚清在贺电里希望求是基金会弘扬求是传统，爱国重教，为科学昌明、民族振兴作出更大的贡献。

董事长查济民先生，董事查刘璧如女士、查懋成先生，作家查良镛，中国科学院、中国工程院、新华社香港分社及国家自然科学基金会负责人等出席了颁奖典礼。①

来自中国科学院生物化学所、有机化学所和北京大学的邢其毅、汪猷等9人因对人工全合成牛胰岛素的突出贡献，中国科学院南京地质古生物所的朱茂炎、李国祥等8人因对研究早期生命演化与寒武纪大爆发的突出贡献，分别荣获"求是杰出科技成就集体奖"。文兰、王炜、吴奇、王志新等20人获得数学、物理、化学、生物医学4个学科的"求是杰出青年学者奖"。

颁奖典礼后，查济民夫妇与金庸一起回故乡海宁，并一起前往盐官观潮。秋高气爽，艳阳高照，面对滚滚钱塘江大潮，查济民感慨万千，他对陪同的市领导再次表达自己对家乡海宁的依恋和祝福。

1998年春，经4位顾问（陈省身教授因身体不适请假缺席）审慎评选，求是基金会定出20位在数学、物理、化学生物医学各领域的杰出青年学者获"求是杰出青年学者奖"。

9月22日，香港求是科技基金会"杰出青年学者奖"颁奖典礼在北京清华大学大礼堂举行。查济民夫妇出席颁奖仪式。②

1999年3月29—30日，求是科技基金会第七届年会在美国伯格亚图市召开。会议议决选出"杰出青年学者奖"得奖人共20位，分别在数学、物理、化学和生物医学四个领域各5位。每人每年得奖金1万美元，为期4年。

同年9月24日，在上海复旦大学相辉堂举行颁奖会。德高望重的陈省身教授感慨而充满信心地说，求是科技基金会的目标是，"我们会使中国的科学家，其成就能享誉国际，有如中国乒乓球一样，扬威国际，受人赞赏"。

---

① 《人民日报》，1997年9月18日，第4版。
② 《人民日报》，1998年9月23日，第5版。

科学，科学家，从来都是以实力和实绩而具备话语权的。新世纪即将到来之际，古老的中华民族继续弘扬卧薪尝胆的精神，急起直追，奋发图强，以科学精神为基础，求真务实、创新创造。中华民族的伟大复兴，势不可当，未来可期。

这其中，有查济民查氏集团的一份心愿，一份贡献。

2000年9月17日。这是新世纪的第一个金秋。春华秋实，在此时，在古城西安，科技界"少长咸集，群贤毕至"，盘点收成，畅想未来，承上而启下，意义自然非同往昔。

> 金秋时节，古城西安涌动科技潮。来自海内外的4500名科技工作者今天会聚这里，共议科教兴国、可持续发展和西部大发展大计——中国科协2000年学术年会今天在这里隆重举行。
>
> 开幕式上还举行了三项发奖仪式。著名物理学家杨振宁、著名医学家简悦威、香港著名爱国企业家查济民、著名科学家周光召依次向获得第七届香港求是科技基金求是杰出奖、第三届中国科学技术协会求是杰出青年实用工程奖和求是杰出青年成果转化奖的36位青年科技工作者颁奖。[①]

新世纪，新气象。

我们将行进速度推至快进键模式。择要摘录求是奖颁奖时的一些亮点或花絮，作粗线条的展示。

2001年10月25日，第二届"求是研究生奖学金"颁奖典礼在中国科技大学举行，51名优秀硕士、博士研究生获奖，每人获奖金5000元。求是研究生奖学金由香港求是科技基金会捐资设立，用于奖助内地优秀研究生，鼓励更多的优秀人才留在国内攻读学位。[②]众所周知，学科或行业的精细化分工，意味着科学的进步。而奖项针对性设立，精准性嘉奖，真正体现"好钢用在刀刃上"的策略。这足以表明求是奖的战略高度与高明。

---

① 《人民日报》，2000年9月18日，第1版。
② 《人民日报》，2001年10月26日，第4版。

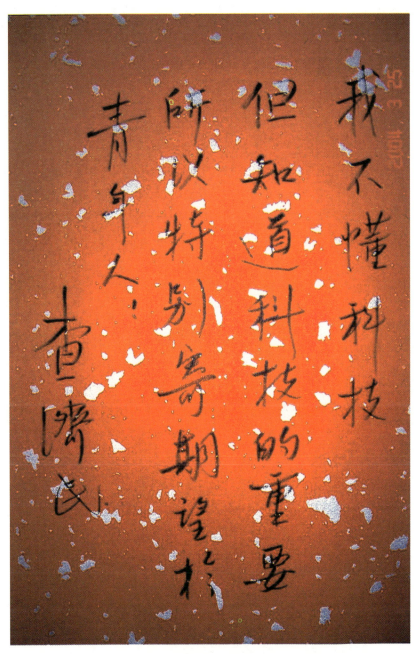

2004 年，求是十周年查先生题词勉励年轻人

2005 年 8 月 20 日，中国科协 2005 年学术年会在乌鲁木齐召开。本年度共有 20 名科学家获求是科技奖。中国科学技术大学教授潘建伟被授予"求是杰出科学家奖"，获奖金 100 万元人民币。35 岁的潘建伟教授在量子信息论和量子论基本问题等世界学术前沿领域取得的一系列开创性成果，将我国多粒子纠缠态实验研究带入国际领先水平。朱碎焕、王传福等 19 位科学家获得"中国科协求是杰出青年奖"。

> "求是杰出科学家奖"由香港求是科技基金会创设，这一基金会由查济民及其家族于 1994 年捐资 2000 万美元设立。该基金会奖项其后每年评选颁发一次，致力于奖励科技领域有成就的中国科技人才，努力推动国家科技进步，已累计奖励了包括"两弹元勋"和"神舟"五号功臣在内的数百位杰出科学家和青年科技英才。[①]

2007 年，查济民先生离世之后，长子查懋声接过接力棒，接任基金会主席。查懋声秉承查老的理想，心系中华，将基金会事业推向新的高峰，期望造就大批科技人才，始终牢记"科技兴国"的初衷与目标。因为，查懋声一直牢记父亲的教导："我父亲一天到晚跟我说，我想有一天我们祖国能强大起来，儿子你要努力啊，我们将来是要帮国家的。"[②]"我父母的一生都在身体力行，他们的言行，对我来说就是最好的教导。"[③]

查家爱国之传统与精髓感天动地。

2019 年，求是奖设立 25 周年。若是以一个人求学与成长之阶段而言，25 岁，正是青春勃发之际，正是"乳虎啸谷，鹰隼试翼"之时，大学本科已毕业，或在读研究生，或走上工作岗位。而对于一个奖项，25 岁，更是进入成熟期，"前途似海，来日方长"。它所释放的综合效应，不管是经济效应还是社会效应等，都已经是炉火纯青，游刃有余之佳境。

---

① 《人民日报》，2005 年 7 月 23 日，第 4 版。
② 《一同缅怀查懋声先生绚烂的一生（1942—2020）》，第 19 页。
③ 《一同缅怀查懋声先生绚烂的一生（1942—2020）》，第 25 页。

2008 年，求是大会摄于曼谷

2019 年 9 月 21 日，2019 年度求是科技基金会奖颁奖典礼在清华大学举行。诺贝尔物理学奖得主、清华大学教授杨振宁被授予"求是终身成就奖"。北京生命科学研究所研究员邵峰以及普林斯顿大学颜宁教授被授予 2019 年度"求是杰出科学家奖"。

2019 年度"求是杰出青年学者奖"则分别授予北京大学郭帅，南方科技大学李贵新，清华大学刘竹、彭敏、王朝，上海交通大学卢策吾，西湖大学石航，中山大学苏士成，南京大学王肖沐、袁洪涛，中国科学技术大学姚星灿，浙江大学周青共计 12 位青年科学家。

2019 年度"求是杰出科技成就集体奖"授予了流感等重要病原致病机制与防控团队。

回顾是最好的纪念。期望是最好的祝福。

从 1994 年至 2019 年，香港求是科技基金会成立 25 周年。这期间，共有 358 位在数学、物理、化学、生物医学及工程信息等科技领域中有杰出成就的中国科学家获得基金会奖励。其中"求是终身成就奖"

2 位,"杰出科学家奖"31 位,"杰出青年学者奖"192 位,"杰出科技成就集体奖"133 位。一共涉及 16 个重大科研项目,如青蒿素、人工合成牛胰岛素、塔里木盆地沙漠治理、铁基超导、神舟飞船等。①

荣光呀,为祖国科技事业作出杰出贡献的科学家。他们的成果,他们的贡献,化为祖国前进的步伐,成为民族腾飞的翅膀。

鲜花簇拥,掌声四起,这是站在前台接受表彰的功臣们应得的荣耀。当然,当念叨起及铭记这些杰出人物英名的时候,我们自然还会默默地增添站在"台后"杰出人物的名字:查济民、查懋声,以及查氏集团。

祖国和人民同样感谢并记得你们的名字。

求是基金会主席查懋声说:"求是基金会的出发点不是把我们家族或企业的名字宣扬出去,而是要继承我父亲的遗愿,真正为国家科技发展做些实实在在的事情,为祖国的强大贡献一份力量。"②

香港求是科技基金会,已然成为热爱家国的一个符号,助推科技的一个台阶,表彰英才的一枚勋章。

时间还在继续。求是奖则以百尺竿头更进一步的姿态进行,伴随中国科技进步,一路芳芳。

---

① 王知子:《诺奖得主杨振宁先生荣获"求是终身成就奖"》,2019 年 9 月 22 日,《中华时报》。
② 施一公:《求科技兴国之是——怀念查懋声先生》,《光明日报》,2020 年 1 月 26 日。

十、爱国爱港　赤子情怀

作为实业家，从 20 世纪 40 年代末起，查济民一直在香港兢兢业业创业，踏踏实实做事，老老实实为人。其名下的工厂或公司，从无到有，从小到大，直至享誉海内外。

心系香港，投资香港，建设香港，这自然就是热爱香港具体且真实的体现。爱，从来不会是空洞的，它有内涵，有形式，更有温度。查济民对香港的爱，有故事也有情怀，有热度更有力度。实力，给人以话语权，而口碑则给人以尊重感。而实力与口碑，并非一朝一夕而成。它是由时间与历史洗练、累积、沉淀而成。

美丽香港一角

一座城，一个人，一生情。

一言蔽之：香港，让查济民如鱼得水，大

显身手；查济民，则为香港的美好与未来，钟情一生，添砖加瓦。

作为慈善家，查济民热心社会福利事业，除担任香港东华三院总理之外，他还兼任仁济医院董事局永远顾问等一系列职位。慈悲为怀，大爱无疆。对普罗大众关怀，对弱者同情，对老幼呵护，永远是一把标尺：丈量出人心与人性。正如罗素在《我为什么而活着》一文中说他活着的理由之一是"对人类苦难不可遏制的同情心"。这可以看作罗素对生活的宣言书，也是古今中外许多人物共同的人生准则。济世利民，不管是对时代，还是对个体，查济民都表现出"性本善"的价值，臻于至善。

而作为社会活动家，查济民与香港，更是休戚相关，荣辱与共。他，有大格局，有大胸怀，有大作为，于是，便有大贡献。

众所周知，香港，是屈辱历史留下的一个伤痛。

回顾历史，我们清晰地看到，中国内地对香港主权问题一直是明确的，即香港是中华人民共和国神圣而不可分割的领土。早在中华人民共和国成立之初，中央人民政府就明确宣告："一切帝国主义列强，强加在中国身上的不平等条约，中国政府一概不承认。"在宣告主权的同时，我们主张在适当的时机，通过谈判解决这一历史问题。在未解决前，可暂时维持现状。

到 20 世纪 70 年代，国际形势出现巨大变化。其大背景，朝着有利于我们方向进展。特别是 1972 年 6 月 15 日，联合国非殖民地特别委员会通过决议，向联大提议从殖民地名单中删去香港与澳门。同年 11 月 18 日，第 27 届联大以 99 票对 5 票通过决议，批准了这一建议。这为香港与澳门问题最终而彻底地解决扫清了重大国际障碍。

1978 年 12 月，党的十一届三中全会召开，中国从此走上改革开放、政局稳定、经济繁荣的道路。以经济建设为中心，中国特色社会主义中国各项事业突飞猛进，日新月异，其综合国力得到前所未有的提升。大国底气，大国风范，大国外交，其国际威望和声誉与日俱增。

随着 1997 年日趋接近，"新界"租期渐近期满，香港前途成为各方注意力汇集的焦点。种种迹象表明，解决香港问题的时机已经趋于成熟。

该出手时，一定出手。

党的十二大提出了党和国家在 20 世纪 80 年代的三大任务：加紧社会主义现代化建设、争取实现包括台湾在内的祖国统一、反对霸权主义，维护世界和平。其中，实现祖国统一这个任务的重要方面，就是收回香港与澳门的主权。中国政府关于香港问题的立场是非常明确而坚定的：我们要收回的不仅仅是新界，而是整个香港地区，包括香港岛、九龙和新界。

1997 年中国将收回香港。

掷地有声，寸土不让，不容任何的讨价还价。

这里的伤痛，只有中华民族心底最清楚。帝国主义列强给中国人民造成的屈辱与伤痛，一直在流血，在发炎，在阵痛。现在终于到了清创、消毒、治愈的时刻。

收回香港，行使主权。

这里的豪迈，也只有中国人心里最明白。这是民族的百年期盼，百年抗争，一以贯之，从未动摇。

"母亲！我要回来，母亲！"①

诗人滚烫的语句，代表所有华夏儿女最迫切的心声，最强烈的意志。

于是，一大批有爱国爱港之心、有良知有远见且有影响力之人，挺身而出，登高一呼。或通过职位，或通过媒体，或通过界别，或直书中央，多渠道多方位地建言献策。在旗帜鲜明地拥护香港主权回归的前提下，提出有效解决问题的具体设想或方案。

这其中就有查济民。

"运筹帷幄，决胜于千里之外。"早在中英正式谈判开始之前的 20 世纪 80 年代初，中央分批邀请，先后一共有 10 位香港知名人士单独赴京。进京的主题非常集中明确，即香港回归问题。邓小平亲自接见他

---

① 闻一多：《七子之歌　香港岛》。

们，当面听取这些人士对解决香港问题的意见、看法或建议。这可视为中国共产党人坚持实事求是原则，坚持统一战线传统，注重调查研究传统的最好诠释。同时，彰显中央政府为解决香港问题的极大诚意和决心。而从另一角度表明，这些知名人士在香港的声望、地位与价值，可谓一言九鼎，举足轻重。令我们海宁骄傲的是，这10位知名人士中，有2位是海宁人，即查良镛（金庸）和查济民。

> 1981年7月18日，邓小平会见香港《明报》社长查良镛，即著名武侠小说作家金庸。这是邓小平恢复工作后会见的第一个香港同胞。
>
> 1982年3月20日，邓小平会见香港工商界知名人士查济民，向他介绍了中国政府解决香港问题的方针政策。"①

查济民向邓小平如实地汇报当时香港的实际情况。根据他的所见、所闻与所思，明确地表达自己的看法。他说："香港发展快，一靠人，二靠钱。如果人走了，钱走了，香港就不成香港了，只会剩下一座水泥森林。即便国家收回香港，也没有价值。所以要想办法安定人心。"为此，查济民建议，香港回归后一定要加强培养管理香港的人才，培养爱国爱港之才。

人心是最大的政治。所谓"得民心者得天下，失民心者失天下"。人心是决定历史走势的最强大政治力量，人心向背是最根本、最重要的政治力量对比。

从"安定人心"的角度看待问题，分析形势，查济民无疑是准确地抓住了解决香港问题的要害及关键。

赤胆忠心，赤子情深。在大是大非问题上，中国人历来最看重"忠诚"二字。

从此，查济民在不同场合、不同时间，提出了诸多为香港顺利回归的宝贵意见和建议。

---

① 张家康：《邓小平大智慧处理香港回归》，中国共产党新闻网，2017年7月18日。

查济民在中国染厂办公室

1983 年，在中英关于香港问题的第二阶段谈判前夕，查济民向中央提出建议。这是查济民政治主张及政治能力最集中的体现。此文后来全文刊登在香港的《经济日报》上。① 一时洛阳纸贵，影响甚远。

国务院港澳办副主任张晓明在查济民九十大寿时，曾在《人民日报》撰写《了不起的查老》一文，其中指出查济民是香港政权交接和平稳过渡过程中，向中央建言献策最多者，也是邓小平、廖承志等领导同志会见最多、听取意见最多者之一。

查老是一位坚定的爱国者，在事关国家和民族利益、事关香港繁荣稳定的重大原则问题上，他一向是非分明，敢说敢为。20 世纪 80 年代初，香港前途未卜。当一些有头有脸的人物热衷于设计"以主权换治权""中国人当董事长、英国人当

---

① 　香港《经济日报》，1998 年 9 月 10 日。

总经理"甚至"把香港交联合国托管"等方案时，他态度鲜明地支持中国政府于 1997 年 7 月 1 日收回香港。他多次就香港政权交接和平稳过渡过程中应该关注的问题和需要预先做好的准备工作向中央建言献策，是早期邓小平、廖承志等领导同志会见最多、听取意见最多的几位香港人之一。他当时提出的意见，有些已经变成了中国政府对香港的具体方针政策，有些历久而愈见其预见性。

查老的政治智慧在许多方面都有表现。在深圳设立经济特区的构想，最早就是他提出的。香港特别行政区基本法起草期间，查老连同另一位起草委员、著名武侠小说家金庸即查良镛先生，提出过一个著名的"双查"方案，主张在制定行政长官和立法会的产生办法时，应从香港的实际情况出发，体现均衡参与、循序渐进地发展民主等原则，反对急于搞"普选"。最近，香港各界围绕政制发展问题进行讨论，他又公开重申了这一立场。查老对香港和国家一片赤诚，对香港今日的成功有切身的体验，对资本主义制度及其发展规律有深入的研究，对香港的政治问题看得非常透彻，我笃信他的这些观点是一种真知灼见，而且是真正为香港的长期繁荣稳定着想的。

香港回归前，查老曾作诗一首赠送末代港督彭定康。诗云："罗马浴城鸡落汤，香港从此不宁康。无羞罂粟遗万恶，假计玫瑰吹一场。民主果为真妙药，皇家何不早施方？夕阳旗偃宜珍惜，归雁须防跛足翔。"

无畏胆量、凛然正气，跃然纸上，亦足见查老是一个无傲气、有傲骨的人。至于其中的诘问，彭定康先生大概是永远答不上来的。[1]

在香港回归期间，查济民的地位举足轻重，作用有目共睹。

---

[1] 张晓明：《了不起的查老》，《人民日报》，2004 年 4 月 12 日，第 10 版。

透过时空，我们可以对查济民在此期间的职责与作为等作一个概要式的回顾。

1985 年任香港基本法起草委员会委员。

1992 年被国务院港澳办和新华社香港分社聘任为香港事务顾问。

1993 年任香港特别行政区筹备委员会预备工作委员。

1995 年任香港特别行政区筹备委员会委员。

1997 年 7 月首批获得香港特别行政区政府颁发的"大紫荆勋章"。

若是说这些都是大概念、大头衔，都比较抽象的话，那具体化的评价与细节当属并肩奋斗者最具发言权。

作为自 1985 年 7 月赴港上任，在香港工作了 13 年，经历了香港整个过渡期的新华社香港分社副社长张浚生，对查济民爱国、爱港、爱家乡的思想立场等有亲身的见闻和感受，可谓知根知底。张浚生是这样评价的："查济民先生是香港著名的实业家、爱国人士，可以说，他无论对香港的发展，还是维护香港的繁荣稳定，为香港的平稳过渡，以及为祖国的开放改革和现代化都作出了重大贡献。查济民先生对我国收回香港，恢复行使主权一直是坚决地拥护……"切中肯綮的评价，源于共同的理想追求，源于密切的交往交集。

前途是光明的，而道路是曲折的。

经过艰难的谈判，中英双方达成基本共识。

1984 年 12 月 19 日，中英两国就香港问题在北京签署联合声明。其中，最为核心的内容是："一、中华人民共和国政府声明：收回香港地区（包括香港岛、九龙和"新界"，以下称香港）是全中国人民的共同愿望，中华人民共和国政府决定于 1997 年 7 月 1 日对香港恢复行使主权。二、联合王国政府声明：联合王国政府于 1997 年 7 月 1 日将香港交还给中华人民共和国。"同时确定了中国政府对香港的基本方针政策。

自此，香港正式开启回归祖国怀抱的脚步。明确的内容，明确的目标，明确的时间表。中华民族扬眉吐气，大快人心。

随着最为关键、最为核心问题的解决，以及基本方针与政策的确定，亟须制定并出台一部高屋建瓴、提纲挈领的法律来保障、来统领、来指导，并来解决大量的、具体的实际问题。呼之欲出的就是《中华人民共和国香港特别行政区基本法》（以下简称《基本法》）。

1985 年 6 月，中华人民共和国香港特别行政区基本法起草委员会委员名单公布（1985 年 6 月 18 日第六届全国人大常委会第十一次会议通过）①。查济民当选为委员。6 月 25 日，查济民出席新华社香港分社社长在世界贸易中心为基本法起草委员会中的香港地区成员举行的宴会②。7 月 17 日，中华人民共和国香港特别行政区基本法起草委员会的在港委员，接受基本法起草委员会的委托，就发起筹组基本法咨询委员会问题举行第一次会议。查济民出席本次会议。"根据北京第一次全体会议公报的精神，委员们对议题从不同角度进行深入的分析，经过民主协商，会议就几项问题取得了共同的看法。"③

张浚生曾回忆说："……在中英联合声明签署以后我们花了 4 年零 8 个月的时间起草香港基本法。查济民先生是我们中华人民共和国香港特别行政区基本法起草委员会的委员，而且，大家知道，对香港的民主和政治的发展曾经有过许多的争论，包括美国也横加干预，英国更是不遗余力地想在这里制造麻烦，想给我们制造困难。实际中现在基本法当中的政治部分，当时有一个叫作'双查方案'，就是由查济民和查良镛（金庸）先生两位提出来的，基本法的政治部分就是以他们的方案作为基础的……"

看似简短一段话的背后，却蕴藏着多少惊心动魄的政治旋涡及暗流。回归之船，历经风雨，极为不易。沧海横流，查济民就像是其中的一位水手，齐心协力，劈波斩浪，终于使航船驶向通往成功的航线。

在回归过渡时期，既要保持香港政治经济社会的稳定，尤其是人心

---

① 《人民日报》，1985 年 6 月 19 日，第 1 版。

② 《人民日报》，1985 年 6 月 27 日，第 4 版。

③ 《人民日报》，1985 年 7 月 19 日，第 4 版。

的稳定，更要坚定不移地朝既定的"九七"回归目标挺进。在这过程中，形势瞬息万变，情况错综复杂，矛盾此起彼伏，甚至还出现了"移民潮"等波折。本来非常明朗且清晰的香港未来，一时间变得莫衷一是，人心惶惶。

查济民深知自己所要扮演的角色，所要肩负的职责。此时，千万不能装聋作哑，千万不能出现事不关己，甚至是暧昧、骑墙的倾向或举动。该做什么、该说什么，或者不该做什么、不该说什么，他心里清清楚楚，明明白白。

"你是查济民，而查济民是一个爱国者。有多少人在看你的一言一行呢，你该出手做点什么了。"

查济民暗暗告诫自己。妻子和儿女，家人们都支持查济民正式出面表明态度，为香港顺利回归作出应有的努力和贡献。

查济民旗帜鲜明，立场坚定。他奔走国是，敢于担当更善于担当。查济民无疑具备了三项"真功夫"：其一是具有鲜明的爱国爱港思想和立场；其二是对中央制定的一系列对港方针政策的思路、背景，及香港回归祖国的历程等，有深入的了解与研究；其三是在香港有相当的知名度和影响力。这三者缺一不可。

1988年1月2日，国家领导人在深圳会见了香港知名人士安子介、霍英东、查济民。会见时，李鹏就新的一年世界经济发展趋势、世界经济形势对香港的影响，以及我国沿海如何发展外向型经济等问题，向三位知名人士征询了意见。查济民等积极回应，各抒己见。

> 安子介、霍英东、查济民在谈话中，对珠江三角洲开展"三来一补"、发展外向型经济的做法表示赞赏，认为珠江三角洲真正做到了对外开放，创造了良好的投资环境，经济发展形势很好。他们表示，香港要与珠江三角洲更好地配合，充分发挥各自的优势，今后两地经济将有更大的发展。[①]

1989年9月初，香港各界人士组成以社会知名人士包玉刚、安子

---

① 《人民日报》，1988年1月5日，第1版。

介、李嘉诚、查济民、霍英东等为主席团主席的香港同胞庆祝中华人民共和国成立 40 周年筹备委员会。因为，这既是共和国 40 周年大庆，更是香港明确回归途中的大喜事，香港民众表现出前所未有的爱国热情和真诚期待。对此，《人民日报》以《港澳各界人士欢度国庆》[①] 为题，发表新闻。

在《基本法》起草期间，香港各界最关注、争论最激烈的问题，始终是特别行政区的政治体制，尤其是行政长官和立法机关的产生办法等问题。经过一段时间的沉淀，根据多方的讨论，查济民联合同样具有政治眼光、爱国情怀与担当精神的查良镛（金庸）。金庸是《明报》前社长，此时也担任基本法起草委员会委员。审时度势，求真务实，两人经过周密的思考和分析，于 1988 年提出了一个有关香港政制发展的、具有建设性意义的方案。世称"双查方案"。其大致内容是：立法机关的直选议席，第一届占 27%，第二届增至 37%，第三及第四届为 50%；第一任行政长官由 400 人组成的推选委员会酝酿产生，第二及第三任由 800 人组成的选举委员会选出；在第三任行政长官任内，进行全民投票，决定第四任行政长官是否普选，以及第五届以后的立法机关是否百分百直选；如果第一次全民投票未赞成过渡到普选，则这种全民投票每隔 10 年举行一次。

其中，最为关键的建议是，首三届香港特首均由选举委员会选出，立法会最多一半议席由直接选举产生，直至 2011 年下半年再决定是否由一人一票方式普选行政长官和立法会。

这个方案基本符合香港政治生态与社会形态。它能基本保证并有效促进香港经济社会的稳定与繁荣，是具有建设性和可行性的。

慧眼识时势，时势造英雄。查济民政治上的远见卓识得到中央政府高度认可及肯定。

"双查方案"的主要内容后经修订，成为当时起草委员会的"主流方案"，更成为香港政制发展蓝图的基本内容之一。最后写进《基本法》的，大致上采纳了"双查方案"中之核心意见。当然，《基本法》

---

① 《人民日报》，1989 年 10 月 2 日，第 2 版。

有更高的站位，更远的规划。譬如，没有写上全民投票规定等内容，而是明确写为"循序渐进""最终达至"普选的决定。

总而言之，"双查方案"对香港的顺利回归打下了坚实的政情基础与民意基础。这可视为查济民等为香港回归作出的最重大而杰出的贡献。

众望所归，水到渠成。

《基本法》于1990年4月4日，经第七届全国人民代表大会第三次会议表决通过。同日，中华人民共和国主席令第二十六号公布。"《中华人民共和国香港特别行政区基本法》，包括附件一《香港特别行政区行政长官的产生办法》，附件二《香港特别行政区立法会的产生办法和表决程序》，附件三《在香港特别行政区实施的全国性法律》，以及香港特别行政区区旗、区徽图案，已由中华人民共和国第七届全国人民代表大会第三次会议于1990年4月4日通过，现予公布，自1997年7月1日起实施。"①

在参与并完成纲领性的大事，即《基本法》公布时，查济民已是近80岁的老者了。

照理说，他完全有理由松一口气，休整一下，以至颐养天年。但他仍是马不停蹄，频繁地在内地与香港之间奔波、操劳。或参政议政，或投资办厂，或捐资助学，主动履行社会责任。一个怀有使命的人，仿佛永远在奔跑。因为，前方充满风景，也充满未知与挑战。

1991年7月，长江流域发生严重水灾。灾情同样牵动香港各界，他们纷纷伸出援助之手，捐钱捐物，奉献爱心。查济民夫妇，查美龙、查懋声、查懋成等查家上下齐出动，不仅奉献爱心，还奔走呼告，利用各自的影响力，发动鼓舞更多香港市民参与募捐活动等。其丹心热血，日月可鉴。"香港分社赈灾办公室昨日收到香港同胞和社会团体捐款达1340.4万港元。其中知名人士查济民、刘璧如各捐100万港元……"②

① 《人民日报》，1990年4月5日，第1版。
② 《人民日报》，1991年7月18日，第1版。

查济民先生在办公

爱港者治港，爱国爱港是基础。

治理，从来都是政治行政的直观体现。治理，不仅需要政权保障，法制保证，也需要智慧布局。于是，未雨绸缪，集思广益，凝聚共识等来得至关重要。

1992年3月，应国务院港澳办公室和新华社香港分社之聘，首批香港事务顾问共44人受聘。查济民为其中之一。[①] 在香港，这44位顾问都是德高望重之人，都是叱咤风云之人。

在其位，谋其政。

查济民不顾年事渐高，依旧积极参与香港回归、与《基本法》相关事务，劳心劳力。这里，不得不佩服查老拥有一个强健的体魄，拥有一个顽强的意志。

1993年7月2日，香港特别行政区筹备委员会预备工作委员会组成人员名单经第八届全国人民代表大会常务委员会第二次会议通过，查

---

① 《人民日报》，1992年3月13日，第4版。

济民为其中的委员之一。①

1994 年 9 月 5 日，在庆祝中华人民共和国成立 45 周年前夕，香港成立香港同胞国庆筹委会，查济民当选为筹委会主席团主席之一。此间，可谓群贤毕至，香港各界著名人士，围绕香港回归，一致表达出期盼之情，并不辱使命，全力以赴做好相关工作。大家纷纷表示，"我们不仅亲眼见证，更是积极参与香港顺利回归，这是我们的使命，我们的光荣。"

> 我国恢复对香港行使主权、贯彻实施"一国两制"，是中国近代史上的一件大事，我们有信心齐心协力把这件大事办好，完成历史交给我们的光荣使命。②

对于香港，1994 年更是值得纪念的一年：一是中英联合声明签署十周年。随着时间推移以及期间发生的事情乃至波折，越来越证明中国人民维护主权的坚强决心，治理好香港的坚定信心。二是离 1997 年，越来越近了。游子尚有"近乡情更怯"之感，何况香港被迫离开祖国一个多世纪了。像所有热爱祖国的中国人一样，查济民感慨万千，心潮澎湃，他回顾国家民族百年兴衰，展望即将到来的 1997 年回归，对"一国两制"总设计师邓小平的敬仰之情情不自禁地流露。他欣然写下一首《金缕曲》：

> 忆昔童年日，被人称亚东病族，竞相奴役。官府昏庸库财尽，割地求和屈膝。好儿女，怎能忍得？抗战八年终胜后，便初期，创立新中国。经建始，左潮急。
>
> 开明改革新良策，始重兴，华风夏范，全民积极。联合声明还香港，宿耻今朝洗涤，令多少，同胞喜泣。现代史诗三百载，伊何人，最大功勋立？你老外，更无匹。

这首词，既是一幅百年沧桑图，又是一幅百年奋斗史，艺术地再现了中华民族百年苦难，也勾勒出民族不屈的风骨。民族解放，自力更生，特别是改革开放后的日新月异，突飞猛进。香港回归，一洗民族历

---

① 《人民日报》，1993 年 7 月 3 日，第 1 版。
② 《人民日报》，1994 年 9 月 6 日，第 2 版。

史的屈辱与悲情。"宿耻今朝洗涤，令多少，同胞喜泣"，字里行间洋溢着满腔的爱国之情，民族自豪。大有岳飞《满江红》的气概。

这是经历了内乱蹂躏与外辱沧桑，以及目睹了民族再次崛起振兴巨变后，一位老人的心声，这也是时代潮流凝聚而成的话语。中华民族伟大复兴，势不可当，前程似锦。

查济民深情地说："香港回归祖国，中国将以更加雄伟的姿态屹立于世界。这是邓公创造的'一国两制'构思的辉煌胜利，是坚持以和平方式解决争端的成功实践。凡我中华赤子，对此能不以诗歌之、以词颂之？"

在迎接香港回归的过渡时期，工作最忙最具挑战的，同时也是压力最大最赋使命之一的，是香港特别行政区筹备委员会组成人员。他们既要贯彻落实中央政府的原则、立场与指示，上情下达，又要充分结合香港经济社会实际，下情上达，实事求是，创造性地开展工作。如此上下政令畅通，上下爱国齐心，还有什么难事不能顺利且圆满解决？

1995年12月28日，全国人民代表大会香港特别行政区筹备委员会组成人员名单，经第八届全国人民代表大会常务委员会第十七次会议通过并公布。查济民当选为委员。①

此时，查济民81岁。

他，若是一匹马，便是"老马识途"，过往历史的沉淀与锻炼，使他目光如炬，充分看清方向，看透现实迷雾。

他，若是一把刀，便是"宝刀不老"，崇高的社会地位与名望，特别是强烈的爱国之心，使他坚定不移，充分行使神圣的职责。

1996年8月，香港同胞庆"十一"筹委会成立。来自香港各界的594名代表组成庆祝国庆筹委会。查济民担任筹备委员会主席之一。②

> 新华社香港分社社长周南在会上表示，有祖国作坚强后盾，有"一国两制"的正确方针，有基本法的保障，依靠全体香港同胞的努力，我们不仅能圆满地完成对香港恢复行使主

---

① 《人民日报》，1995年12月29日，第3版。
② 《人民日报》，1996年8月14日，第4版。

权的历史使命，而且在香港回归后，一定能够全面实施"一国两制"的伟大构想，使"东方明珠"大放异彩。①

1996 年 11 月，中华人民共和国香港特别行政区第一届政府推选委员会委员名单，经 1996 年 11 月 2 日全国人民代表大会香港特别行政区筹备委员会第六次全体会议通过并公布。查济民担任委员。②

在时间的推移中，蕴含着多少大大小小的事务要处理，方方面面的关节要打通。从港岛到北京，从内地到香港，在空间的转换中，"台前"和"幕后"有多少人为之奔走，为之辛劳。这其中，我们依稀看见了查济民匆匆的背影。

香港回归祖国

盼望着，盼望着。

在迎接香港回归祖国的期待中，查济民抚今思昔，悲欣交集，于 1996 年初夏，写下《香港回归在即有感》。越是关切，便越是迫切。查

---

① 《人民日报》，1996 年 8 月 14 日，第 4 版。
② 《人民日报》，1996 年 11 月 3 日，第 2 版。

济民此刻的心境，代表了所有华夏儿女期盼香港"重生"之情。

> 纪半烟消恨未消，虎门耻雪在今朝。
> 万夫忍辱山河泪，两制扬眉日月昭。
> 帝国旌旗行褪色，中华经建起高潮。
> 十年献曝欣归去，双桂家园香正飘。

鸦片之祸，割地之耻，屈辱之世，已一去不复返！中华民族同舟共济，建设家园，喜看丹桂飘香，温馨美好。诗人豪迈之情，喜悦之心，溢于言表，淋漓尽致。

高光时刻终于如约而至。

1997 年 7 月 1 日，全世界的目光关注香港回归，全中国的目光聚焦五星红旗在香港升起、《义勇军进行曲》在香港会展中心响起！

而作为于 1945 年 9 月 9 日，出席在南京陆军总部大礼堂举行的日军受降典礼的查济民，更是百感交集，欣喜若狂。虽时隔半个多世纪，但这是两个多么相似的一幕、两个多么难忘的时刻呀。他，不仅亲身经历了民族的苦难与屈辱，更见证了国家的独立与富强。

1997 年 7 月 2 日，香港特别行政区在香港礼宾府举行隆重仪式，特别行政区首任行政长官董建华向查济民等 12 位对香港回归祖国作出卓越贡献的香港知名人士颁授香港特区政府最高荣誉奖——大紫荆勋章。《人民日报》以《香港特区政府颁授最高荣誉奖章 12 位知名人士荣获大紫荆勋章》[①] 为题，发表新闻。

荣耀呀！这凝聚百年厚重、沉淀历史质感的勋章，沉甸甸，光闪闪。

他们是：安子介先生，杜叶锡恩女士，李福善先生，利国伟博士，查济民先生，徐四民先生，黄克立先生，曾宪梓先生，庄世平先生，霍英东先生，钟士元议员，罗德丞先生。

---

① 《人民日报》，1997 年 7 月 3 日，第 4 版。

查济民荣获"大紫荆勋章"

　　香港回归祖国后进入了历史新纪元。为确立香港回归后新的价值观，树立社会新风范，增强市民凝聚力，香港特区政府决定设立自己的勋衔制度，其中大紫荆勋章是特区勋衔制度中最高的荣誉奖章。根据香港特区的规定，大紫荆勋章受奖人必须是香港永久性居民，长期推动香港市民热爱祖国，关怀、支持国家事业，对香港多方面作出卓越贡献。大紫荆勋章每年颁发一次，受奖名单于每年7月1日公布。[①]

马不停蹄。

　　1997年7月11日，在北京人民大会堂，国家领导人与香港特别行政区筹备工作委员会委员合影。作为委员，查济民参与其中。

---

　　① 《人民日报》，1997年7月1日，第1版。

同年 8 月底，查济民夫妇来到故乡海宁。此时，金庸正在浙江大学讲学，得知查济民夫妇在海宁，便于 9 月 1 日，从杭州赶来海宁，与查济民夫妇等会合，一起前往盐官海塘观潮。

"世界潮流，浩浩荡荡，顺之者昌，逆之者亡。"这是孙中山先生面对海宁潮而留下的名言。

面对海潮，查济民与查良镛（金庸）两位查姓，感慨万千，指点江山，发表着对时局、对家乡发展的高论，沉浸在温暖的乡情中。

1997 年 11 月 1 日，经第八届全国人民代表大会常务委员会第二十八次会议通过，公布中华人民共和国香港特别行政区第九届全国人民代表大会代表选举会议成员名单。[①] 查济民为 424 名成员之一。更可喜的是，查济民之子查懋声，也是其中的成员。父子同会，一时佳话。

同年 11 月 10 日，香港特区九届人大代表选举会议举行首次会议，推选出了香港特区第九届全国人大代表选举会议主席团和主席团常务主席。上午，与会 383 名选举会议成员中 380 人一致推选马临、庄世平、安子介、李祖泽、查济民、钟士元、徐四民、梁振英、董建华、谭耀宗、霍英东（以姓氏笔画排列）等 11 人为选举会议主席团成员。[②]

积善之家，喜事连连。

在中国传统家庭中，主妇的作用至关重要。在查家，刘璧如，不仅是相濡以沫的妻子、慈祥温婉的母亲，更是进退有度，游刃有余，治家有方的主妇。

查家的兴旺发达与建功立业，离不开名门之后刘璧如的付出与功劳。

致敬，这不仅是对刘璧如女士个人的致敬，更是对其几十年如一日人品与美德的致敬。美好，才是美满之母。

……因为查氏企业集团能有今天如此发展、发达，是一点也离不开刘璧如的襄理作用和巨大贡献的。半个多世纪来，他

---

① 《人民日报》，1997 年 11 月 2 日，第 2 版。

② 《人民日报》，1997 年 11 月 11 日，第 2 版。

们伉俪风雨同舟、呕心沥血、共同奋斗，创造了美好灿烂的前程。他们的足迹，尤其是刘璧如的人生足迹，我觉得有不少东西值得我们思考，值得我们借鉴。①

1999 年 10 月，国际小行星中心把国际编号为 3960 号的小行星命名为"查刘璧如星"。以此表彰作为查济民夫人、杰出的女性刘璧如，对国家、对香港的贡献与奉献，表彰其家国情怀、其先忧后乐、其"出将入相"的品行。巾帼不让须眉，所以有人提议，"……把刘璧如女士修身、齐家、运筹决策等事迹写出来，将有助于成为有益于家国，立志做大事业的女性的参考。"②

铭记。不仅是对刘璧如功绩的尊重，也是对其所代表的一代女性的敬仰。

铭记，是一种力量。

2002 年 8 月 29 日，经第九届全国人民代表大会常务委员会第二十九次会议通过，公布中华人民共和国香港特别行政区第十届全国人民代表大会代表选举会议成员名单，共 955 人。查济民与查懋声父子继续当选为成员。③

11 月 1 日，香港特别行政区第十届全国人民代表大会选举会议在香港举行第一次会议，推选产生了选举会议主席团成员。

> 根据全国人大常委会委员长会议的提名，会议通过了选举会议主席团。主席团成员共有 15 人，他们是（以简体字姓氏笔画为序）马临、庄世平、李东海、李祖泽、李嘉诚、余国春、张永珍、查济民、钟士元、徐四民、梁振英、董建华、廖长城、谭耀宗、霍英东。④

---

① 朱永：《一位典型的华夏女性——我所知道的刘璧如》，《常州名人传记》（五）第 69 页，常州市政协学习与文史委员会编，2001 年 5 月。
② 朱永：《一位典型的华夏女性——我所知道的刘璧如》，《常州名人传记》（五）第 66 页，常州市政协学习与文史委员会编，2001 年 5 月。
③ 《人民日报》，2002 年 8 月 30 日，第 6 版。
④ 《人民日报》，2002 年 11 月 2 日，第 4 版。

国事家事天下事，事事关心。

2002 年冬至 2003 年春，在国人的记忆中，有过一段极其不平凡的日子。随之出现了一个"望而生畏"的名词："SARS"。在不同国家和地区里，有不同习惯称呼。在中国大陆惯称"非典型肺炎"，简称作"非典"。面对公共疫情，查济民当仁不让，急疫情所急，慷慨捐资。2003 年 4 月 18 日，《人民日报》以《香港各界捐钱捐物抗非典，北京市红十字会接受防非典药品捐赠》① 为题，发表新闻稿，其中专门提到查济民：

> 香港一些团体和各界人士继续捐钱捐物支援一线医务人员，并为本港抵抗非典型肺炎尽心出力。
>
> 今年已 90 高龄的香港知名实业家查济民时刻关注疫情发展，他为香港医务人员救死扶伤的忘我精神所感动，16 日以查氏基金会名义捐款 200 万港元，用以支持特区政府对抗非典型肺炎的工作……

善哉，善哉。

仁者爱人，大爱无疆。

---

① 《人民日报》，2003 年 4 月 18 日，第 2 版。

十一、诗意黄昏　神仙眷侣

基因是一种非常神奇的东西，强大且坚韧，绵长且忠贞。

基因，通过血脉流传，形成鲜明的家族印记，也通过家教、门风等教化与规范，薪火相传。

作为诗礼人家，书香门第的查家，其后人的血脉中仿佛"潜伏"了诗意的因子，浪漫的品性，坚贞的立场。

说是"潜伏"，并非空穴来风。意在说明，那是在等待时机、等待成熟。瓜熟，自然蒂落。

一切皆有迹可循。在此，可以出具一个"证据"，证明查济民不光拥有诗家的血脉，也延续了诗家的勤奋与刻苦。天赋与磨砺，并驾齐驱，缺一不可。那是在1933年，19岁的查济民从上海到常州大成二厂当技师。查济民是个勤奋好学的青年，下班后几乎都在寝室里读书思考。有一次，一位朋友去探视他。此时，他正在埋头朗读纳兰性德的《饮水词》。

鹧鸪天·离恨

背立盈盈故作羞，手挼梅蕊打肩头。

欲将离恨寻郎说，待得郎归恨却休。

云澹澹，水悠悠，一声横笛锁空楼。

何时共泛春溪月，断岸垂杨一叶舟。

只见他吟声琅琅，兴致盎然，心无旁骛，完全陶醉在诗情画意之中，竟不知有人进入他的居室。其钟情和投入程度可见一斑。

诗意地放飞自我，于务实中的诗性与浪漫，则是查济民人生的另一面。

历史如能假设，若没有日本帝国主义炮火侵犯而导致国破家亡、颠沛流离的话，若没有国民党反动派一意孤行发动内战的话，查济民"潜伏"的诗歌天赋也许早就得到呈现，意气风发，早已创作出诸多脍炙人口的诗篇，早就成为实业家中的知名诗人了。

可惜的是，这一切都是假设或推测。

厚积而薄发。天赋，可能会迟到，会被掩盖，但不会缺席。

令人宽慰的是，晚成，也不失为一种机遇，一种慰藉，一个迟到的喝彩。

诗情，一旦被"诗意"地激发与开启，就会绚烂成一道风景，就会流淌成一条河流，妙不可言。

商海起伏，走南闯北，摸爬滚打，百炼而成钢。忙碌大半辈子的查济民夫妇，在事业有成，颐养天年之时，宛如是其先人灵动的手指，拨动这对夫妇的心弦，让其打开诗意的视野，用"祖传"的手艺、诗歌的笔调，写出人生感悟，写出家国情怀，写出爱情甜美，写出伉俪幸福。内容之丰富，时空之交错，琳琅满目，令人目不暇接。这些诗句既厚重敦实，又通透灵动。这不仅是诗歌艺术的成果，也是家道"秘方"的崭新显现，更是人生历练的结晶。有道是"青春作伴好还乡"，若以诗歌及艺术做伴，则更勾勒出人生"黄昏"时分的多姿多彩。

余霞散成绮，几度夕阳红。

人生有寄托，且是诗意的寄托，精彩而美好的晚年莫过于此。换言之，生活以最美好的另一面回报或是馈赠查济民夫妇前半生的付出和功绩。生活是公平的，然后才是诗意的。

古稀之年的查济民，开始"正儿八经"地写诗，而且写得有声有色，写得有滋有味。查家诗性的传统，在他身上得到传承，诗性的光芒，在其诗行间闪耀。此时，闪烁在查济民脑海的更多的是一个个汉字的"登台亮相"，他像一位英明的指挥家一般，调兵遣将，呼风唤雨，让一个个汉字排列出思想的深度，情感的温度。查济民真正体会到当年父亲亲自教授他汉字时眼睛闪烁光芒的含义。汉字，是通灵性的，是有生命的。一代代人的传统及密码就蕴含在里面。

诗以道志。

查济民的后半生，在诗歌的烘托及渲染下，交织着灵性与厚重。他先后写下近300首旧体诗词。这是一笔极其宝贵的精神财富。这些作品主要集中3个方面：其一是对家国之事，特别是围绕香港回归祖国这一大事，或感怀，或抒情，或描述。譬如《参加香港回归起草委员会即兴》《香港回归在即有感》《满江红·回国有感》等。其二是对故乡对故人，或思念、或回忆、或感慨。譬如《呈邓颖超大姐》《回乡得病戏作》《来京观礼并赠廖晖》等。其三是对家人亲人的情感，或抒情、或描述，重点表现夫妻恩爱，家庭和睦。譬如《贺璧如七秩寿辰》《借放翁句告儿孙》等。

这些诗作，集中表达了查济民对祖国、对香港、对人民的忠诚，对家庭、对朋友的爱戴。"爱"，就一个字，而"爱"却又可以是千言万语，千变万化的。

作为诗家后裔，查济民可谓深得衣钵真传，十分明了诗歌的意义、价值和作用，从选择题材到表现手法，都需精挑细选，都需精雕细琢。每一首诗作，都是心声所在，都是真情所在，杜绝无病呻吟，杜绝逢场做戏。

通过媒体，我们最早看到查济民公开的诗作，应该是1985年初发表在《人民日报》上的《来京观礼并赠廖晖》[1] 一诗。其诗云：

> 依然签约此城市，
> 时势风光迥不同。
> 英烈壮怀三世志，
> 衣襟横涕忆先翁。

---

[1] 《人民日报》，1985年1月9日，第8版。

此诗以真挚的情感回忆了诗人与廖承志之间的亲密关系，抒发了诗人对香港即将回归祖国充满期盼，对故人充满思念之情。"情到诗成，这首处女作成了我写诗的开端。"查济民特别强调"情"字，这也是为古人所推崇的，"且夫诗者，由情生者也。有必不可解之情，而后有必不可朽之作。"①

基于身份及地位之故，诗人这第一首公开发表的诗作，其含义自然深刻而丰富。诗句虽短，对此诗的创作过程，查济民有明晰的追忆，明确的阐述：

> 我少时因战乱频仍，飘徙无定，故失缘于文学。后忙于实业，依然无暇顾及。惟生性爱好，婚后因妻璧如深爱古典诗词，故常偷闲共读，但为时甚短。至于动笔写诗，则已古稀之年了。激励我写诗的环境和动力，首先当推香港这历史遗留问题的提出和解决。20世纪70年代后期，我会见廖承志先生时，曾建议香港原有制度以不变为善。后廖公作古，1984年，我参加中英联合声明签字仪式并观礼，触景思忆廖公，写了《赠廖晖》七绝一首。在基本法起草的五年里，由于"草委"多诗兴，彼此在呕心沥血起草条文之余，常有小诗交流。此类雅举濡染了我，创作也就多了。我体会到，诗词属于形象思维，是抒发感情的一种方式。诗词是语言，它以提炼的优美的格律和形式，表达人们对客观事物的感受。古典诗词经久不衰，证明它有着强大的生命力。它是中国文学的瑰宝，是中华五千年的结晶，它应该受到珍视、保存和继续发扬。

诗中所谓"三世"，是指廖氏三代，廖晖、其父廖承志、其祖父廖仲恺（祖母何香凝）。"先翁"，即廖晖尊人廖承志。廖承志为祖国的统一事业，作出了重大贡献。1978年起，廖承志担任国务院港澳事务办公室主任。1983年6月，廖承志副委员长逝世，查济民发唁电表示沉痛悼念②。

---

① 袁枚：《答蕺园论诗书》。
② 《人民日报》，1983年6月18日，第6版。

"激励我写诗的环境和动力，首先当推香港这历史遗留问题的提出和解决。"爱国爱港，可视为查济民学诗的"初心"。这是查济民诗歌中最突出、最鲜明的主题。"熙熙攘攘议员多，九七桥头未有途。待得春风两岸绿，直通谈笑过罗湖。"①诗人直抒胸臆，其信心，其期盼，其豪迈，跃然纸上。

除了主题鲜明之外，诗人还十分注重对诗歌形式和表达方式的美学追求。其中，对诗歌语言美的追求，对中华传统文化的传承等，查济民都有独到的理解和把握。他的创作，他的作品，本身就是一个优秀传统诗歌"接力手"的作为。

如此，查济民，成为一个文化符号，不仅体现在诗句之中，还凸显在现实之中。他身上所散发出的儒雅、得体、睿智等美德的光芒，其实都是中华优秀传统教育、培养、熏陶之结果。

老树著春花，七十始吟咏。

一向做事谨严的查济民，直到 1988 年新春之时，赋诗一首《学诗》，才郑重其事地对外公开宣告"学诗"的爱好与举动。"七十岁开始学写诗，感到对人的修身养性陶冶情操有益。""对江山而写韵，借花鸟以言情。"字里行间充满仪式感，既表明对诗歌的敬仰，对自我的鞭策，更引发对科技革新带来变革的思考。在此，诗人揭示出一个有趣的话题，科技会突飞猛进，会超越传统认知的局限，会突破时空，而那些优美的诗句依旧会散发迷人的光泽，通过诗句依旧可与"李杜"对话，如切如磋，优哉游哉。

> 原知七十学诗难，难在时空差异间。
> 虽说律音无大变，奈何科技日昌繁。
> 天空探月平常事，星际穿梭只等闲。
> 电脑如能医未学，重建李杜旧诗坛。

但凡知名诗人，一般总有代表作，总有名句流传。同年夏，查济民

---

① 查济民：《参加香港回归起草委员会即兴 其一》。

写下著名的《借放翁句告儿孙》。巧妙地借用陆游这一传世名篇的主旨，一脉相承，这不仅是查济民诗作思想高度的彰显，更是一位老人忧国忧民之情的表达，倡导修德务实之风，期盼百业腾飞之愿，祝愿家国百业兴旺。而这，正是新时代华夏子孙共同的心声。共鸣，既是心灵的，也是时代的。

> 死去原知万事空，但悲十亿尚寒穷；
> 期增品德树威信，兼树谦勤笃实风。
> 曲巷千家齐奋发，华都百业皆图鸿；
> 神州经技飞腾日，家祭毋忘告乃翁！

这里丝毫没有矫揉造作，也没有东拉西扯及生搬硬套。"诗缘情而绮靡。"①其言也真真，其情也切切。如见其人，如闻其声。其和蔼可亲的神情，其催人奋进的力量，力透纸背。

诗言志，亦抒情，或直抒胸臆，或借景抒情。

关于家庭，关于爱情，查济民认为有三境界：一是青年时期，对事业有追求，对爱情有向往，奋发有为，持之以恒，这是第一境界。成家立业后，与妻子家人一起艰苦创业，走过艰难，渐次走向人生的巅峰，这是第二境界。到晚年，携着妻子的手，相濡以沫，恩爱日新，赏晚霞，观夕阳，过着诗意生活，这是第三境界。

查济民在诗歌创作中，有相当数量的诗作，与夫人刘璧如有关。刘璧如，不仅是倾诉的对象，抒情的目标，更是一唱一和的知音，高山流水，细水长流。白头偕老，这数十年，一朝一夕，那是一个漫长的过程，此间的情深，几乎无法用语言表明。好在他们夫妇都是诗歌爱好者。诗歌，成为他们间交流的"另一种语言"，直抵心间，贯穿灵魂。如此，诗意真正走入或是融入实际生活，低吟浅唱，吴侬软语，让查济民夫妇的日常，让查氏家族的生活，充满诗情画意。

---

① 陆机：《文赋》。

查济民、刘璧如夫妇合影

1988 年初夏，刘璧如 70 大寿。"人生七十古来稀"，更可喜的是查济民与刘璧如夫妇身体健康，心情愉悦。晚年身心安康，这是人生最大的福报。

查家举行庆祝仪式。为了祝寿活动，查济民除了事无巨细，亲力亲为之外，还特意赋诗数首，抒发对妻子、对家人的感激之情。虽是老夫老妻，依旧是相敬如宾，温文尔雅，直让人羡慕不已。爱，要表达，要恰到好处地表达。一个家庭内，恩爱尊重是硬通货，是硬道理，不管老少男女，皆为适宜，皆为通用。

其中，《贺璧如七秩寿辰》，以鸟瞰式的叙述，追忆往事，概括生活，直抒胸臆，抒发了对妻子刘璧如情深似海的感激之情。但凡怀有感恩之心，总会让人生与日常充满阳光，充满温馨。这就是查济民高明之处，诗意之处。

实业名门女史才，初归天下偏多灾。

故国战乱奔千里，异域兴家费剪裁。

侍奉萱姑勤执礼，栽培子女尽成材。

同甘共苦齐眉乐，釐庆儿孙绕膝来。

刘璧如挥毫题词

"关关雎鸠，在河之洲。"这边是情真意切的鸣唱，那一边自然也是发自肺腑的应和。家庭内，夫或妻，往往表现出对方的"另一面"，这是长期厮守与影响的结果。仿佛是作为对丈夫事业和为人成功的回报与助推，妻子刘璧如几十年如一日，相夫教子，尊老爱幼，精心打造和睦温馨家庭。这"贤内助"不仅是查济民取得事业成就最强的基础和保障，更是幸福人生最甜的源泉和依赖。为此，查济民始终心存感恩，铭记在心。这中间，自然也包含对岳父教导有方、知遇之恩的感激。夫妻间的感情，直接决定对彼此父母亲的态度和感情，并互为因果。感激感恩，是不忘本的根基，是回报的起点。查济民身上所表现的知恩图报，有情有义的品质，为中华传统美德增添新的内涵，鲜活的范例。

如此，我们对查家日常生活不由自主地充满"好奇心"。在此，我们可以通过他们亲朋笔下的描述，部分再现刘璧如及查家生活的真实场景，这有助于我们更加全面地认识刘璧如这位非凡女性的思想性格。子女有主见，有出息，有担当，有情义，这些结果，是对父母亲辛勤培养教导最好的报答。

　　如今她年逾古稀，7个子女个个成才，在世界各地发挥着"夫婿事业儿光大"的作用……只要你有机会和她接触几分钟，你就会被她那富而有礼、平易近人的态度所感染。她待人接物和蔼可亲，能虚心听取别人的意见，尤其喜欢和有学问、有修养、有思想的人士交往……她和济民每到一处，常常都要尽量邀请名流学者到他们家来作客，品茗畅叙，"有朋自远方来，不亦乐乎？"刘璧如则更善于把各个朋友的优点和成就讲给子女们听，让他们从小就受到这种"三人行，必有我师"的教育，所以她的子女个个龙骧虎视，年龄不大时就往往能够独当一面，发展着查氏企业集团的事业了。她的大女儿美龙管理着非洲的工厂，大儿子美声（小名麟麟）经营着愉景湾和南太平洋各地的旅游事业，其余两个儿子分管着中国染厂和美国的事业。两个女婿都是美国最大的半导体工业英脱耳总公司的副总裁，另外一个女婿在旧金山独立发展事业。[1]

是年，查济民与夫人刘璧如回常州。那里不仅是岳父和妻子的故乡，那里也是自己创业的出发地。那里有太多的印记，太多的往事。《偕璧如同游常州》一诗几乎是用白描的手法，却是卒章显志，言近旨远。

　　　　白家桥畔立多时，
　　　　浑恋沧桑不忘痴。
　　　　六十年前旧游地，
　　　　春风桃柳两心知。

---

　　① 朱永：《一位典型的华夏女性——我所知道的刘璧如》，《常州名人传记》（五）第70页，常州市政协学习与文史委员会编，2001年5月。

集腋成裘。

查济民夫妇的诗作，随着时间的推移，已积累到可观的数量。这些诗作，既是查济民夫妇真实生活的艺术化写照，也是时代鲜明特征的烙印与痕迹。或大事记，或小酬唱，都弥足珍贵。

奇文共欣赏，如琢且如磨。1993年，查济民迎来80大寿。满脸慈祥的查济民与夫人刘璧如商量，决定在香港出版夫妇俩的诗词合集。由查济民写的《惠时集》（惠时是查济民的字），与夫人刘璧如写的《联弟集》诗篇，合编成为《惠联诗草》。

在《惠联诗草》内，前有精美的彩照插页，或伉俪倩影，或合家之欢，紧接其后是《惠时集》，内有查济民33首诗作，继之为《联弟集》，刊有刘璧如69首佳作。接着还有《亲友唱和集》，有钱仲易等31首诗词。最后是长子查美声之《献辞》。

是年春，此诗集承印出版。扉页上印有查氏"承素堂"之堂名。著名美术评论家、书法家、作家黄苗子为诗集封面题签。黄苗子、许崇德分别为诗集作序。诗集制作十分精美，古色古香。书末标明"非卖品"字样，无定价，仅作为亲友间赠阅珍藏之用。

关于这本诗集，长子查美声颇有感慨，曾表达出子女阅读诗集后的感想。

> ……自己年轻时对父母亲的经历和人生哲学无从领会。直到自己年事渐长，和父母相处的机会多了，思想交流多了，逐渐加深认识。他反复咀嚼父母发表的诗篇，一吟一咏，蕴藏着人生真谛。如此，他对父母经历忧患、艰苦创业的精神和忧国爱民、济危扶困的襟怀，以及对他们的伟大抱负都进一步认识了。①

诗，可感怀，亦可记事。国事家事，故乡他乡，均可为诗歌题材。在《惠联诗草》诗集中，有相当篇幅是关于家国之事的记载。

在求是科技基金会成立之时，刘璧如曾赋诗一首。是为《求是科

---

① 《一同缅怀查懋声先生绚烂的一生（1942—2020）》，第28页。

技基金会成立感赋》：

> 他邦成就数炎黄，
> 爱国心殷耐细商。
> 也是机缘多巧合，
> 共谋肩助建桥梁。

诗中所言"爱国心殷""共谋建设"，这既是对家国最直白的钟情，又是最隽永的诗意。有道是"情投意合"，抑或"夫唱妇随"，其根由一定是"志同道合"。爱国爱家，事业为重，让查济民夫妇"方得始终"。

诗以事而珍贵，事以诗而生动。查美声在《惠联诗草》献辞中，这样写道："最近几年，父母陆续发表了不少诗篇，我们见到后大受启发，觉得诗篇中的一吟一咏，都蕴藏着人生的真谛，正是我们这么多年所缺少的中国观的补偿。"身为华夏子孙后代，中华传统与民族文化，在外是标识，在内是血脉。

诗，可庄，亦可谐。真实，铸就诗歌最强的感染力。时而诙谐与幽默，甚至夸张与变形，也可入诗，妙趣横生，以此构成真实而平凡的日常生活。譬如，因病，写出病中之景象之感受。一般而言，得病总是令人难受，痛苦。让人感觉生活灰暗，继而滋生郁闷、厌恶等情绪。但在查济民笔下，偶尔得病，无所畏惧，坦然面对，并始终保持乐观豁达的心态。因为乡情在声声召唤，似乎冲淡了因病痛造成的负面情绪。

1994 年春，查济民夫妇回浙江与江苏。

也许是行程过于漫长，也许是旅途过于劳累，加之乍暖还寒，天气多变。查济民病倒了。经过治疗，老人基本康复。查济民曾赋诗，生动记录住院期间的情形，其中"吃药"加"打点滴"等细节十分逼真而传神。最为称道的是，尾句"归来再看浙江潮"，如雨后一道彩虹，使医院沉闷的氛围、病房压抑的基调，一扫而空，荡然无存。这是一位热爱生命的长者，也是一位热爱生活的智者，用心在歌唱。

> 乡思湖梦苦相连，游兴无端阻断桥。
> 硝粒勉维心扑扑，医车声急路迢迢。

瓶樽上下七八个，管缆高低三五条。

保得皮囊老尚健，归来再看浙江潮。

到 4 月，查济民迎来 80 岁诞辰。精神气爽的查济民始终洋溢着"经典"式的微笑。在家人与亲朋的祝福声中，老人度过美妙而难忘的生日。八十载，那是非常漫长的岁月时光了。这其中有颠沛，有苦难，有离别，但更多的是抗争与奋发。查济民一直以微笑以自信面对，迎难而上，迎刃而解。但凡看过查济民影集或是参观过查济民纪念馆的人都会产生一个强烈的印象：查济民喜欢笑，也很会笑，既很自然，又很艺术。他的笑容生动、灿烂、纯粹，具有强烈的感染力与亲和力。笑容，是人生的缩影，是灵魂的写实。

经过了大半年的调理，养精蓄锐，查济民身体康复。老当益壮，浑然不知老之将至。这其中自然包含一个心愿的强力驱动："归来再看浙江潮。"

同年 10 月，老人家又一次踏上回乡之路。查济民偕同夫人刘璧如等回到内地。

江南好，风景旧曾谙。

日出江花红胜火，春来江水绿如蓝。

能不忆江南？

查济民刘璧如依旧四处奔走，张弛有度。在浙江，他们去了杭州，泛舟西湖，赏心悦目。随后去了嘉兴南湖，游览烟雨楼，观赏南湖水，还品尝了嘉兴粽子。热腾腾的粽子，散发出特有的香味，五花肉油而不腻，糯米又软又粘，查济民用充满怜爱的口气一再关照夫人刘璧如，慢点吃，别烫着了。

回到故乡海宁，查济民夫妇更是忙碌。而此次，感触最深的是赴海宁市高级中学，与师生见面的情景。那气氛真是热烈，那场景真是感动。全校上千师生夹道欢迎，欢呼声，鼓掌声，问候声，此起彼伏，查济民夫妇一直挥手致意。当走到"查济民图书馆"附近时，有一个女孩真诚地向查济民夫妇表达说自己想与他们在此合个影。刘璧如笑着说，当然可以。随即，刘璧如几乎是拥着女孩而留下美好的瞬间。在随后的座谈会上，查济民夫妇与学生代表见面，会场洋溢着青春的气息，查济民好像也回到了曾经的求学时代。查济民夫妇结合自己的求学经历及动荡的时代，勉励年轻学子要珍惜青春光阴，刻苦勤奋，打好基础，做一个对国家对家乡有用之材。"你们赶上了一个好时代，国泰民安。国家发展和科技进步都需要人才。你们要好好读书，好好思考，努力让自己成为对国家有用的人才。"

1995 年初夏，查济民写下《在美得蕙兰十余种以寿璧如》。

1994 年，查济民夫妇在南湖

为君耆寿觅芝兰，八十芳时兴未阑。
五彩添姿新雪海，一家团聚旧金山。
温馨长葆青春态，偶傥浑忘白发颜。
殷切此生何所望，香江香草满人间。

在叙述《惠联诗草》诗集之后，还有必要简介另一部诗集，名曰《香草诗词》。但凡读过屈原诗歌的人都知道，"香草"是屈原爱国理想，高洁情操之象征物。这部《香草诗词》就是传承了屈原诗歌之主题和笔法，直接描述香港回归之事，直接抒发爱国之情。

事情还得从 1990 年说起。那时，香港基本法起草工作即将完成。为了纪念这一难忘历程，这一爱国之"长跑"，作为委员之一的查济民，明确提出"重建李杜旧诗坛"的豪语，当即引起热烈反响，一呼百应。于是，他联合有此爱好的委员一起提议成立一个诗社，取名为"香草诗社"，并向委员们征稿，拟结集出版。爱国爱港的立场，书香门第的陶冶，利国利民的工作，让这些委员有感而发，佳作连绵。1990年，《香草诗词》第一集出版；1993年，第二集问世；1997年，第三集付梓。为迎接 1997 年 7 月 1 日来临，《香草诗词》准备合三集为一册，善加装订成合集，作为对香港回归祖国的隆重献礼，以表全体委员之心意。

这部诗集中也收录了查济民夫妇为纪念香港回归伟大而艰辛历程而作的诗作。同时，查济民刘璧如夫妇慷慨解囊，资助诗之合集出版。

在《香草诗词》中，依次有江泽民同志的"爱国热忱溢于诗赋，回归盛事共谱新篇"题辞，有钱其琛副总理作的序和查济民作的序，有钱昌照写作的《庆祝回归诗词》二首等，内还收香港基本法起草委员会部分委员的诗词 1072 首，其中刘璧如的诗多达 87 首，是本套诗词集中最多者。查济民有诗词 52 首，诗词数名列前茅，可见他们两位才华横溢了。①

"合集，充满了爱国主义的精神，可以说，没有香港回归这一伟大历史事件，就不可能产生这本'合集'。"②

生命在于体验，人生在于感悟。

行万里路，这是多少人的梦想与追求。除了必要的物质与经济条件外，有两个因素至关重要，一是体力，二是同伴。如此，才是圆满，才是完美。这不仅是人生的成功，也是生活的褒奖。有福之人，大抵如此。此时的查济民，两者兼而得之。他，精神矍铄，精力充沛。更为美妙的是，查济民与刘璧如夫妇，既是知心爱人，又是神仙伴侣。执子之手，与子偕老。查济民与刘璧如则是名副其实的"老伴"。他们晚年的

---

① 赵贤德：《纺织大王刘国钧的治厂之道》，吉林文史出版社 2017 年版，第 192 页。

② 戴盟：《茶人漫话》，浙江文艺出版社 1998 年版，第 313 页。

大半时光，几乎都是结伴而行，携手前往，尽情地领受生活给予他们的馈赠与回报。

让我们跟随新世纪的第一道阳光开始，简要回顾 2000 年后，查济民夫妇的行踪。神州大地，天南海北，都市乡村，都留下他们的身影。或出席会议，或参加座谈，或还乡探亲，或欣赏大好河山。其中，出席求是基金会与桑麻基金会的颁奖仪式居多。两个基金同时运作，并驾齐驱，双管齐下，功勋卓著。

2000 年，查济民已 86 岁，刘璧如已 81 岁。

那年春，查氏集团有意整体收购杭州第一棉纺织厂（简称杭一棉）。其公司前身是成立于 1896 年的通益公纱厂，位于杭州拱宸桥西，它被称为"当时国人自办最大的纱厂，浙江最早的民族工业，杭州近代民族轻纺工业创建、发展史的实物见证"。公司随时代而起伏而发展，几经更名。

对纺织业，查济民有天生的情感，特别是面对这有着如此深厚历史的纺织厂，他决定亲自来杭州一次，亲自察看情况。5 月，查济民夫妇到杭州，参观杭一棉车间，实地了解企业运作情况。最后，查氏集团以总投资 3990 万美元收购杭一棉，并将公司更名为杭州一棉有限公司。

在签字仪式上，查济民依旧保持平易近人的态度，告诫大家："领导人的品德对事业的成败有重大关系。如果领导人洁身自好，不奢侈，不腐化，企业的资金不会被浪费，对职工可以建立信心。""企业一定要全力提高效率，提高品质，节省开支，钻研新技术和新产品。勤俭节约是我们中国人的传统优良品德，只要我们善为诱导鼓励，不难达到目的。"

这些也正是查济民对奋斗 70 年获得巨大成功经验的高度概括，既是忠告，又是分享。

同年初夏，在古都西安。查济民夫妇出席在西安交通大学举行的求是科技基金会颁奖典礼，为"中国科技实用工程奖"获得者颁奖。随后，查济民夫妇赴甘肃，感受祖国大西北壮丽风貌。夫妇俩同骑一头骆驼，优哉游哉，亲密无间。他们游览了敦煌，欣赏了壁画，兴尽而归。

2000 年，查济民夫妇在敦煌

同年夏，桑麻基金会颁奖大会在浙江丝绸工学院（现为浙江理工大学）举行。查济民夫妇出席。其间，查济民与浙江省副省长叶荣宝亲切交谈，表达愿为浙江老家建设与发展，贡献"绵薄"之力。

同年 9 月，查济民夫妇回海宁。此次的目的主要是访问母校袁花小学（前身为龙山学堂），看望尊长，勉励后学。面对天真烂漫的孩子们，查济民几乎是半蹲着，与他们交流，与他们拉手。

"不要叫我查爷爷。我只是你们的学长，我和大家一样，都是老师的学生。让我们一起对老师们说一声'老师好'。"

于是，查济民带领孩子们一起鞠躬呼喊，向在场的老师们问好。其谦恭的姿态，其真诚的言语，深深地印在孩子们的心坎。

离开故乡海宁后，查济民会同杨振宁夫妇，前往安徽访问。他们参观了位于合肥市繁华步行街中段的李鸿章故居。在故居，查济民与杨振宁夫妇等围坐在一起，畅谈李鸿章的历史功过，展望美好明天，其乐融融。

2001 年，求是科技基金会颁奖典礼在长春国际会议展览中心举行。查济民夫妇与杨振宁等一起出席颁奖典礼，并饶有兴致地听取有关"中医药现代化"的学术报告。查济民表示，中医药是民族传统，我们要好好保护，更要科学分析，弄清原理，要从药材、剂量、药效等方面作定性定量分析。所谓经验，要做大数据分析，才能得出科学结论。随后，赴吉林大学，查济民夫妇等为荣获"求是研究生奖学金"的学生颁奖。

同年，桑麻基金会颁奖会在天津工业大学举行，查济民夫妇出席。会议期间，查济民在天津工业大学党委书记李全生的陪同下，重点考察了天津工业大学膜技术课题，并就相关专业问题进行咨询及探讨。这充分体现了查济民作为一个职业工程师的素养与眼光：对前沿的、高端的技术或创新保持足够的敏感或好奇。

同年 9 月，查济民回故乡袁花，视察袁花海宁纺织综合企业有限公司。一到公司便要求去车间看看。一进入车间，查济民就回到了年轻时代，一面察看机器设备运转情况，一面与操作工人或技术人员进行交流。对产品的质量、产量、技术要素等，看得仔仔细细，问得清清楚楚。

2002 年 3 月，查济民夫妇视察海宁新海纺织有限公司。

"名利无求，淡静惟求。"

令查济民感到十分惊喜的是，家乡海宁，在海宁宾馆，为这位乡贤，这位德高望重的老人，举行了一个简朴但隆重的生日庆典，为他 88 岁庆生。当在场人齐唱"祝你生日快乐"时，老人的眼角涌现一丝泪光。

"这让我太感动了，"查济民感谢家乡父老的盛情，"这是我终生难忘的生日。海宁是我的第一家乡，我非常热爱海宁。"

8 月，查济民与中国科协领导在四川大学，为"求是实用工程奖"获得者颁奖。

同年秋，查济民夫妇与桑麻基金会高级顾问兼受托人季国标等出席基金会年度颁奖大会。

10 月 14 日，查济民夫妇亲自陪同加纳朋友、国际杰出外交家和政治家，时任联合国秘书长的科菲·安南，共赴浙江大学访问。

查济民对安南说，浙江大学是我的母校，是我事业发展的起点。这里有我青春的记忆，有我敬仰的师长。我爱浙江大学，我更祝愿她与时俱进，享誉天下。

2003年，桑麻基金会在北京服装学院举行颁奖。查济民夫妇出席仪式，并亲自为获科技一等奖的学者颁奖。

9月13日，中国科技协会学术年会在沈阳开幕。中国科协主席周光召在开幕式上宣布本年度香港"求是杰出成就集体奖"评奖结果。9月15日《南方都市报》以《"神舟"六专家获求是杰出奖——杨振宁颁奖》[①]为题，发表新闻。

> 中国空间技术研究院院长袁家军等六位参与"神舟"飞船试验的专家获得"求是杰出成就集体奖"，总奖金为200万元人民币。
>
> ……另5位获奖者分别是中国航天科技集团公司的戚发轫、施金苗、黄春平、刘竹生和中国科学院空间中心的顾逸东。专程来华参加学术年会的著名华裔科学家、诺贝尔奖获得者杨振宁教授为6位获奖者颁奖……

200万元，这应该是最早对"神舟"科研人员实质性的"巨额"奖励。

在颁奖仪式上，查济民看似顺口地问了一句："什么时候中国太空人上天，我们也来观看飞船升空。"其急切期待之情好像不经意地流露。

问者有心，其心迫切。但，出于保密规定等因素，当时没有人能非常肯定而具体地答复查济民。好在"指日可待"，一个月后，查济民的这一提问，得到了最圆满而生动的答案：它是用事实做出的回答。全国人民听见了，全世界人民看见了。

---

① 钟欣：《南方都市报》，2003年9月15日。

中国航天事业取得史无前例的突破与飞跃！

10 月 15 日晚，"神舟五号"载人飞船成功飞升，16 日成功返回。实现了中华民族千年以来飞天的愿望。这是中华民族智慧和精神的高度凝聚，是中国航天事业在新世纪的一座新的里程碑。神州大地，海外游子，中华子孙纷纷以各种方式表达自己的喜悦之心，豪迈之情。

也许是为了满足查济民那个"提问"美好而迫切的心情，作为中国香港地区及海外代表，查济民是唯一的获邀嘉宾，前往北京总控制室观看"神舟五号"升空发射全过程的"幸运儿"。其时，查济民已经90 高龄。面对如此"最高规格"之待遇，九秩老人激情满怀，感慨万千。此时，诗歌成为最好的载体，最佳的突破口。老人饱含热泪，挥笔写下七绝一首：

> 百岁乡童泪涟涟，
> 今日狂欢奔酒泉。
> 落后贫穷扫将去，
> 神舟直上九层天。

按照最初的计划，有关领导是准备安排查济民去酒泉发射现场的。但出于身体情况及安全等因素考虑，便劝其在北京指挥中心观看。

查济民心满意足，感慨系之："这是一生就一次的事。收到邀请那一刻，心情很激动，就写了这首诗。诗中写'百岁'，借上 10 岁，当时的想法是，100 岁代表我这一代人，代表过去的一个世纪。"

就如诗人在《惠时集》中所言："善作诗词不识愁，文也悠悠，情也悠悠。"诗歌的主旋律与祖国前进的脚步合拍，其共鸣之声也会自然而然。

2004 年，大概是查济民回内地次数较多，行程最长的一年。这一年，老人 90 周岁高龄了。单就岁数而言，这就是一个难得的奇迹了。但查济民精神矍铄，根本没有给人苍老或迟钝的感觉。

查济民一路走过浙江、上海、安徽、山东、河南、湖北、陕西等省市。这里有故地重游，更有新的延伸。大江南北，神州大地，查济民感觉怎么也看不够，怎么也忘不了。用脚步丈量大地，走过千山万水，是对祖国母亲最大的礼敬。

3月24日，求是基金会成立10周年庆典在深圳举行。同时举行中国科协2004年会。查济民夫妇与求是基金会顾问、执行委员、历届"求是奖"获得者、海内外大学校长及社会知名人士等一共数百名嘉宾，共聚深圳五洲宾馆。与周光召、杨振宁等一起启动庆祝求是基金会成立10周年纪录片放映仪式。

会上，查济民夫妇分别为大会题写贺词。刘璧如的题词是："求科学达世界先驱，是技艺为国际扬威。"巧妙地以"求""是"为开头，表达对祖国科技事业发展的期望与祝福，足见刘璧如所言意境高远，文字功底深厚。查济民则保持一贯的谦逊，用水笔在充满喜庆的红纸上，殷切勉励年轻人："我不懂科技，但知道科技的重要，所以特别寄期望于青年人。"

2004年，查先生90岁与夫人合影

2004年4月，查济民夫妇跟随一路春光，回到浙江，出席"浙江大学城市学院刘璧如国际交流基金捐赠暨颁奖仪式"。随后，由杭州准备回海宁。途中，夫妇前往杭州超山，观赏梅花。一回到海宁，查济民夫妇顾不得休息，在海宁市委书记冯水华与市长张仁贵的陪同下，参观新海纺织有限公司新建厂区与厂房以及浙江宏达经编股份有限公司。

　　4月10日，查济民夫妇携胞妹查婉生等前往上海。在上海，查济民度过他90岁生日。在温馨的烛光下，有胞妹、有亲人、有朋友，相依相伴，欢笑祝福，这是何等幸福，何等满足呀。

　　奇文共欣赏。查济民刘璧如夫妇的诗作在家乡广为流传，引发诗友高度关注。2004年6月，海宁市诗词学会举行"查济民刘璧如伉俪爱国诗词研讨会"，与会人员围绕"爱国"这一主线，对查济民夫妇的诗词艺术进行了热烈讨论，对他们的诗词作品给予高度评价。

　　离开上海后，查济民在胞妹查婉生等亲人的陪同下，游览扬州瘦西湖。一同前往的还有周光召夫人等老朋友。天意怜幽草，人间重晚晴。结识新朋友，不忘老朋友。查济民充分享受亲情与友情的温暖。

2004年，接受暨南大学聘书

　　一路春光，一路欢笑。

　　在山东菏泽等地，查济民饶有兴致地参观了当地的乡村与小城镇。

面对山东乡村在改革开放后出现的崭新景象，村民们满足的笑容，查济民感到由衷欣喜。"老夫聊发少年狂"，不胜欢喜的查济民在菏泽克隆养牛场，"任性"地提出要求：想亲自驾驶电动代步车，"如此可以加快一点前进的速度，让我多看一点这农村的变化"。在工作人员必要的保护与引导下，老人非常缓慢地开车前行，以车代步。他开开停停，停停开开，一路看风景，一路听介绍。

"洛阳春日最繁华，红绿阴中十万家。谁道群花如锦绣，人将锦绣学群花。"

春光莫负，离开山东后，查济民与胞妹查婉生等一起前往河南洛阳。在东都洛阳，查济民虽依杖而行，但步履稳当，满面春风。他们一行观赏牡丹，游览龙门石窟，探访白马寺，走读少林寺。

在郑州博物馆，查济民流连忘返。对中华文明，中原文化，产生强烈兴趣。尤其是对青铜器，查济民把眼光凑近，再凑近，老人的额头几乎紧贴着保护玻璃了，这举动引发了大家的欢笑声。"这些都是宝贝呢，这是几千年前的工艺，这么精细，这么巧妙，我们的先人多么充满智慧呀。"

在陕西黄帝陵。有一张经典的照片。查济民端坐在轮椅上，其后是站立的家人和亲朋等。老人西装革履，神情严肃，目光似乎凝视着远方。似在向民族的祖先致敬，这是一位中华游子的朝圣，这是一位鲐背长者的敬意。

代有传人，一脉相承。炎黄兮永生，华夏兮日新。

同年秋，查济民携女儿查美龙、查美利等一行登上长江游轮，溯流而上，赴重庆江津考察。两岸风景如画，美不胜收。查济民时而沉浸在往昔的记忆中，神情凝重，时而笑语盈盈，慢条斯理。光阴荏苒，也许只有时光才能真切地理解这位老人的唏嘘与感叹。

江津，以地处长江要津而得名，它是长江上游重要的航运枢纽和物资集散地。对于查济民，此地曾留下非常深刻的印象和记忆。当年，跟随大成公司内迁的船只，在江津停留休整多时。"那时，日本轰炸机每天在头顶扔炸弹，江面到处漂浮着炸烂的船板，还有遇难者的尸体，惨不忍睹。还有，长江这一段，暗礁错综复杂，行船十分危险，我们每前进一步都面临沉船的威胁。"查济民语气沉重地回忆起昔日情形，对美龙、美利姐妹等讲述她们外公刘国钧的事迹，讲述大成公司及员工的故事，讲述日本人侵略的暴行，讲述内迁一路的艰辛。查济民告诫女儿们，不要忘记国难家仇，要珍惜幸福生活。

同年 10 月，中国航天基金会在北京颁授查氏纺织集团"中国航天事业合作伙伴"及"中国航天专用成衣制品赞助商"荣誉称号，查济民出席典礼，并主持亮灯仪式。香港《大公报》以《首家港企获中国航天品牌冠名权，中国航天基金会与查氏纺织集团结成伙伴》为题，刊发新闻和大幅照片。

随后，查济民夫妇回到常州。一回常州，查济民夫妇的行程几乎每次安排得满满当当。常州市市长徐建明出面迎接。随后，查济民夫妇便风尘仆仆地前往企业，走进校园等。在常州靖江学校，查济民夫妇和常州学子亲切交流。他们还深入常州名力纺织有限公司车间，与一线工人和技术人员如家人一般交谈并合影留念。

2004 年，中国航天基金会颁授查氏发展集团有限公司荣誉称号仪式

同年 12 月，查济民夫妇携子女来杭州。浙江省省长吕祖善在西湖国宾馆举行欢迎仪式。随后，查济民夫妇回海宁。

2005 年 4 月，查济民夫妇携女儿查美娟及女婿周尚林等回到袁花。后，携家人赴杭州度假。

2005 年，查济民夫妇杭州西湖合影

阳春三月，西湖碧波荡漾，沿岸桃红柳绿。查济民夫妇泛舟湖上，诠释了人生幸福与美满的含义。

是年夏末，查济民在简悦威教授伉俪的陪同下，兴致勃勃地游览新疆赛里木湖。

10 月，查济民赴九寨沟。

霜叶红于二月花。那时的九寨沟，风景最为优美，神话一般童话一般。色彩斑斓，红叶满山。唯一缺憾的是，此时的天气以阴雨为主，最低气温一般在个位数。在一张经典的照片上，我们看到了查济民的"另一面"。他好似一个天真好玩的孩子，童趣十足。他用一块淡绿色的毛毯，从头顶一直到上半身，紧紧地裹着，只露出一张脸。脸颊饱满，却略微透露出一丝因寒意而滋生的尴尬。但，整张脸的基调依旧保持阳光，保持微笑。

2005 年，查济民游览九寨沟

11 月，查济民赴重庆，出席重庆中染厂房奠基仪式。故地重游，山水依旧，但所见景象却是沧海桑田，翻天覆地。查济民感慨万千，他鼓励大家，齐心合力，一定能把厂子弄好。查济民亲自为重庆中染厂房奠基仪式铲上第一铲土，以示祝福与祝愿。

2006 年 3 月 27 日，查济民夫妇出席求是基金会第十四次顾问及董事联席会议，并与周光召、杨振宁、何大一、简悦威、李远哲、姚期智等执委合影。

也许读者要问，璧如和济民都已耄耋之年，他们伉俪每年都要绕地球飞行几圈，巡视各处企业，又几乎每周要参加几次各种各样的宴会，在如此繁忙的生活中，又是什么使他们的思想获得闲适，精神特别愉快的呢？我想除了读书吟诗之外，他们还有丰富的家庭生活情趣。我们不妨用璧如的一首《咏金鱼答麟儿》的七古来回答读者：

> 金鱼鲜活数十条，红黄蓝黑形态媚。
> 吾儿觅来置我厅，娱寂解颐称我意。
> 儿言奉命去四方，不得膝前常奉侍。
> 但看黑白珍珠对，珍中之宝萃中萃。
> 摆鳍急泳如入海，上下翻腾似展志。
> 须臾你挤与我拥，宛如功成相庆慰。
> 细观此鱼有神力，日夜循环不知累。
> 因物移情有至味，愿娘常乐臻人瑞。
> 我念儿语立多时，莞尔忽觉心如醉。①

感恩，知足，这是一个有趣的灵魂的内心读白。

聪明的读者，从刘璧如的诗行里，你读出了什么人生感悟？

---

① 朱永：《一位典型的华夏女性——我所知道的刘璧如》，《常州名人传记》（五）第 80 页，常州市政协学习与文史委员会编，2001 年 5 月。

十二、斯人虽去　典范长存

2007 年 3 月 28 日晚 7 点，杰出的爱国者、著名的社会活动家、卓越的实业家，敬爱的乡贤前辈查济民走完他的人生之路，安详地在香港养和医院去世，享年 93 岁。

发家致富，事业有成，建功立业，婚姻幸福，健康长寿，这是多少男人毕生为之孜孜不倦、为之梦寐以求的选项。但是造化弄人，在现实中，能得之一二者已是凤毛麟角，已是心满意足。夫复何求？

纵观查济民一生，真可谓功德圆满，诸事如意。而这也正是对其勤奋一生、创业一生、爱国一生最好的回报。作为榜样，他的一生就是对俗语"好人有好报"最直白的诠释。

3 月 29 日，《人民日报》以《香港著名实业家查济民病逝》[①] 为题，刊发新闻稿。

　　新华社香港 3 月 28 日电　香港著名社会活动家、实业家查济民先生，因病于 28 日早 7 时许在香港逝世，享年 93 岁。

　　查济民先生去世后，中央人民政府驻港联络办及中联办主任高祀仁分别向其亲属发去唁电，对查济民先生的不幸病逝表示深切哀悼。

　　中联办的唁电说，查济民先生爱国爱港，在参与香港特别行政区基本法起草工作和预委会、筹委会、推委会工作及出任港事顾问期间，提出了许多真知灼见，为香港顺利回归和平稳

---

① 《人民日报》，2007 年 3 月 29 日，第 19 版。

过渡作出了重大贡献。香港回归后，他大力支持行政长官和特区政府依法施政，为"一国两制"方针和基本法的贯彻落实，保持香港的长期繁荣稳定和发展发挥了重要作用。他积极参与国家的现代化建设，曾捐巨资支持内地发展科技事业。

唁电说，查济民先生是一位有影响的香港工商界人士，曾获特区大紫荆勋章。我们为失去这样一位老朋友深感惋惜。

香港《文汇报》则以《查济民病逝，各界哀悼》① 为题，对查济民的一生作了比较公允、客观、全面的评价。

> 著名爱国实业家、特区大紫荆勋贤查济民，昨日上午七时许于香港养和医院病逝，享年93岁。查公一生爱国、爱港、爱乡，拥护香港回归，曾任《基本法》起草委员、港事顾问、预委、筹委，贡献良多。
>
> 查公为浙江省海宁人，生前为香港兴业国际集团主席，他是一位坚定的爱国者，也是社会活动家和诗人，为香港顺利回归提出过宝贵建议。在国家和民族利益、香港繁荣稳定的重大原则问题上，他一向是非分明，敢说敢为，是邓小平、廖承志等中央领导会见最多、听取意见最多的几位香港人之一。他曾任特区筹委、《基本法》草委，对香港回归祖国的历程及中央制定一系列对港方针政策的思路、背景有深入了解，曾与查良镛（金庸）一起提出著名的政制发展"双查方案"……
>
> 查公一再表示，香港的政制发展必须依照《基本法》办事。查公认为香港回归多年，爱国教育的工作还未做好、做够，故鼓励年青一代学好中文，培养爱国思想……

同日，香港《文汇报》还刊登"查济民简历"②，突出查济民最主要经历及职位等：

---

① 香港《文汇报》，记者杜川文，2007年3月29日。
② 香港《文汇报》，2007年3月29日。

中国香港特区第十届全国人民代表选举会议主席团成员。

1992 年出任港事顾问。

香港科技大学社会科学荣誉博士。

支持筹建荃湾仁济医院。

"沙士"袭港期间，捐款 200 万元支持抗疫工作。

1994 年捐赠两千万美元设立"求是科技基金会"。

仁济医院顾问委员会永久委员。

设立桑麻基金会。

1997 年获特区政府颁授大紫荆勋章。

查济民去世的消息发布以后，香港、内地各界以及世界各地纷纷表示哀悼。

3 月 30 日，香港《文汇报》发布《统战部港澳办哀悼查济民》消息。中央统战部与国务院港澳办分别致唁电，对查济民不幸逝世表示哀悼，对查济民爱国爱港的一生作出高度评价。

> 著名实业家查济民本月 28 日病逝后，国务院港澳办于当日向查济民先生亲属发去唁电，对查先生的不幸病逝表示深切的哀悼。
>
> 港澳办在唁电中说，惊悉尊敬的查济民先生不幸逝世，港澳办全体同人深感悲痛。查先生一生爱国爱港，为国家的建设和发展奋斗求索，为香港的顺利回归和繁荣稳定倾尽心力，贡献卓著。港澳办在唁电中希望查济民先生的家属节哀顺变。
>
> 中央统战部就查济民逝世致唁：惊悉查济民先生不幸逝世，深感悲痛。谨电慰唁，切望诸位亲属节哀珍重。

在这则新闻中，占比较大篇幅的是港澳办相关人士深切而真挚的哀悼之情。他们与查济民，既有工作中的交往与合作，也有个人的交情与友谊。围绕香港回归祖国，他们曾携手共进，一路走来，虽经历风风雨雨，坎坷曲折，但最终雨过天晴，香港经济社会稳定繁荣，五星红旗迎风飘扬。

原国务院港澳事务办公室主任鲁平在唁电中说，惊闻查老不幸逝世，无限悲痛。查老一生爱国爱港。他和查老在基本法起草委员会、预委会及筹委会中共事多年，对查老的深知卓见、无私奉献、一心为公的高尚品格深感敬佩。

鲁平又说，在香港回归的过程中，查老提出了许多宝贵的建议，这些建议为"一国两制"、港人治港，为香港的平稳过渡和长期繁荣稳定作出了巨大贡献。

港澳办副主任陈佐洱在唁电中说，惊悉尊敬的查济民先生不幸逝世，十分悲痛。查老高风传香江，亮节照后人。

原港澳办副主任李后夫妇在唁电中说，查老一生，奋斗求索，实业报国；爱国爱港，倾心尽力，德高崇重，后世之表。

原港澳办副主任陈滋英夫妇表示，查老一生爱国爱港，为香港的顺利回归和繁荣稳定、为国家的经济建设、科技和教育发展作出了杰出贡献。高风亮节，永照香江。

原《基本法》草委邵天任及许崇德暨夫人亦发出唁电，对痛失挚友深感悲痛。邵天任赞扬查先生一生爱国爱港，长期致力于"一国两制"的伟大事业，为香港《基本法》的诞生、为香港顺利回归和繁荣稳定、为祖国的建设与发展，殚精竭虑；许崇德亦等赞扬查先生致力于祖国经济建设和科技教育事业，为香港顺利回归和繁荣稳定作出了杰出贡献。

据香港《大公报》报道："著名爱国实业家查济民先生之丧礼，已定本月十二日（星期四）下午四时在北角香港殡仪馆设灵，十三日（星期五）上午十时大殓、十一时辞灵，十八日奉柩回浙江省海宁市袁花镇家乡，二十日安葬。"

海内海外同致悼念，故里桑梓更寄哀思。

查济民去世的消息传到浙江，家乡人民沉痛吊唁。就在当晚，家乡海宁向刘璧如发去唁电，对查济民逝世表示沉痛哀悼。接着，海宁市政府和市委统战部主要领导第一时间赶往香港。

在查济民先生香港丧礼上

刘璧如女士：

　　惊悉查济民先生不幸与世长辞，噩耗传来，不胜哀痛。悲恸之际，对先生的逝世表示深切哀悼，向您及您家人表示诚挚的慰问！

　　查济民先生作为工商巨子，心怀祖国，爱国爱港，为香港的回归和繁荣稳定作出了不可磨灭的贡献；他心系家乡，造福桑梓，为家乡的建设和发展倾注不少心血。其一生的卓越贡献和高尚品德将永远为家乡人民所缅怀！

　　愿查济民先生风范长存，永垂不朽！

　　望女士阁下节哀自重。

中共海宁市委统战部
海宁市人民政府侨务办公室
海宁市归侨侨眷联合会
2007 年 3 月 28 日

4月2日，《钱江晚报》发表题为《查济民：身树谦勤笃实风》①一篇长文。

　　在香港，有这样一位老人，他用70多年的心血写就了一串又一串闪光的故事，用毕生的精力筑造了一个又一个令人惊叹的辉煌。

　　在93年的人生旅途中，他热爱祖国，为香港回归建立功勋，为香港繁荣贡献力量；他热爱纺织，耕耘70余载，至今年臻耄耋，还殚思竭虑，宣劳不止；他热爱科学，身体力行，孜孜好学，精益求精；他热爱人才，频出巨资，奖学旌研，为拥护科教兴国战略作出贡献。

　　他就是香港著名社会活动家、实业家查济民⋯⋯

福寿全归　查济民先生在香港丧礼

---

① 林晓：《查济民：身树谦勤笃实风》，《钱江晚报》，2007年4月2日，第5版。

4月6日，《嘉兴日报》在《江南周末·纪实》版发表《嘉兴巨子查济民香港作别传奇人生，家乡人片片回忆串起幕幕往事》长文，追忆查济民在嘉兴的点点滴滴，表达家乡人的追思与怀念。

4月12日，查济民灵堂在北角香港殡仪馆一楼设立。长子查懋声、长女查美龙、次子查懋成、媳妇查史美伦、三子查懋德等儿女，以及查氏本家亲属，联同治丧委员会成员等，于下午抵达灵堂守灵，打点相关事务。

灵堂于下午4时向公众开放。香港各界知名人士及市民络绎不绝前往吊唁，并向守灵的查家亲属表示慰问。其中包括中联办副主任王凤超、基本法委员会副主任梁爱诗、行政会议召集人梁振英、立法会主席范徐丽泰、律政司司长黄仁龙及多名香港政经界贤达先后到灵堂致祭。此外，还有前行政会议召集人钟士元、财经事务及库务局局长马时亨、保安局局长李少光、工商及科技局局长王永平、全国政协常委陈永棋、港区全国人大代表袁武、前财政司司长梁锦松，本港知名商人郭炳江、郭炳联、郑家纯、吴光正、李泽楷、方逸华等。

4月13日，香港《文汇报》以《查济民设灵，官绅齐吊唁》为题作报道。

> 因病逝世的著名爱国实业家、特区大紫荆勋贤查济民昨日设灵，今日出殡。寄托各界无尽哀思的花圈不断送往香港殡仪馆，摆满灵堂，以及灵堂外的街道。
>
> 查济民的灵堂庄严肃穆，灵堂的布置以白色为主，配以白色玫瑰、百合花、小菊花及白兰花，显得简朴而庄重。灵堂正上方悬挂着"福寿全归"的横幅，下方是查济民的遗像，遗像前摆放着查济民亲属敬献的花篮。查济民的设灵仪式以佛教形式举行，由13名僧人在灵堂内为查老颂读经文。灵堂四周以白布围绕，堂内设有300个座位，并摆放了各界人士敬献的花圈……

《人民日报》以《香港社会各界人士为查济民举殡》① 为题进行报道。

> 香港社会各界人士数百人 13 日在香港殡仪馆为因病逝世的著名爱国实业家、香港特别行政区大紫荆勋贤查济民举殡。全国政协副主席董建华、香港特区行政长官曾荫权、中央人民政府驻港联络办主任高祀仁、全国人大常委会香港特别行政区基本法委员会副主任梁爱诗、中国科协名誉主席周光召前往送别……

查济民悼念仪式于 13 日 8 时 30 分开始，先由香港各界代表进行公祭。

10 时左右，全国政协副主席董建华与中联办主任高祀仁分别到达灵堂致祭，并向查济民家属逐一致以慰问。董建华在致祭后，与刘璧如深深拥抱，以表哀思。10 时 25 分，香港特别行政区行政长官曾荫权携夫人到场致祭。海宁市人民政府市长沈利农等代表家乡人民参加仪式，并敬献花圈。

公祭仪式上，香港特别行政区行政长官曾荫权，求是科技基金会顾问、中国科学技术协会荣誉主席周光召，前布政司钟逸杰爵士及一名尼日利亚籍人士分别致悼辞。

盖棺公论定，不泯是人心。

曾荫权代表香港特别行政区政府在悼词中指出：

> 查先生于 40 年代末来香港发展事业，凭着坚毅不屈和敬业精神，在商界取得了骄傲成就。他在香港创建中国染厂，直至 90 年代更发展为全亚洲最先进的印染厂。其后于 1977 年创办香港兴业有限公司，享誉商界。查先生的奋斗经历，是中华民族为国家走向富强努力拼搏的典范。
>
> 80 年代初，中国和英国政府就香港问题举行外交谈判。那时候，查先生在香港已经是举足轻重的实业家，事业上卓有

---

① 《人民日报》，2007 年 4 月 15 日，第 4 版。

成就，然而当时已经七十多岁的查先生积极参与香港平稳过渡的工作。1985 年，查先生获全国人大常委会公布为香港特别行政区基本法起草委员之一。其间，查先生不辞劳苦参与中央与香港特别行政区关系专题小组和政治体制专题小组的工作，深入就这两个对香港回归后发展有重大意义的课题，进行了广泛的研究，提出了很多真知灼见。其中最为香港市民熟悉的是，他在 1988 年与查良镛先生一同提出的政制方案，当中部分概念被纳入《基本法》，为《基本法》中关于政制的设计奠下了坚实的基础，也对香港政治制度的发展具有深远影响。"一国两制"在香港成功实践，查先生功不可没……①

周光召则从科学、科技、教育的角度，回顾查济民为科技事业作出的贡献，特别是回报祖国建设事业的善举，高度肯定查济民热爱祖国、热爱科学、致力于科技发展的高尚品德。

查先生一贯确信只有科学技术教育才是发展经济、强国富民的根本依靠。90 年代，邓小平先生南方谈话，要求加快改革开放步伐，加快发展中国经济、科技和教育。查先生非常激动，认为中华振兴时机已至。他决心要尽自己力量为推动中国科研事业作出奉献。1994 年，他捐巨资成立求是科技基金会，并于同年在北京钓鱼台举行了第一次杰出科学家颁奖会。至今十三年，已先后有 800 多人获奖，其中包括从事"两弹一星""神舟航天"、胰岛素人工合成、人类基因组图谱等的科学家以及一批优秀中青年科技工作者和研究生。除求是科技基金会外，查先生还成立了桑麻基金会，奖助中国的纺织业科研和教学。

令查先生梦寐以求并终身奋斗的，是中国人民的福祉和祖国的强盛，是怎样可以在神州大地的复兴和崛起中贡献自己的一份力量。

---

① 中共海宁市委、海宁市人民政府编：《查济民》，香港洲际美术出版社 2008 年版，第 146 页。

　　查济民先生的一生，是创业的一生，求是的一生，爱国的一生，尊重知识人才的一生。他以自己的真知灼见和实际行动去感召他人。他年轻时因家贫而无缘涉足科学，但今天，多少具有世界顶尖成就的科学家都视查先生为最尊敬的长辈和朋友，这种由衷的尊敬，不是任何金钱物质所能换来得到的。[①]

　　正如周光召所言，查济民在爱国爱港前提下，充分表现对科学技术、对人才的尊重，其人格魅力，其所作所为，感召他人、照亮他人，从而赢得学者的普遍景仰。香港和内地诸多大学先后授予查济民及其夫人刘璧如或学位或教授职称等，以示敬重或表彰。

　　在此，可作简要回顾：

　　1996年，查济民荣获香港浸会大学工商管理荣誉博士学位。同年，香港城市大学授予查济民社会科学荣誉博士学位。

　　1999年，刘璧如荣获香港浸会大学社会学荣誉博士学位。

　　1999年10月，查济民被浙江大学聘请为经济学院名誉院长。

　　2000年9月，查济民被西安交通大学聘请为名誉教授。

　　2003年，查济民荣获香港科技大学社会学荣誉博士学位。

　　2004年12月，查济民荣获浙江大学名誉博士学位。

　　2006年，暨南大学百年校庆，查济民被授予教育贡献奖。

　　我们再来看看曾经受过查济民所设桑麻基金会奖励的年轻学子的感恩之心与怀念之情吧：[②]

　　当我得知查济民老先生因病逝世的消息时，脑海中立即浮现出他那一脸的慈祥，注视着远方，眼里满是对教育的关切，对我们的希望。感谢先生，不仅因为他使我们有了催人上进的"桑麻奖学金"，更重要的是他给了我们精神上的一笔巨大财富。查老用他宽广的胸怀，关心着青年一代，让我们体会到爱

---

　　① 中共海宁市委、海宁市人民政府编：《查济民》，香港洲际美术出版社2008年版，第146页。

　　② 《深切悼念查济民先生》，《东华大学学报》，2007年4月25日。

的温暖。未来的路还很长，有了先生的爱与关怀，相信我会走得更稳，更有信心。我们也一定会把这份爱的种子播撒成爱的森林，把爱的接力棒一直传承下去。

——柯倩兰 纺检 0401 班（05—06 学年桑麻奖学金特等奖获得者）

查老的逝去是纺织界巨大的损失。查老遇事坚持不懈的信念以及为国为民、先天下之忧而忧，后天下之乐而乐的情怀令人肃然起敬。"有志者事竟成，遇到困难不退却，坚持下去"是对每个有志青年的鼓励。"一直向前，不回头，这可能就是跑的真谛"，相信这也是做学问，做人的真谛。查老先生驾鹤西去固然令我伤痛，但伤痛无济于事，我们应该努力完成老先生的心愿，化悲痛为力量，继续自己的旅途，这是对查老先生的最大安慰。

——袁珊瑚 纺织品 0401 班（05—06 学年桑麻奖学金一等奖获得者）

逝者已逝，重拾遗作，缅怀查老，更为伤感。我相信，查济民先生是不朽的，他的音容笑貌，他的高尚情操及他的奉献精神将永远留存于天地之间，放射出耀眼的光芒。一位爱国实业家已经离去，但他留下的财富——特别是精神财富将惠泽后世。我们应该很好地继承并发扬查济民先生矢志报国，孜孜以求的精神，以光大中华民族为己任，以求实态度和创造精神开拓中国社会主义的新天地，并为此锲而不舍，奋斗不息！

——王章薇 材料 0504 班（05—06 学年桑麻奖学金三等奖获得者）

凡是和查济民共过事的人都说，几十年来，查济民是这样要求自己的："加法用在工作上，减法用在报酬上，乘法用在企业效益上，除法用在荣誉头衔上。"其为人准则，其心胸境界，可谓一目了然。

"查济民的眼光、毅力、能力及他对人的认知能力，我想当初他不管从事哪个行业都能非常成功。"2014 年 12 月，杨振宁在纪念查济民诞辰 100 周年座谈会上有过这样的说法。

公祭仪式后，查济民长子查懋声代表家属致答谢词，衷心感谢各政经界人士前来致祭。

随后，全场肃立，近 500 人为查济民送上最后一程。

查济民灵柩，由全国政协副主席董建华，中央驻港联络办公室主任高祀仁，中国科协名誉主席、前全国人大常委会副委员长、求是基金会顾问周光召，长江集团主席李嘉诚，诺贝尔物理学奖得主、求是基金会顾问杨振宁教授，长江制衣厂董事长陈瑞球，亿利达工业发展集团有限公司董事长刘永龄和一名尼日利亚籍人士 Mr. Alhaji M. D. Yusuf 等 8 位政商界名人扶灵。

一代传奇就此尘埃落定。

尾　声

树高千丈，叶落归根。

少小离家。曾经的少年，胸怀理想，勤奋刻苦，在外漂泊大半个世纪，杭州、上海、常州、重庆、香港，远至非洲、欧洲及美洲都留下他务实的脚步，辛勤的汗水，同时，也见证他辉煌的人生，成功的微笑。

但即便走得再远，飞得再高，游子的内心终归有一个圆心，有一个原点，那就是故乡。

> 查公虽身在香港，但心系故土，爱国爱乡之心始终不渝。他十分关心家乡的教育科技事业，先后建校、设奖助学金、捐资无数。为表彰查公热心公益、造福社会、重视教育的善举，浙江省授予他"爱乡楷模"称号。①

如今，时间定格，成为永恒，出发点与终结点合二为一。他终于回到故乡海宁，也回到安葬查氏祖先的土地。从此，年年岁岁，岁岁年年。故乡与游子，不再分离。

家乡的《海宁日报》曾以《花开院外，福泽桑梓 ——追忆查济民先生》② 为题，追忆查济民辉煌的一生。

2007 年 4 月 18 日，一架专机从香港飞往内地，查济民灵枢最终运抵海宁。查家在袁花镇新袁村查济民故居设灵堂，供家乡人民和生前好友吊唁。自发而来的乡亲，络绎前来祭拜，用他们最朴素的礼节，双手

---

① 香港《文汇报》，2007 年 3 月 29 日。

② 《海宁日报》，2014 年 4 月 13 日。

合十，鞠躬稽首，表达对乡贤查济民的哀思与怀念。他们口中，念叨最多的是两个词，一个"好人"，另一个是"做好事"。

查济民先生灵柩运回故乡海宁袁花

"好人"查济民一生都在"做好事"。

查先生的灵堂庄严肃穆，布置非常简朴，从设立开始就不断有人前来凭吊，既有来自他曾投资地方企业的代表，也有他生前的好友，既有政府官员，也有家乡百姓。

家乡政府和人民对查先生的葬礼给予高度重视，全程安排专人予以协助，确保按照家乡的习俗安葬这位受人尊敬的"爱乡楷模"。①

4月20日下午，海宁市主要领导俞志宏、徐辉等参加查济民灵柩入葬仪式。

"香港著名爱国实业家查济民葬礼今天在他的家乡浙江省海宁市袁

———————————

① 香港《文汇报》，2007 年 4 月 21 日。

花镇新袁村举行，他的灵柩于北京时间 13 点下葬在查氏家族墓地，随同一起入殓的是一本《西藏之水救中国》。"①

墓门两旁，刻有查济民于 2006 年所作的一副对联："花香小院外，叶落大坟头。"对此，老人似乎早有安排与交代。这是智慧的归宿，也是诗意的归宿。

花香叶落，道尽生命的过程及意义。诗情画意的句子，写尽诗家后裔的灵性与智慧。这完全可与泰戈尔名句，"生如夏花之绚烂，死如秋叶之静美"媲美，异曲同工，境界全出。

查氏陵园中查济民先生撰写的楹联

家乡海宁以查济民这位出色的乡贤而自豪。

在查济民逝世一周年之际，中共海宁市委、海宁市人民政府联合编辑出版《查济民》精美画册。在序言中，有这样的句子：

　　杰出的乡贤前辈查济民先生逝世已近一年，然而，他的音容笑貌依旧栩栩然呈现在我们面前，他的高标懿范仍让我们心

---

① 香港《文汇报》，2007 年 3 月 29 日。

仪仰之。故园的山水草木，故里的父老乡亲还在等着他归来再看海宁潮。

……湖平镜照夕阳红，苍翠万株松。

先生心系桑梓，热爱家乡，风尘仆仆，探望乡亲，"得失无求"地在故里投资兴业，并多次资助文化教育事业。海宁人民难忘他的古道热肠，善举胸怀。

我们编辑和出版本画册，不唯寄托对先生的哀思，并借此追缅先生之辉赫成就及非凡的人格魅力，留存一瓣心香，并继承弘扬先生之崇高精神，为全面建设小康社会而奋发努力！①

季国标先生为本画册扉页题词："虚怀诚信，耕耘桑麻铸楷模，爱国爱港，致力求是振中华。"并撰写纪念文章《艰苦创业、科技领先、爱国爱港、厚德载物——缅怀查济民先生的伟业丰功》。其中写道："查先生的一生，是创业的一生，为纺织的一生，求是的一生，爱国的一生，尊重知识、尊重人才的一生。他以自己的实际行动，感召他人。他是我们尊敬的长者和朋友。他一生最大的愿望是令人民奋发，令国家富强。"

为了纪念查济民，海宁市政府决定筹建海宁市图书馆新馆暨查济民纪念馆，工程项目列入 2011 年度政府投资项目计划。2015 年 1 月 13 日，位于市区学林街 62 号的海宁市图书馆新馆暨查济民纪念馆正式对外开放。查济民纪念馆建筑面积 1900 平方米。纪念馆分"名城名门，少年经纶""求学之路，初到上海""崭露头角，精益求精""筚路蓝缕，骎骎而进""织就辉煌，香江传奇""花开院外，福泽桑梓""爱港爱国，赤子之心""诗意人生，风范永存"等栏目组成。

先生风范长留人间，先贤楷模永熙后人。

2014 年 4 月 12 日，在查济民诞辰 100 周年来临之际，海宁市举行隆重仪式，纪念这位爱国爱乡的楷模。

---

① 中共海宁市委 海宁市人民政府编：《查济民》，香港洲际美术出版社 2008 年版。

查济民纪念馆一角

查济民长子查懋声、次子查懋成以及相关亲属朋友参与了活动。

查懋声表示，他为家母未能赶来而感到遗憾，下次将找机会带其前来参观。他表示，他们的家族会继续走查老的路。他说："这次我最觉得可惜的就是家母不能来看到这个纪念馆，我想还是要找机会带她上来看一看，因为这个对她来说一定是感受良深。我现在只想说一样事情：我父亲虽然已经过生了，但是我们家族会尽全力继续他走的路。"

薪火相传的查氏，积善之家的查氏。

令人痛惜的是，"2020 年 11 月 7 日，求是科技基金会主席查懋声先生溘然长逝。作为一位爱国企业家和慈善家，查主席的求是精神和家国情怀，值得我们永远尊敬和传承……作为求是基金会主席，查懋声先生秉持父亲的求是精神，持之以恒地为中国科技发展雪中送炭。我希望，查主席留下的求是精神和家国情怀能深入大众心灵，吸引更多优秀的青年投身国家科学事业……"①

---

① 施一公：《求科技兴国之是——怀念查懋声先生》，《光明日报》，2020 年 1 月 26 日。

弄潮儿向涛头立。

在潮城海宁这片肥沃且神奇的土地上，不仅生长着创业与奋斗，也生长着诗歌与远方。

敬业奉献，猛进如潮。站在乡贤巨人的肩膀，我们会看得更远，走得更健，做得更好。

任重而道远。

这，是对前人的告慰，更是我们的使命。

查济民生平大事记

1914 年

4 月 10 日，出生于浙江海宁袁花镇。

1920 年

秋，入袁花南石小学（又称海宁第十七小学）开始正式学业。

1923 年

父亲查人骏病故。

1925 年

考入海宁商业学校。

1928 年

秋，就读于浙江大学工学院附设高级工科中学染（含纺）科。

1931 年

在上海达丰染织厂工作。

1932 年

大成公司扩建染部。

1933 年

秋，进大成二厂染部，任技师。

1934 年

春，随刘国钧赴日本考察。

是年，任大成二厂染部主任。

1936 年

春，赴日本京都染厂实习。

12 月，与刘璧如喜结良缘。

1937 年

7 月 7 日，卢沟桥事变爆发。

9 月，受命押运 100 多台织机搭乘"民生"号撤往重庆。

11 月 18 日，日机轰炸常州，大成公司损失惨重。

11 月 29 日，常州沦陷。

1938 年

初，查济民到达重庆。

1 月 19 日，刘国钧在民生客厅召开发起人会议。

6 月 10 日，常州大成公司与民生公司、隆昌染厂合作，筹建大明染织厂，卢作孚任董事长，刘国钧任经理，查济民任厂长。

1939 年

2 月 23 日，大明染织公司正式宣告开工生产。

1940 年

5 月 27 日，北碚遭受日寇第一次轰炸。

6 月 24 日，北碚遭遇日寇第二次轰炸，大明厂被炸，厂房和机器受损严重。

7 月 31 日，北碚遭遇日寇第三次轰炸。

10 月 10 日，北碚遭遇日寇第四次轰炸，大明厂被炸，厂房和机器受损严重。

1944 年

在《工业生活》杂志发表《中美两国棉织业的携手》一文。

1945 年

大明染织公司更名为大明纺织染股份有限公司，查济民主持工作。

8 月 15 日，日本宣布投降。

1946 年

查济民出任大明公司总经理。

当选为国民政府专门委员会委员兼染织组长，纱布接收大员。

9月9日，参加中国战区侵华日军投降签字仪式。

1947 年

举家移居香港。

1949 年

10月1日，中华人民共和国宣告成立。

在香港荃湾建成中国染厂。

1954 年

中国染厂自行设计第一部圆筒印花机，并大获成功。

1955 年

中国染厂扩建厂房约 3700 平方米（4 万平方呎）。

设立花筒雕刻部及图案设计画苑。

1956 年

染部扩充业务，迁入新厂。添置连续染色机。

1957 年

6月，中国染厂 sanforized（棉布经过防缩加工的）新机器成功启用。

1959 年

组建新界纺织有限公司。

担任东华三院总理。

1963 年

在英美等国建立无纺布厂。

1964 年

中国染厂新厂启用投产。

在尼日利亚北部设立纺织印染厂。

1966 年

在加纳设厂。

1971 年

获委任为香港太平绅士。

在印尼合资建立纱厂。

1975 年

担任香港树仁学院（现为树仁大学）校董。

1976 年

担任暨南大学校董。

在尼日利亚南部建成非洲第一家集纺纱、织布、印染等于一体的现代化纺织印染厂。

1977 年

担任香港兴业有限公司董事长。

投资开发香港大屿山。

1978 年

查氏集团在尼日利亚北部的古绍和丰图阿各办一家工厂。

1979 年

冬，接到来自家乡的邀请信。

1980 年

4 月，回故乡海宁袁花探亲。

愉景湾第一期开发项目竣工。

位于荃湾青山道的中染大厦落成。

1982 年

赴北京，受邓小平接见。

出资 34 万元人民币修缮常州文笔塔。

1983 年

6 月，廖承志副委员长逝世，查济民发唁电。

1984 年

3 月，捐赠 10700 元，专项用于袁花新伟小学校舍屋面及门窗等翻修改造工程。

1985 年

1 月，在《人民日报》发表《来京观礼并赠廖晖》诗一首。

6 月，任香港特别行政区基本法起草委员会委员。

7 月，香港基本法起草委员会委员与邓小平等合影。

1986 年

投资港币 100 万元，与家乡袁花镇合办"袁花丝织有限公司"。

出资 400 万资助浙江树人大学。

1987 年

9 月，回故乡海宁。

创办海宁新海纺织有限公司。（2003 年改名为新海新纺织有限公司）

出席尼日利亚化纤有限公司第 15 次股东大会。

1988 年

1 月，查济民等香港知名人士受李鹏会见。

5 月，全国工商联在京集会纪念卢作孚先生诞辰 95 周年，查济民赠送花篮。

携夫人刘璧如赴刚果旅游。

10 月，在杭州与海宁市领导商谈投资袁花建设等。

是年，中国印染国际有限公司在香港联交所上市。

1989 年

9 月，港澳各界人士欢度国庆，查济民、霍英东等为主席团主席。

名力集团及香港兴业国际集团有限公司在香港联合交易所相继上市。

创办刘国钧职业教育中心。

出席查氏尼日利亚联合纺织有限公司成立 25 周年庆典。

1990 年

11 月，参加庆祝深圳特区建立十周年大会。

视察袁花棉花收购站等。

1991 年

7 月，查济民夫妇为长江流域遭遇严重水灾捐资。

9 月，港澳各界人士欢度国庆，查济民等为主席团主席。

1992 年

3 月，被国务院港澳办和新华社香港分社聘请为首批香港事务顾问。

捐资 200 万港元，创立香港桑麻基金会。（至 2007 年，增加到 3000 万港元）

捐资 20 万元人民币，在家乡袁花镇中心校设立"查子琴奖学金"。

1993 年

7 月，任香港特别行政区筹备委员会预备工作委员会委员。

与夫人刘璧如合著《惠联诗草》诗集出版。

位于元朗的中国染厂新厂启用。

1994 年

8 月，出席求是科技基金会颁奖会。

9 月，任香港同胞国庆筹委会主席团主席。

10 月，查济民夫妇游览嘉兴南湖。

回故乡海宁。捐资 100 万元人民币、建造海宁高级中学图书馆。

捐资 2000 万美元创立求是科技基金会。

捐资创立刘国钧职业教育基金会。

是年，担任仁济医院董事局永远顾问。

出席尼日利亚联合纺织有限公司董事会及成立 30 周年庆典。

1995 年

5 月，回故乡海宁。

7 月，创办海宁纺织综合企业有限公司。

9 月，出席求是科技基金会颁奖会。

12 月，任香港特别行政区筹备委员会委员。

创办常州名力纺织有限公司。

出任香港树仁学院院长。

1996 年

5 月，回故乡海宁，参观市高级中学、市博物馆等。

8 月，出席求是科技基金会颁奖会。

任香港同胞庆"十一"筹委会主席之一。

11 月，任香港特别行政区第一届政府推选委员会委员。

被聘为浙江大学名誉教授。

被聘为北京大学顾问教授。

荣获香港浸会大学荣誉工商管理博士学位。

荣获香港城市大学荣誉社会科学博士学位。

捐资 400 万港元在母校浙江大学之江校区建求是堂。

1997 年

4 月，回故乡海宁。

7 月 1 日，香港回归祖国。

7 月 2 日，荣获首批香港特别行政区政府颁发大紫荆勋章。

9 月，出席世界银行大会，在非洲发展论坛演讲。

出席求是科技基金会颁奖会。

11 月，当选为香港特别行政区第九届全国人民代表大会代表选举会议成员。

12 月，出席桑麻纺织科技奖颁奖会。

受聘为常州工业学院名誉院长。

出版《香草诗集》。

1998 年

9 月，出席求是科技基金会颁奖会。

1999 年

9 月，参加秀州中学陈省身教授铜像揭幕仪式。

10 月，出席查氏集团创业 50 周年庆典。

任浙江大学经济学院名誉院长。

出席求是科技基金会颁奖会。

出席桑麻基金会颁奖会。

2000 年

9 月，回故乡海宁，参观袁花小学等。

是月，出席求是科技基金会颁奖会。

收购杭州第一棉纺织厂，成立杭州一棉有限公司。

投资 4400 万美元，创办海宁新高纤维有限公司。

投资 2500 万元人民币，创办江苏常州港华化工有限公司。

出席桑麻基金会颁奖会。

查济民刘璧如夫妇游览敦煌等。

2001 年

9 月，回故乡海宁，视察袁花海宁纺织综合企业有限公司。

出席桑麻基金会颁奖会。

10 月，出席求是科技基金会颁奖会。

2002 年

3 月，回故乡海宁，视察海宁新海新纺织有限公司。

家乡海宁为查济民 88 岁祝寿。

5 月，接受朱镕基总理接见。

视察杭一棉有限公司。

8 月，当选为香港特别行政区第十届全国人民代表大会代表选举会议成员。

10 月，邀请并陪同杰出的外交家和政治活动家科菲·安南到浙江大学访问。

11 月，任香港特别行政区第十届全国人民代表大会选举会议主席团成员。

出席求是科技基金会颁奖会。

出席桑麻基金会颁奖会。

2003 年

4 月，为抗"非典"捐资 200 万港元。

9 月，参加香港工商界知名人士访京团。

10 月，应邀观看"神舟五号"飞船升空发射。

出席桑麻基金会颁奖会。

获香港科技大学社会科学荣誉博士学位。

2004 年

3 月，出席求是科技基金会十周年庆典并题词。

4 月，向浙江大学城市学院捐资 200 万港元，设立刘璧如国际交流基金，并参加浙江大学城市学院刘璧如国际交流基金捐赠暨颁奖仪式。

回海宁。考察浙江宏达经编股份有限公司等。

在上海庆贺 90 岁生日。

游览扬州、少林寺、白马寺、山东、河南、三峡等。

张晓明在《人民日报》发表《了不起的查老》一文。

10 月，查氏纺织集团荣获中国航天基金会授予"中国航天事业合作伙伴"称号。

查济民、刘璧如夫妇回常州。

12 月，回故乡海宁考察。

经国务院学位委员会批准，被授予浙江大学名誉博士学位。

主持续修《海宁查氏》族谱。

荣获尼日利亚政府授予 MFR 勋章。

2005 年

4 月，回故乡海宁。

7 月，任香港同胞庆祝国庆 56 周年筹委会主席团主席。

10 月，赴九寨沟游览。

11 月，出席重庆中染厂房奠基礼。

投资 2600 万美元，创办海宁新能纺织有限公司。

游览赛里木湖等。

2006 年

荣获 Ahmadu Bello University Nigeria 荣誉理学博士学位。

出席求是科技基金会颁奖会。

庆祝查济民刘璧如夫妇结婚 70 周年。

2007 年

3 月 28 日，因病在香港逝世，享年 93 岁。

4 月 13 日，香港举行查济民丧礼。

4 月 20 日，查济民灵柩在故乡袁花入葬。

跋

时值七月，旧称兰月。

兰花，历来有花中君子之雅称。花，具备人高洁之品行，人，能展示花独立之气节。如此，人即花，花亦人。

清代乡贤许汝霖为官三十年，清正廉洁，勤于政务，整士风、选人才，修水利、免赋税，除弊端、惩贪腐。才能彰显，政绩丰厚。许汝霖告老还乡时康熙帝御赐亲书"清慎勤"匾额予以嘉奖，并传谕："卿居官三十年，并无小过，此去可称完人矣！"

有道是，"人无完人"。所谓"完人"，是一种褒奖，更是一种激励。

拙作《刘质平传》进入出版程序时，市政协文史委朱掌兴主任与我聊起下一步打算，正式向我提出撰写乡贤《查济民传》的工作建议。随之的交流中，我们都由衷地表达对查老的敬仰之情：查老几乎是个"完人"。他，思想正，是一个坚定的爱国者。爱国爱港爱家乡，是他一生的主旋律，闪光点。他，业务精，作为纺织界的传奇人物，查济民把中国纺织业的发展和进步作为毕生的事业。他，胸怀大，他创设基金、崇文重教、培养人才、福泽桑梓。见贤思齐，如此，查济民对青年一代，特别对新时代的创业者而言，无疑是一个高山仰止的榜样。

时代与人，这是一个大命题。

选对一个人物并对其进行正确而恰当的把握及界定，是写作人物传记的大前提。选谁，为什么选择他，这是作者一定要弄明白的基础。这其中包括对人物立场思想、情感态度、事业成就，以及生平事迹、时代背景等整体而透彻的把握与了解等。而材料史实等的收集、采访与整理，则是对人物不断丰富、深化和升华的过程。前者是骨架，后者是血肉。

接受建议后，我在所难免地有过一段时间的犹豫及彷徨。当然，犹豫的过程其实就是对自我综合能力的评估过程以及思考过程，以待水落石出。

之所以下定决心写作《查济民传》，其中有一个因素至关重要。我曾在香港工作近两年时间，参与"内地与香港中国语文教学交流计划"，其间耳闻目睹香港青年一代普遍存在对祖国发展与建设，特别是改革开放之后取得辉煌成就等缺乏必要的了解与情感认同。而查济民先生在香港回归这关联国家主权和民族大义的重大关头，以及投资内地建设方面都作出了卓越的贡献。查济民是爱国爱港的楷模与典范。他的家国情怀和创业精神，需要宣传、传承并弘扬，以此激励青年一代，特别是香港青年一代，明确爱国立场，坚定身份认同，做一个堂堂正正的中国人。香港，应该是爱国者的香港。"爱国者治港"，不仅涉及国家主权问题、安全问题，更直接关系到香港的长远发展和"一国两制"的真正落实，势在必行。

在明确大方向与主基调后，我开始走访，收集史料等。这是一项巨大的工程，又是一项深刻的修行。我先后赴常州、重庆北碚、上海等地，在查济民先生生活工作过的地方，进行实地采访并亲身感知。因为，人是时代的产物，也是环境的产物。与此同时，去各地图书馆查资料当然是必修课。翻开那些过往的报刊或资料，历史，渐渐聚焦起来，明晰起来，生动起来。我喜欢那种感觉，那些时而清晰时而模糊的文字或是图片背后，散发着时代的气息，站立着一个个鲜活的人。在查阅过程中，得到市政协和市委统战部领导的鼎力相助，得到查氏集团俞国屏先生和本地文史专家虞坤林、徐国华等先生的大力帮助。在此一并表示感谢。远在澳洲的女儿女婿和外孙，不仅给我提供外文资料帮助等，更给我温暖鼓励和心灵慰藉。

从 2019 年 4 月至 2021 年 7 月，我数易其稿。寂静的书房或是档案馆图书馆之窗外，光阴流逝，春去秋来，多少个看似枯燥实则饱满的日子在键盘的跳跃中慢慢远去。一个传记作家，必须有充分的理由或智慧，以书中主人公的精神特质与灵魂境界来滋润并鼓舞自己，让日常变得丰盈且生动起来。

在书稿基本成熟的前提下，我们拜访了查氏集团代表俞国屏先生，通过俞先生引荐，将书稿分别以邮寄纸质稿及电子稿邮件给查美龙女士，请其审阅。很快得到大小姐肯定的回复，充分体现查氏后人大家之传统与气派，以及个人之品行与修为，如沐春风。同时，查大小姐还提出了诸多中肯的建设性意见，并修正书稿中诸多差错。让人切身体会并感悟到何为"风范"，何为"风谊"，何为"厚望"。

查老的一生可谓波澜壮阔，其空间跨度大，自家乡海宁出发，杭州、上海、常州、武汉、重庆、香港，乃至非洲与欧美等地，都留下他坚实且光辉的足迹。其时间跨度也大，在近一个世纪的岁月中，历尽战火洗礼与创业艰辛，直至事业辉煌，功成名就。所以，此传只是对查济民一生主要事迹及活动的简要陈述，挂一漏万，举一废百。当然，任何一部人物传记都无法包罗万象地再现或概括历史与人物的全部内容。

由于作者水平及能力所限，书中难免有疏漏、差错与谬误，恳请方家批评指正，不吝指教。

刘培良

庚子年兰月　于教场上斋

后　记

名人如火炬，使邑域生辉；名人如丰碑，让世人敬鉴；名人如宝藏，有缘可开采。潮城海宁，自古崇文重教，望族显赫，名贤辈出，被誉为"这是个出名人的地方"。如今，潮文化、名人文化、灯彩文化交相辉映、名扬中外。多年来，挖掘开启尘封记忆，著书立传人物经典，精心创作乡土教材，传承弘扬名人文化，成了海宁市政协文史工作"存史、资政、团结、育人"的应有之义，也成了文史服务时代的独特品牌。

凡事预则立。三年前，当市政协文史委授权委托政协常委、文史专家刘培良先生完成《刘质平传》撰写任务时，便确定下一位写作对象——查济民。因为走进查先生的辉煌人生，他那和蔼可亲的笑容，谦逊至诚的品格，实业报国的志向，大义凛然的气度，求真务实的作风，有口皆碑的成就，令人印象深刻，感动不已。这样的大家名贤是业界的典范、查氏的自豪、海宁的荣耀，值得我们敬仰与传颂！尤其在面对世界风云激荡不断加剧、民族复兴大业重任在肩，所遇风险挑战明显增多的当今，以查济民先生为楷模，大力弘扬民族脊梁精神，激发全体海商越是艰险越向前、勇立潮头争风流的创新创业斗志，意义重大而深远。

事非躬行不知难。高质量完成《查济民传》书稿，充分展现查先生的真实人生、风采风范，让广大读者从中有所学、有所悟、有所鉴，这并非易事。刘培良先生领受这项艰巨任务后，倍感压力沉重，但查先生的精神又激励他以"赶考"的姿态，弃除杂念、专心致志，砥砺奋笔、精益求精，争取有个"好成绩"。写好这部传记的难度确实很大。

一是人物定位问题，查先生的影响力巨大，如果对他的定位把握欠准，必将产生不良后果。二是史料素材问题，丰富的人物史料是撰写传记的基础，而查先生的创业足迹遍及多地乃至国外，作为作者手上的资料又较为有限，需要继续用心采集。三是文体风格问题，传记是有体例要求的，然而，如何破常规存精髓、守正创新，真正做到吸引读者、著传致用，这是对作者文化涵养、文笔功底的一次考验。四是亲属认可问题，传记稿本只有得到查先生亲属的认可支持，才能出版面世、实现初衷。因此，刘培良先生不畏艰辛，脚踏实地地逐一破关精进，得到查氏集团的大力支持和查家大小姐查美龙女士的热忱回应，并为之作序。"感谢刘培良先生和各位寄来《查济民传》稿件。刘培良先生的心血和领导委员们的诚意，令我们家族不胜感激。恰逢常州市桑麻教育基金会主持的'查济民大事记'资料收集、整理工作，于去年九月曾有个研讨会，收集有关先父的生平，其中资料信息也已跟刘培良先生双向交流，务求能双方均可展现得更完整真实。"刘培良先生根据查美龙女士提出的修改意见，认真修改完善书稿直至定稿。在此，向查美龙女士表示衷心的感谢。

由于查家长期定居香港，由海宁市委统战部负责日常联系联络，经市政协与市委统战部商定，由两家联合出版《查济民传》，与 2008 年出版的《查济民》画册形成姊妹篇组合。愿该书的出版能对查济民先生以永恒的纪念，也期待先生的精神能给潮乡儿女以莫大的鼓舞。"人类中最优秀的和你们同在。汲取他们的勇气作我们的养料吧！"

在本书撰写及编辑过程中，得到了重庆北碚博物馆、常州市桑麻教育基金会、查济民纪念馆、查济民故居、上海市图书馆、海宁市图书馆、海宁市档案馆等单位及领导、专家的指导和帮助，在此一并表示感谢。

谨为记。

编　者

2021 年 9 月